绿色剧变

能源大革命与世界新秩序

张锐 ◎ 著

生活·讀書·新知 三联书店

Copyright © 2024 by SDX Joint Publishing Company.
All Rights Reserved.

本作品版权由生活・读书・新知三联书店所有。
未经许可，不得翻印。

图书在版编目（CIP）数据

绿色剧变：能源大革命与世界新秩序 / 张锐著 . —北京：
生活・读书・新知三联书店，2024.2　（2024.6 重印）
ISBN 978-7-108-07739-4

Ⅰ.①绿⋯　Ⅱ.①张⋯　Ⅲ.①能源发展－研究－世界
Ⅳ.① F416.2

中国国家版本馆 CIP 数据核字 (2023) 第 197057 号

责任编辑	万　春
版式设计	薛　宇
封面设计	仙　境
责任校对	陈　格
责任印制	李思佳

出版发行	生活・讀書・新知 三联书店
	(北京市东城区美术馆东街 22 号 100010)
网　　址	www.sdxjpc.com
经　　销	新华书店
印　　刷	河北松源印刷有限公司
版　　次	2024 年 2 月北京第 1 版
	2024 年 6 月北京第 2 次印刷
开　　本	635 毫米 × 965 毫米　1/16　印张 24.25
字　　数	249 千字　图 31 幅
印　　数	3,001－5,000 册
定　　价	69.00 元

（印装查询：01064002715；邮购查询：01084010542）

序言

当前,受能源技术革命、全球碳中和潮流以及俄乌冲突等一系列因素影响,世界能源体系既经历着全球能源格局加速调整、能源开发消费日益低碳化的历史性转变,也呈现出能源市场急剧波动、国际能源地缘政治竞争加剧的阶段性场景。一方面,能源革命为人类以更加便捷、多样、环保的方式获取和使用能源提供了广阔前景;另一方面,地缘政治冲突、全球公共卫生危机、极端天气等突发事件以及部分国家和地区在推动能源转型过程中冒进的做法加剧了国际能源市场的阶段性动荡。在全球能源大变局下,中国亟须破除陈旧落后的能源安全观念,着眼能源体系实际需求与世界能源体系发展趋势,树立新的能源安全观与国际合作观。

近年来,中国能源问题研究正逐渐从过去的能源技术、能源经济领域向能源战略、能源安全、能源外交、能源金融、能源与环境、能源与可持续发展等领域拓展。在此过程中,一批具有跨学科学术背景、广博国际视野的新锐青年学者迅速成长并脱颖而出，张锐博士就是其中的一位佼佼者。张锐博士从事国际能源政治、海外电力投资的研究工作多年，近年来在相关领域发表多篇视角新颖、论述精到的学术文章，同时亲身参与、见证全球能源治理的一线运作，曾前往亚、非、拉美多国开展实地调研。呈现在读者面前的《绿色剧变：能源大革命与世界新秩序》一书是他学术思考与工作实践、本土立场与全球视野相结合的研究成果，具有以下几个显著的特点：

一是对全球能源政治的前沿性探讨。过去的百多年间，世界能源消费通常由单一能源主导，20世纪上半叶为煤炭，1970年代后为石油。而在走向碳中和的时代，人类将身处一个能源品类高度多样化的世界，这势必将带动国际能源政治的深度调整。传统化石能源将扮演怎样的角色，清洁能源将具备怎样的发展前景，国家之间、公司之间将开展怎样的竞争与合作，在未来新旧交替的几十年中将存在大量变数。本书对全球能源政治的宏观走向做出了较为全面细致的研判，描绘了各国"寓减于增"的新追求、国际竞争与合作的新常态，展望了不同能源资源、不同能源技术和产业链的国际政治影响。而对一些尚未清晰的趋势、混沌激荡的湍流，作者并未给出仓促的结论，而是力图呈现多个可能的场景，为读者提供深入思考的更多视角和更广阔空间。

二是对大国能源博弈的深入剖析。全球能源政治攸关大国的生存处境与权力地位，在能源转型加速的背景下，大国的博弈焦点正在从单纯的资源竞逐扩展到技术优势、产业链安全与新型跨国合作网络构建。本书敏锐地关注到大国博弈的新趋势、新特点，对西方强势主导的气候能源治理、俄乌冲突背景下国际能源供应链的加速断裂与重构、关键矿产资源的地缘政治、美国力图掌控清洁能源产业主导权等重大问题都进行了较为详细的分析，有助于读者更好地把握低碳时代中国能源产业所处的战略环境以及面临的机遇和挑战。同时，作者始终努力规避"二元对立""零和博弈"的话语陷阱，着力挖掘世界主要国家在能源领域良性互动的空间，所提出的"大国互强式循环"是一个值得追求、有望实现也有助于提升全球能源战略稳定性的方向。

三是对南北发展鸿沟的高度关注。在能源领域，全球发展不平衡问题始终突出。当今世界仍有7亿多无电人口，大量发展中国家面临十分严峻的能源短缺挑战，南方世界不少贫困人口的能源消费水平还不及欧美国家18、19世纪的人均水平，弱国、穷国在跨国能源合作中面临被边缘化、被持续剥削的风险。本书的一大特点是用较大篇幅关注了亚、非、拉美国家在能源大变局中的处境与奋斗，呈现出全球能源转型的多面、失衡与潜伏其中的南北分歧，揭示了部分发达国家的"绿色自私与傲慢"，而这些论述都最终指向全球能源政治目前缺失，但应坚持的公平正义与普惠包容原则。

四是对中国能源外交的创新性思考。中国在能源革命的征途上，势必需要一场与之配套的"外交革命"，实现开放条件下的能源安全。贯穿本书的一个重点是思考中国如何占据国际能源竞争的制高点、塑造能源转型时代的外交新优势。正如作者所言，中国正在成为碳中和时代供给全球的能源生产力量，在把"能源饭碗"牢牢端在自己手中的基础上，中国应破除陈旧落后的能源安全观念，树立更加远大的身份追求，实施更为精准的合作方案，担当能源新秩序的引领者和实践者，通过更广泛、更深入、更具包容性的国际能源合作创造更多和平红利、发展红利。

全球能源转型绝非一蹴而就，本书尝试揭示通往低碳绿色世界的复杂性、艰巨性。结合本书，我认为，新形势下我国需要把握国际能源发展大趋势，贯彻能源安全新理念，采取有效措施，从容应对国际能源大变局。第一，要着眼"双碳"（即碳达峰与碳中和）目标，持续稳健推进能源转型，以能源转型引领中国能源安全，从以煤为主转向清洁煤炭、油气、可再生能源和核能并存，并最终实现以可再生能源为主体的能源消费结构，从根本上摆脱化石能源时代的"能源饥渴症"和"能源焦虑症"。第二，要坚定推进能源进口多元化战略，随着国际油气市场由"卖方市场"向"买方市场"转变，庞大的能源消费市场正在成为我们手中所掌握的重要"结构性权力"，可以成为中国对外能源合作至关重要的议价工具和保障能源安全的重要手段。第三，要努力抢占能源技术制高点，以推进能源科技创新支撑中国能源安全，力争在煤炭清洁高效利用、页岩油气和天然气水合物勘探开发、可再生能源、先进核电、分布式能源、先进储能、智能电力和能源互联网等能源技术领域取得实质性突破。第四，要持续深化能源体制改革，构建有效竞争的市场结构和市场体系，形成主要由市场决定能源价格的机制。第五，要利用好国内、国际两个市场，构筑起多元化、多层次的能源供应体系，提高中国在全球能源治理中的话语权和影响力。

最后，祝贺本书出版，同时也预祝张锐博士"而今迈步从头越"，在全球能源政治、中国能源对外合作领域取得更多、更深入的研究成果。

冯玉军　复旦大学教授

2023年9月于沪上

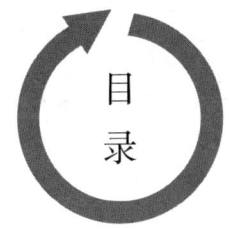

目录

序　言 / 1

引　言 / 1

第一章　回望：能源与全球政治的关系 / 5

　　一、能源作为大国博弈目标 / 7

　　二、能源作为政治权力工具 / 12

　　三、历史的焦点：竞逐化石能源 / 16

第二章　变量：撼动秩序的三大因素 / 25

　　一、俄乌冲突：虎兕相逢大梦归 / 27

　　二、气候危机：四海翻腾云水怒 / 31

　　三、能源转型：总把新桃换旧符 / 39

第三章　大势：碳中和时代的全球能源政治 / 51

一、大幕已启：化"危"为"机"的绿色战役 / 53

二、何为能源：更充沛、更复杂的资源 / 68

三、目标设定："寓减于增"的追求 / 78

四、秩序走向：更多竞争但更低烈度 / 89

五、合作网络：多领域的耦合与重构 / 107

第四章　起伏：全球权力的转移与扩散 / 119

一、能源清洁化与世界多极化 / 122

二、大国：互强式循环 / 126

三、油气国：忧患前路 / 137

四、欧洲：冲突下的反击 / 155

五、全球政治遭遇地方政治 / 173

第五章　失衡：责任与利益的分配困境 / 183

一、"化石燃料撤资"运动：滑向"运动式减碳" / 186

二、终结煤电：强人所难的"齐步走" / 197

三、"核"去何从：各国的抉择 / 205

四、生物燃料争议：谁来定义"可持续" / 212

五、气候援助赤字：口惠而实不至 / 222

目 录

第六章　拉锯：中美欧清洁能源供应链布局 / 231

　　一、清洁能源供应链：新的权力链 / 233

　　二、关键矿产资源：下一个"石油"？ / 241

　　三、美国意欲何为 / 255

第七章　互联：电和氢催生政治新版图 / 273

　　一、荆棘载途：

　　　　跨国电力互联的地缘政治阻碍 / 275

　　二、用POWER撬动POWER：

　　　　跨国电网的秩序建构 / 282

　　三、初露峥嵘的氢能网络 / 299

第八章　未来：中国成为"造市者"兼"造势者" / 313

　　一、中国能源外交的时代演进 / 315

　　二、大国能源安全的守正创新 / 331

　　三、新身份：全球能源新供给力量 / 337

　　四、新格局：国际能源合作的求索与想象 / 342

结　语 / 371

后　记 / 374

引言

全球能源政治是一个事关各国核心利益、常谈常新的议题。在中外学界，相关研究层出不穷。笔者之所以鼓起勇气和热情撰写本书，主要是因为全球能源革命已由起步蓄力期进入全面加速期，国际社会步入碳中和时代，一场空前的经济社会变革已然开启，能源发展与碳脱钩、经济发展与碳排放脱钩是世界发展潮流，全球能源版图面临新旧能源此消彼长的整体重构，能源政治也势必发生时移世易的全局变化。

在21世纪20年代初期这个时间点上，我们基本可以确定：百年未有之大变局中必有能源政治改头换面的浓墨重彩，能源体系的低碳化将改变国际社会一些习以为常的博弈逻辑和游戏规则。面对化石能源，多数国家总有着"枝上柳绵吹又少"的供给焦虑，而面对以太阳能、风能为代表的清洁能源，无论大国还是小国，都能心生"天涯何处无芳草"的乐观与希望，不少国家在新时代有望获得实力增长、自主性增强的契机。国际能源合作与竞争将呈现新形态：一方面，地球大气候与政治小气候相互关联的国际能源合作层出不穷，清洁能源正在构造各种超越地域限制、令人耳目一新的合作网络；另一方面，激烈的地缘政治竞争已经与新能源系统中的资源因素、技术因素、基础设施因素相互作用，联手制造国际社会新的不安与戒惧。

能源体系之变，世界秩序之变，两者相互激荡，彼此推波助澜，从当前到未来三四十年这个追求碳中和的阶段，全球能源政治存在太多亟须厘清或有待持续跟踪的问题：

在秩序层面，能源体系的绿色剧变如何影响国家盛衰以及国际政治的权力转移？哪些大国能够成为能源秩序与国际秩序双重变动的引领者？

南北国家之间根深蒂固的实力差距、价值观分歧有多大的弥合空间？世界在变得更绿的进程中能否变得更加普惠公平？

全球能源政治的走向受制于整体国际秩序的演进，那么2022年2月爆发的俄乌冲突对能源政治、能源安全造成了怎样的冲击？

化石燃料的退场绝非一夕之功，煤炭、石油、天然气的稳定可靠供应在新时代仍是攸关各国安全的大事，那么，这些传统能源将在时代变革中发挥怎样的助力或扰动？

清洁能源的确可以在政治、经济、社会、环境等各层面产生积极效应，但是其能否真正成为通往和平和谐世界的敲门砖？

清洁能源开发消费高度依赖装备制造产业链，当能源互动的

引　言

媒介从油气资源日益转向工矿产品，这样的趋势赋予全球能源政治哪些新的特征？

电力和权力在英语中用同一个单词"power"表示，当清洁电力成为全球能源供给的主力，两种power将实现前所未有的耦合。在这种情况下，清洁电力的规模化开发如何影响国家间的权力配置？国家的权力追求又如何塑造电力开发与跨国互联的格局？

中国的国际能源合作面临怎样的机遇与挑战？在全球能源革命中，中国如何实现更大作为，携手各国构建绿色低碳的全球能源治理格局？

本书将全面探讨碳中和时代全球能源政治的主要趋势与重要议题，并尝试回答上述问题，尽量把握变局中的确定性，努力打破固有思维，呈现未来各种各样的可能性。

大量能源事务的分析都涉及是非曲直的分辨，以及对公平正义的坚持，研究者不应只是对现实世界做出冷冰冰的陈述，也不应对刺眼的安全赤字、发展赤字、治理赤字熟视无睹，而应该表达明确的立场。在这本聚焦能源政治的书中，希望读者能从字里行间感受到笔者从事相关研究的初心，那就是——对和平的呼唤、对发展的追求和对弱者的关怀。

第一章

回望：能源与全球政治的关系

回望历史，能源与全球政治是一对既能安邦定国开太平，也能搅动世界不得安宁的矛盾体。美国前国务卿基辛格曾有名言："谁控制能源，就能控制整个世界。"一百多年以来，无论世界处于和平还是战争，发展还是衰落，在国际关系格局的剧烈变迁之中，总能寻觅到能源竞逐与控制的魅影。从过去到当下，能源始终嵌构在国际政治体系与行为之中，撩拨各国事关安全与发展的敏感神经，驱动国家之间的博弈，在世界格局中打上深深的烙印。

一、能源作为大国博弈目标

对实力和权力的追求是全球政治永恒的主题，而能源是一国赖以生存和发展的战略性资源，对大国而言，能源更是一个需要依托国际政治行动去争取、去维护的目标。

能源能够影响国家间的权力分配，塑造国际秩序走向。这种影响不仅取决于一国对能源资源的占有及利用程度，从历史的视角看，还取决于一国能否重视能源转型机遇，抢占发展先机。历史上，英美霸权的形成都与两国在能源转型上的领先地位密切相关，特别是在工业、军事部门率先采用新能源，获得赶超他国的强劲动能（见图1.1）。英国在18世纪上半叶成为以煤炭作为主体能源的国家[1]，早于法国等欧陆国家一个半世纪实现了从柴薪到煤炭的过渡，采煤经济的成熟直接助推了蒸汽机的发明、改良和工业革命的到来，奠定了该国19世纪的世界霸主地位。同样，美国

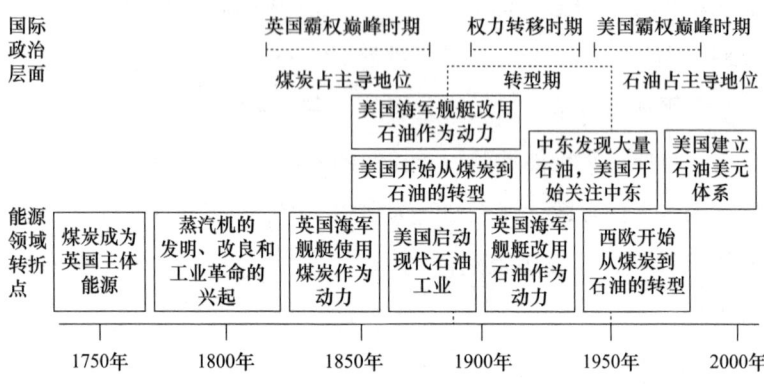

图1.1 能源转型与霸权国更替

资料来源：Bruce Podobnik, "Toward a Sustainable Energy Regime: A Long-wave Interpretation of Global Energy Shifts", *Technological Forecasting and Social Change*, Vol. 62, No. 3, 1999, pp. 155-172

---

[1] 英国率先利用煤炭有其特殊性和偶然性。一方面，英国的森林覆盖面积较之欧陆国家相对较小，17世纪时，英国由于过度砍伐森林而引发生态危机，柴薪供应链十分脆弱；另一方面，该国拥有蕴藏丰富、质地优良、便于开采的煤炭资源。相关研究参见邱建群：《生态危机与能源转换——英国首先发生工业革命原因之新解》，《辽宁大学学报（哲学社会科学版）》2010年第2期。

是世界上最早规模化、工业化利用石油的国家。1859年8月27日，埃德温·德雷克（Edwin Drake）在宾夕法尼亚州打出了第一口现代工业油井，被视为世界石油工业的发端。美国政府率先重视石油在经济和军事领域的应用，在引领第二次能源转型的过程中逐渐走向全球霸主地位。

把握能源转型的先机绝非易事，英国在19世纪末、20世纪初未能及时转向石油能源，这主要由于英国在煤矿开采及其配套的基础设施上投入了大量资金，加之认为本土的煤矿肯定要比从海外进口的石油更能让人有安全感，"无论从技术上还是从经济上都闭锁在以煤为核心的体系中"，而且大量采煤工人及其支持的工会、工党也构成了强大的政治阻力。[1]英国曾经的经历为当代的能源转型、大国崛起提供了很好的历史镜鉴。

回顾20世纪，获取石油是大国博弈的头等大事。两次世界大战的冲突激化都可以追溯到确保石油的供给。一战期间，石油首次成为举足轻重的地缘政治目标，"当时，石油驱动的武器装备——坦克、飞机、潜艇——首次出现在战场上，主要交战国都在世界范围内搜寻可靠的供应来源。由于当时有限的、在产的油田集中于罗马尼亚、伊朗和沙皇俄国的巴库，主要交战方都试图控制这些地区或阻扰对手进入"[2]。战后，胜利的大国继续在高加

---

[1] [美]约翰·R.麦克尼尔：《能源帝国：化石燃料与1580年以来的地缘政治》，格非译，《学术研究》2008年第6期。
[2] Michael Klare, "From Scarcity to Abundance: The Changing Dynamics of Energy Conflict", *Penn State Journal of Law & International Affairs*, Vol. 3, No. 2, 2015.

索和波斯湾地区拓展势力范围。二战期间，确保海外石油供应稳定是德国、日本的重要目标，两国都试图入侵和征服重要的产油区。德国1942年春夏攻势的重点放在南线的斯大林格勒——一座居民不足10万人的小城市，因为斯大林格勒是高加索石油向外输送的枢纽城市，一旦占领，便敲开了以巴库为中心的高加索油田的门锁，能为德军提供充足的石油。日本对外扩张一直受限于紧张的石油供应，而且该国在1930年代末80%的石油进口都来自对其防备的美国。1941年年中，日本决定集中力量南攻东亚石油产地——荷属东印度群岛，触犯了美国利益，美国随即宣布对日本实施包括石油禁运在内的经济制裁。为了保证从苏门答腊岛及婆罗洲返回日本的油轮畅通无阻，1941年12月，日本袭击了美国在珍珠港的海上舰队，点燃太平洋战争的导火索。

美国对海外石油资源的未雨绸缪、步步为营值得一表。二战期间，美国能够通过本土石油资源保证供应，但时任总统罗斯福担心战时大量开采国内石油会耗尽美国储备，削弱国家未来的竞争力，所以下令向外寻求可靠的石油来源，沙特阿拉伯成为了这一战略的首要目标。1943年，罗斯福向沙特派驻大使，宣布向该国提供军事保护和经济援助。1945年2月，罗斯福在"昆西"号巡洋舰上会晤了沙特开国君主伊本·沙特，奠定了美沙两国特殊关系的政治基础，并确立了"石油换安全"的同盟模式。美国迅速推进在海湾地区的军事部署，1946~1947年间，在沙特达兰建立了空军基地，在巴林建立了海军基地。

冷战期间很多地区冲突实质上是美苏两个超级大国支持下的

代理人战争，战争的重要战略目标之一就是控制西亚北非的石油资源国和海上运输通道。面对1979年末苏联入侵阿富汗，时任美国总统卡特在1980年1月的国情咨文中表示："目前阿富汗境内的苏联军队所威胁的区域有着巨大的战略重要性，该区域蕴藏了全球近三分之二的原油。苏联征服阿富汗的企图已使其军队挺进至印度洋300英里的范围内，且靠近世界多数原油运输均须通过的霍尔木兹海峡。苏联现在试图巩固其战略地位，对中东石油的自由运输构成了严重威胁……我们的立场非常明确：任何企图掌控波斯湾地区的外来势力都会被视为对美国国家利益的严重威胁，美国将会以任何必要手段排除这种威胁，其中包括军事行动。"[1]

这种不惜一切代价保障海外石油供给的态度被称为"卡特主义"，也成为美国霸权政治在能源领域的集中投射，此后，"石油引发世界大战"成为20世纪后期国际政治难以摆脱的梦魇。即使进入21世纪，卡特主义的精神衣钵在小布什政府任内继续得以传承。美国于2003年2月入侵伊拉克，而在战争爆发之前的2002年8月，时任副总统切尼曾这样描述萨达姆政府对美国的威胁："萨达姆·侯赛因拥有恐怖的武器库，坐拥世界石油储量的10%，预计将寻求统治整个中东，控制世界大部分能源供应，直接威胁美国在整个地区的朋友。"[2]

---

[1] 这段文字很鲜活地表现了能源议题在大国对立的状态下如何被"安全化"，能源供给威胁如何被夸大。引自：*Jimmy Carter State of the Union Address 1980*，January 23，1980，https://www.jimmycarterlibrary.gov/assets/documents/speeches/su80jec.phtml。

[2] *Full text of Dick Cheney's speech*，The Guardian website，August 27，2002，https://www.theguardian.com/world/2002/aug/27/usa.iraq。

上述两段讲话时空背景迥异，针对事件不同，但美国政府对石油念念不忘的"初心"、展现出来的强硬姿态如出一辙。切尼与美国当时的决策者显然不会认为伊拉克已经具有"控制世界大部分能源供应"的实力，其表态更多是在"煽风点火"。美国发动的伊拉克战争包含了多层次的石油战略目标：一是为美石油公司在伊获取高额或垄断性石油收益；二是终结伊拉克出口石油不收美元只收欧元的情况，保护石油美元体制；三是借战争加强对中东及世界石油市场的控制。[1]

当然，不是每个能源进口国都如美国这般极具进攻性，追求能源的国际政治活动在多数时候也不会有战争手段那般激烈，对更多国家而言，以能源为目标的国际政治行为是合作性的能源外交，使用外交政策去确保国际能源供给的安全和提升能源部门的合作。

二、能源作为政治权力工具

能源可以成为一国对外的政治权力工具，用于塑造他国行为或偏好，引导国际关系走向，西方国家对这一属性的深刻认识源于自身受制于人的困境。1973年10月6日是以色列重要的宗教节日——赎罪日，埃及和叙利亚为夺回被以色列蚕食的领土，选择

---

[1] 舒先林：《美国军事介入中东石油战略利益之透析》，《阿拉伯世界研究》2007年第5期。

在这一天发起进攻,史称"赎罪日战争"(即第四次中东战争)。在美国的军援下,以色列以少敌多,迅速扭转战场局势,取得最终胜利。战场上失利的阿拉伯人决定用手中的石油惩罚支持以色列的美国、日本和部分欧洲国家。10月16日,石油输出国组织(OPEC,简称欧佩克)宣布石油价格上涨70%,达到每桶5.11美元,并对上述国家采取禁运措施,引发西方世界第一次石油危机和随后的经济大萧条。在全球政治层面,这场石油危机造成了美国与其西方盟友在阿以问题上的分裂,迫使当时的欧共体、日本发声要求以色列结束对阿拉伯国家领土的占领,也推动美国开始认真谋划如何推动中东和平进程。[1] 1978年,梅尔文·科南特(Melvin Conant)、弗恩·戈尔德(Fern Gold)出版了《能源地缘政治》一书,成为国际能源政治研究的核心文献,该书将能源的工具属性描述为国际政治新秩序形成的关键,指出:"获取能源的能力不再受制于传统的殖民关系或军事保护,而是取决于地理因素和政府根据不同政治条件做出的政治决策。控制资源的国家将控制依赖资源的国家,这将导致国际关系发生深刻变革。"[2]

历史的演进让人们见证了油气资源国对能源工具的倚重。例如,沙特虽然与美国在区域秩序建构、反恐等领域存在矛盾,但

---

[1] 需要指出的是,阿拉伯国家并未依靠能源完全实现最初的国际政治目的,美国并未放弃其支持以色列的既定政策,以色列也没有从其所占领土中完全撤出,其原因包括美国及时采取石油配给、组建国际能源署等应对措施,削弱了阿拉伯国家的资源优势,同时阿拉伯国家无法切割与美国的关系,只能靠美国对以色列施加压力。相关研究参见刘合波、王黎:《生存资源与国际危机:第一次石油危机探析》,《国际论坛》2012年第4期。
[2] Melvin Conant, Fern Gold, *The Geopolitics of Energy*, Boulder, Colo.: Westview Press, 1978, p. 3.

凭借其巨大石油产量始终是美国在中东最主要的盟友，并在很大程度上塑造了美国的中东政策。[1]再如，油气是俄罗斯在21世纪国际舞台上重占鳌头的关键，俄罗斯一直寻求通过深度融合的能源联系，与欧洲建立稳定的、尽量排除美国干扰的政治关系，并在过去很长时间取得显著效果。在2022年俄乌冲突爆发前，德国由于对俄罗斯的能源依赖，成为与俄罗斯关系最为密切的西方大国，在国际事务中反对孤立俄罗斯，积极通过外交手段缓和乌克兰危机和美俄矛盾。法国、荷兰、奥地利等国也尽量避免在美俄之间"选边站队"，整体上对俄保持相对友好的立场。[2]

　　能源作为政治权力工具的作用主要通过"示好""施压"两种路径来实现。"示好"指一国通过增加供应或增加需求的决策，向他国表达提升关系、巩固秩序的善意。近年来，日本、韩国、印度不断加大对美国液化天然气（LNG）的采购，虽然它们十分清楚，美国产品相比中东、澳大利亚产品不具有价格优势，但是积极采购的决定是"算政治账"后的理性选择，表明它们对美国"重返亚洲"的欢迎姿态。"施压"指一国通过减少供应、削减需求或切断国际能源联系的决策，向他国提出国际政治层面的强制性要求，是资源和权力高度捆绑下的一种胁迫形式。俄罗斯时常将油气资源作为施加国际影响力的"战略撒手锏"，并在与乌克兰、格鲁吉亚等国发生地缘政治纷争时屡次直接以断供、涨价等

---

[1] 曹峰毓：《"欧佩克+"机制与俄罗斯、沙特、美国的能源博弈》，《阿拉伯世界研究》2020年第3期。

[2] 王晓光：《"北溪"天然气管道与俄罗斯对欧能源战略的调整》，《欧亚经济》2018年第3期。

策略吓阻对方。[1]两种路径在影响时效上存在差异：施压容易在短时间内取得效果，时间越长，效力往往会减弱；示好的影响一般需要较长时间才能显现。另外，施压是把"双刃剑"，因为能源贸易建构了买卖双方互利共赢、相互依存的关系，当贸易成为政治武器，作为卖方的出口国与作为买方的进口国往往遭受同样的损失。

对霸权国而言，能源还是对外制裁的利器。例如，特朗普2017年入主白宫之后，美国对伊朗的政策迅即从奥巴马时期的趋向缓和变为极限施压，誓言要让伊朗石油"零出口"。2018年6月，美国针对伊朗启动了史上最严厉的石油禁运政策，要求所有国家于当年11月停止从伊朗进口石油。在美国强压之下，欧洲国家纷纷表示和伊朗"划清界限"，日本、韩国、印度等伊朗重要的石油进口国也全面停止进口。伊朗石油出口规模从2018年6月的日均230万桶骤降至2019年7月的不足50万桶。伊朗经济遭受重创，民生愈加困苦，石油收入锐减使伊朗对地区代理人的支持受到影响，哈马斯、黎巴嫩真主党等随之出现严重的财政危机。伊朗不得不收缩和克制自己在地区的势力扩张，其行为模式出现一些更趋防御性的改变。[2]

---

[1] 于宏源、曹嘉涵：《乌克兰危机中的能源博弈及对中国的影响》，《国际安全研究》2014年第4期。

[2] 刘畅：《特朗普政府伊朗政策评析——兼论其在中东的逆动》，《和平与发展》2019年第6期。

三、历史的焦点：竞逐化石能源

自18世纪工业革命以来，世界逐渐步入化石能源为主导的时代，在很长一段历史时期内，全球能源政治就等同于化石能源政治。笔者将根据现有研究，对其生成逻辑和总体特征进行探讨。

化石能源政治通常被描述为一种囿于资源稀缺性，国家为争夺资源容易"剑拔弩张"的冲突型政治，其生成逻辑包含了资源特征、国家对外战略目标、国际社会全局性特征三个前后连贯的环节。[1]

在化石能源的特征中，最牵动各国政治神经的是资源的有限

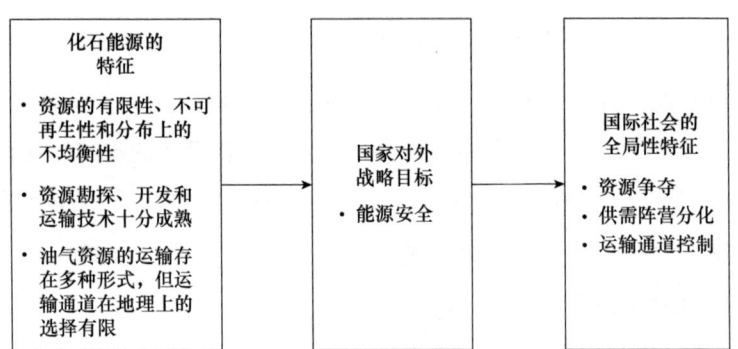

图1.2 化石能源政治的生成逻辑

资料来源：笔者自制

---

[1] 关于化石能源政治的生成逻辑，参考：Daniel Scholten, Rick Bosman, "The Geopolitics of Renewables: Exploring the Political Implications of Renewable Energy Systems", *Technological Forecasting and Social Change*, Vol. 103, 2016。

性、不可再生性和分布上的不均衡性。自工业革命以来，人类社会始终面临"可支配能源的增长跟不上人口增长的危险"[1]。20世纪，油气被视为一种会被人类快速耗尽的稀缺品，"至少从1920年代开始，石油地质学家就警告美国的石油供应即将枯竭"[2]。1970年代石油危机之后，西方国家更是密切关注全球及本国石油资源的储量勘测情况，国际社会也总出现各种言之凿凿的"石油枯竭论"。直到21世纪头十年，关于石油峰值的探讨还十分热烈[3]，比较流行的观点认为全球石油峰值在21世纪头几年已经来临或在短期内（一般指2015年前）必然来临。尤其2008年7月，当全球油价创下历史新高，不少观察者担心令人恐惧的石油峰值已经出现，由于中国和其他新兴大国不断飙升的能源需求，再加上常规油气供给的迅速见顶，世界将陷入对"最后储量"的激烈争夺。[4]在过往大多数时间，对资源枯竭的恐惧、对各种长距离运输风险的担忧以及对油气国政局和重要运输通道的高度敏感构成了各国制定能源战略时的既定世界观，也决定了化石能源政治的竞争性走向。

---

[1] [德]于尔根·奥斯特哈默：《世界的演变：19世纪史》，强朝晖、刘风译，社会科学文献出版社2016年版，第1223页。

[2] Matthew Huber, "Oil, Life, and the Fetishism of Geopolitics", *Capitalism Nature Socialism*, Vol. 22, No. 3, 2011.

[3] 石油峰值指常规石油的边际开采量为零的那一时刻，可采储量在这一高峰期持续一段时间后，边际产量转为负数，总可采储量不断下降。

[4] 相关研究参见：Michael Klare, *Rising Powers, Shrinking Planet: the New Geopolitics of Energy*, New York: Metropolitan Books, 2009; Daniel Moran, James Russell, eds., *Energy Security and Global Politics: The Militarization of Resource Management*, London: Routledge, 2009。

基于化石能源特征，各国在能源领域的对外战略目标集中在能源安全。对能源进口国而言，能源安全指"以可负担的价格不间断地获得能源"，尤其是"能源系统具备对供需平衡突然变化做出迅速反应的能力"。[1] 其含义可以从三个方面来阐释（见图1.3）：一是能源的可利用性（Availability），指外部世界蕴藏和可开发的资源储量；二是能源的可获得性（Accessibility），既包括一国可以确保的能源进口规模和多元化程度，也包括一国能源进口通道的安全水平；三是能源的可负担性（Affordability），包括能源进口的成本及促进进口所付出的间接成本。[2] 各国对能源

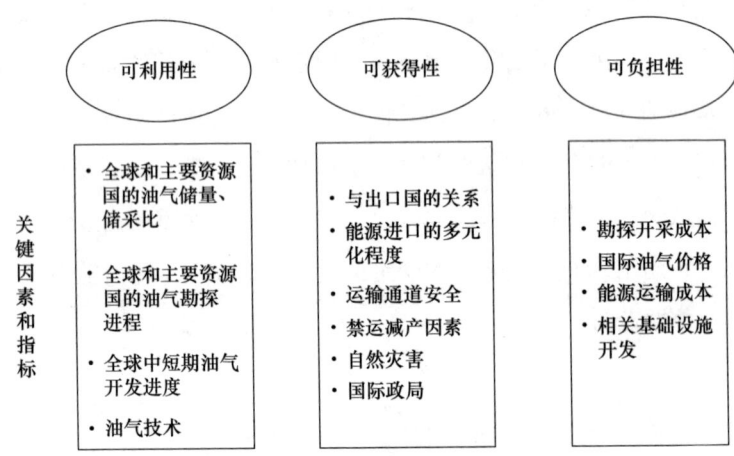

图1.3　能源进口国的能源安全追求

资料来源：笔者自制

---

[1] IEA, "Energy security", 2022, https://www.iea.org/topics/energy-security.
[2] 此处论述参考：Asia Pacific Energy Research Centre, *A Quest for Security in the 21st Century*, 2007, https://aperc.or.jp/file/2010/9/26/APERC_2007_A_Quest_for_Energy_Security.pdf；徐玲琳、王强等：《20世纪90年代以来世界能源安全时空格局演化过程》，《地理学报》2017年第12期。

安全的高度重视理所应当，但国家间互利互惠的观念容易被各国对自身供应的担忧（有些时候是过度担忧）所削弱或掩盖。

对出口国而言，能源安全也是对外战略的核心诉求，其内涵指向的是"需求安全"：只有进口国的需求安全得到保障，国际能源市场才能均衡稳定发展，出口国才能够实现持续的资源开发和能源收入的最大化。[1] 1980年代中期，国际石油供大于求，油价暴跌，OPEC首次提出油价稳定和出口不受影响的能源需求安全。在化石能源政治中，"安全"既是底线目标，也是多数时候的最高目标，既是供需双方的共同目标，也是受到多种因素影响、各国之间存在较大差异的个性化目标。

各国面临的资源稀缺压力以及所追求的能源安全目标塑造出化石能源政治的全局性特征：

（一）资源争夺

化石能源政治的主轴是：油气资源是数量有限且不断减少的资产，各国需要争夺资源控制权、使用权。根深蒂固的竞争性突出反映在进口国之间的互动，特别当市场供不应求时，这样的特征愈加鲜明，零和博弈色彩的能源外交、国家间以能源为诉求的冲突都是这种特征在国际政治上的反映。进口国总以微妙的方式

---

[1] 吴磊、许剑：《论能源安全的公共产品属性与能源安全共同体构建》，《国际安全研究》2020年第5期。

寻求影响力,"向出口国政府提供援助、军售、外交支持,在某些情况下提供军事庇护,热衷在两国官僚机构之间建立联系,注重讨好那些身居关键职位的个人"[1]。

过去很长时间,西方研究者们普遍担心国家(尤其大国)之间对化石燃料的竞逐最终会升级为不可控的、难以缓和的国际冲突。美国战争史学者丹尼尔·摩根(Daniel Morgan)、国际关系学者詹姆斯·拉塞尔(James Russell)在2008年出版的《能源安全与全球政治:资源管理的军事化》一书中,曾这样描述21世纪化石能源政治的走向,并将能源资源争夺视为对世界和平稳定的最大挑战:"能源安全现在被认为是国家安全的核心,对前者的威胁很可能被深思熟虑地解读为对后者的威胁。当今世界,领土争端、意识形态竞争、民族矛盾乃至核扩散都可以通过抑制军事手段来加以处置,当我们设想世界可能最坏的情景,全球能源供应危机成为最后一个可以随时开战的理由……在一个日益变化的环境中,各国越来越倾向于将军事体系和重点转向非常规战争、反恐和治安类工作,为了夺取或保卫能源资源而发动战争的可能性为保留常规重型部队提供了必要的理由。"[2]

推崇上述观点的还有在西方盛行一时的"中国需求威胁论",认为中国快速增长的能源需求将点燃世界的资源大战,中国的崛

---

[1] Jennifer Lind, Daryl Press, "Markets or Mercantilism? How China Secures Its Energy Supplies", *International Security*, Vol. 42, No. 4, 2018.

[2] Daniel Morgan, James Russell, eds., *Energy Security and Global Politics: The Militarization of Resource Management*, p. 2.

起是对西方乃至全球能源安全的威胁。[1]有些研究认为中国政府尽管表达希望以合作、"去政治化"的方式融入国际石油市场，但实际上仍"遵循自己的国家安全思维、而非西方希望的自由化规则"，这种行事方式必然放大西方在能源利益上的脆弱性和它们将中国视为强大竞争对手的偏好，增加世界不安定因素。[2]美国学者詹妮弗·林德（Jennifer Lind）、达里尔·普雷斯（Daryl Press）认为中国对外推行了"能源重商主义"（energy mercantilism），即"对海外能源供应链实施尽可能的控制，并对他国类似的行动始终保持警惕"[3]，中国还大幅提升海军实力，"其军事动机早已超越维护能源安全的需要"[4]。西方学者一向擅长将中国能源战略"安全化"，无视中国合理需求及本已被动的国际环境，总能三下五除二地把中国行动抹黑为极具噱头的"军事威胁"。

霸权国为资源竞争付出了巨大的战略精力与成本，美国长期

---

[1] 必须指出，不少西方决策者和学者秉持一种霸道的偏见、傲慢与自私，在他们看来，十几亿中国人一旦过上和他们同样富足、能源充足的生活，就必然会像历史上的他们一样通过强权手段抢占资源，必然会侵占他们业已占据和尚未占据的资源。他们始终有句憋在心里、没有明说的话，就是"中国要是不发展、穷下去，天下就太平了"。

[2] 相关观点参见：Maria Trombetta, "Fueling Threats: Securitization and the Challenges of Chinese Energy Policy", *Asian Perspective*, Vol. 42, No. 2, 2018; Andrew Campion, *The Geopolitics of Red Oil: Constructing the China Threat through Energy Security*, London: Routledge, 2016。

[3] Jennifer Lind, Daryl Press, "Markets or Mercantilism? How China Secures Its Energy Supplies", *International Security*, Vol. 42, No. 4, 2018.

[4] 同上。类似观点参见：Michael Glosny, Phillip Saunders, Robert Ross, "Debating China's naval nationalism", *International Security*, Vol. 35, No. 2, 2010。这类观点都不值一驳，试问：哪个国家在对外能源合作中不遵循符合自身情况的安全逻辑？是谁规定中国的国际能源合作必须遵守西方的"自由化"规则？西方国家自己在开拓油气来源时是否真的遵守了他们所谓的"自由化"规则呢？

的国际能源战略至少包括四个方面：[1]一是强力确保并维持其在全球主要油气产区的优势，牢牢把持对重要油气资源地区的主导权，提防其他主要进口国的威胁性举动。为了达到目的，"美国在二战后始终维持庞大的海外军队，以便在世界不同地区通过直接干预确保更顺畅的能源供应"[2]。二是建立并坚决维护石油美元体系，使美国成为国际石油贸易的"收税人"，对沙特等完全驯服于该体系的国家和势力不予干涉，决口不提"经济自由化""政治民主化"，对试图挑战石油美元框架的国家则热衷于采用干涉、打压手段。三是运用军事手段确保跨国能源通道的安全，规避严重的供应中断风险。四是组建和运行国际能源署（IEA），协调发达国家在国际能源体系中的利益。毫无疑问，美国的霸权行为在主观和客观上都牺牲了其他国家（包括能源出口国和进口国）的正当利益，也激化了一些本可避免的资源竞争。在化石能源政治之中，竞争乃至冲突的态势常常因霸权国的肆意妄为而"树欲静而风不止"。

（二）供需阵营分化

在化石能源政治中，各国往往有一个明确的身份，即"能

---

[1] 本部分论述参考苗中泉：《世界能源秩序与地缘政治动力》，《南大亚太评论》第3辑，2020年；徐建山：《论油权——初探石油地缘政治的核心问题》，《世界经济与政治》2012年第12期。

[2] Nalin Mohapatra, "Energy Security Paradigm, Structure of Geopolitics and International Relations Theory: from Global South Perspectives", *GeoJournal*, Vol. 82, No. 4, 2017.

源出口国"或"能源进口国",整体秩序上自然会出现供给阵营和需求阵营。"能源供给的历史就是一部生产者与消费者之间充斥着矛盾与冲突的故事,消费者总希望影响生产者以压低能源价格,生产者则希望消费者变得分散,这样后者就失去了整体谈判的能力,无法冲击前者对能源供应的控制。"[1]从1960年代到1990年代,全球长期维持了以OPEC及其联盟为供给侧、美国领导的西方国家为需求侧的国际能源供需格局,石油价格的变化是两方斗争妥协的产物。从1990年中期至今,环里海区域、北非、西非成为新的油气供应源,以中国、印度为代表的亚洲发展中国家成为世界油气资源消费的主力,供需阵营均出现了扩容及内部利益诉求更加多元的趋势。[2] OPEC和IEA双主体抗衡局面延续至今,能源治理的全球性遭受广泛质疑。[3] 另外,供需双方的权力地位总是波动的:当能源市场属于卖方市场,进口国容易受制于出口国;当能源市场属于买方市场,制约关系出现对调。

(三)运输通道控制

化石能源贸易主要通过管道和海上运输实现,生产与消费的分离使油气能源二次分配过程中的通道控制尤为重要。横跨亚

---

[1] Kirsten Westphal, "Energy Policy between Multilateral Governance and Geopolitics: Whither Europe?", *Internationale Politik und Gesellschaft*, Vol. 4, No. 4, 2006.
[2] 唐旭、冯连勇、赵林:《基于广义翁氏模型的世界石油供应格局预测》,《资源科学》2009年第2期。
[3] 王雪婷、张建新:《全球能源治理的缺陷与国际法框架》,《复旦国际关系评论》2017年第2期。

欧大陆的众多油气运输管道长期引发俄罗斯、美国和欧洲国家的激烈博弈，控制油气通道的走向成为各国争取地缘政治优势的重要内容。近年来，"北溪2号"管道建设成为俄美欧三方的博弈焦点，欧盟内部难以达成统一意见，关于该项目的政治辩论上升到"欧洲战略自主在当下和未来几十年能否实现"的高度[1]。在海上通道方面，美国选择了马六甲海峡、霍尔木兹海峡、苏伊士运河、直布罗陀海峡等16条水上运输通道作为战略控制的重点，这些几乎都是国际石油运输的必经之地，美国在这些通道及其周边持续保持军事控制和政治影响。[2]各国普遍关注"被封锁"的风险，认为海盗和敌对国家的海军可能在任何地点拦截他们的船只。[3]国内学者对石油通道权进行了深入研究，按照行为体与通道的相对位置，提出通道权国可分为当事型通道权国、过境型通道权国、毗邻型通道权国、域外型通道权国，通道权既是一些国家与生俱来的权力，也是可以争取来的权力，一国通过与过境国、毗邻国结盟或合作能够获取对通道的控制。[4]

---

[1] 相关研究参见童珊、荀利武：《"北溪-2"管道建设与俄美欧能源博弈》，《现代国际关系》2020年第5期。"北溪"天然气管道是目前全球最长的跨海天然气管道，总长超过2400公里，其中"北溪1号"已经于2011年实现投产通气，可实现年均530亿立方米的输气量。2015年德俄宣布继续修建"北溪2号"作为补充，连接圣彼得堡和德国东北部，计划于2019年完工、2020年投产，年输气量可达550亿立方米，如果贯通可以满足德国全部天然气需求或欧盟1/4的天然气需求。后来因俄乌冲突爆发，该项目被搁置。2022年9月26日，"北溪1号""北溪2号"管道分别在丹麦、瑞典的专属经济区海域发生爆炸，各国均认为是人为破坏导致。

[2] 徐建山：《论油权——初探石油地缘政治的核心问题》，《世界经济与政治》2012年第12期。

[3] Charles Glaser, "How Oil Influences U.S. National Security", *International Security*, Vol. 38, No. 2, 2013.

[4] 梁萌、徐建山等：《论石油通道权》，《国际石油经济》2020年第4期。

第二章

变量：撼动秩序的三大因素

当前，世界在变化，地球在变热，能源在"变绿"，全球能源体系处于深刻调整和剧烈变动的状态，传统的化石能源政治也一定会发生变化。世界交织着突如其来的意外、厚积薄发的进步、悲喜交加的情绪、若明若暗的前景，没有人能抗拒变化，各国都希望把握和引导长时段的变局，既求生存，更求发展。本章将关注撼动全球能源政治的三大变量，探究它们带来的冲击和动能。

一、俄乌冲突：虎兕相逢大梦归

2022年2月爆发的俄乌冲突是二战后欧洲最大规模的军事冲突，也是冷战后全球地缘政治的最大乱局。到2023年，仍然看不到炮火和苦难终结的迹象，人道主义危机愈演愈烈，也没有人可以道出这场冲突的结束时间和最终走向。但是，这场冲突的场景已然明了——西方煽火、俄国开火、乌克兰着火、个别国家或势力趁机玩火、期望世界和平的人们心急如火。

"虎兕出于柙，龟玉毁于椟中，是谁之过与？"（《论语·季氏将伐颛臾》）乌克兰问题有着复杂的历史经纬，俄乌冲突既是欧洲安全矛盾长期积累的爆发，也是冷战思维和美俄两大军事集团对抗造成的结果。乌克兰本可以成为沟通东西方的桥梁，安安稳稳地当"欧洲粮仓""欧洲工厂"，但终究未能摆脱大国政治、地缘博弈的残酷宿命。俄乌冲突蕴含了两套帝国体系之间的纠缠和竞争：一边是以华盛顿为中心的安全治理模式加上以布鲁塞尔为中心的经济治理模式，另一边则是俄罗斯试图重建的以莫斯科为中心的欧亚体系，乌克兰成了"帝国主义在分裂欧洲斗争中的最大赌注"[1]。苏联解体后，俄罗斯一度以为以美国为首的西方国家会尊重和照顾它的安全利益，而在北约连续五轮东扩、无止境挤压其战略空间的背景下，俄罗斯人的"和平共处梦"醒了，美欧"塑造历史终结"的妄念也到了大梦方休的时候。

这场冲突宣告现实主义硬核政治的回归，"许多国家尤其是欧洲多国的和平主义外交政策与理念受到颠覆性影响，现实主义的思维方式正重新占领各国从普通民众到决策精英们的思想高地"[2]。这种观念的转变很可能触发国家间更多的军备竞赛和军事威慑，不少边界及主权问题沉渣泛起，高烈度局部战争、各类非传统安全威胁在欧洲乃至全球出现更多爆发可能，经济社会领域

---

[1] 张昕：《作为帝国间冲突的俄乌战争》，《文化纵横》2022年第3期。
[2] 刘畅：《俄乌冲突与国际秩序的未来》，2022年6月7日，见https://www.ciis.org.cn/yjcg/sspl/202206/t20220607_8579.html。

第二章　变量：撼动秩序的三大因素

"泛安全化"的现象有增无减，搅乱世界的霸权主义、军事对抗变本加厉。一道新的政治鸿沟正在欧洲重新出现，"这不是冷战时期两个势均力敌的敌对阵营之间的'铁幕'，而是绝大多数欧洲国家'隔绝'俄罗斯的屏障"[1]。即使中国不是俄乌冲突的直接当事方，也被迫面临更加不利的国际环境。例如：俄乌冲突进一步加剧中美两国的相互猜疑，美国在欧洲和亚太地区加快了以中俄为假想敌的军事同盟协作；进一步恶化中美各自的安全情况和经济情况，中美经济关系的"脱钩"有从实体经济向以金融为代表的虚拟经济蔓延的趋势；美国政府和国会借机炒作台湾问题，"以台制华"的力度不断增强。[2]

在能源领域，俄乌冲突对世界能源市场造成急剧震荡，欧洲首当其冲。2022年，国际油价如同坐上过山车，大起大落，价格在年初飙升至接近140美元/桶，临近年尾，又陡然下挫至70美元/桶附近，波动率近100%。作为欧洲天然气基准价格的TTF（Title Transfer Facility，荷兰天然气交易中心）天然气期货价格不断走高，在2022年8月26日升至339.2欧元/兆瓦时的创纪录水平。高企的能源价格很快渗透到经济的方方面面，欧洲多国的消费者价格指数（CPI）在2022年均大幅上涨，部分国家同比涨幅超10%。法国CPI上涨5.2%，远高于2021年1.6%、2020年0.5%

---

[1] 冯玉军：《俄乌冲突的地区及全球影响》，《外交评论》2022年第6期。
[2] 陈东晓：《俄乌冲突对中美关系带来严重影响》，载陈东晓、达巍等编写：《俄乌冲突百日思：世界向何处去？——来自中国学者的观察》，2022年6月，见http://ciss.tsinghua.edu.cn/upload_files/atta/1655369879757_9E.pdf。

的年度涨幅；匈牙利2022年CPI较去年上涨14.5%，远高于2021年5.1%的年度涨幅；芬兰的消费价格平均上涨7.1%，创下过去40年来最高涨幅纪录。[1]高油价、高气价还将侵蚀欧洲在高能耗制造业方面的竞争力，导致其市场份额的损失，迫使一些企业迁往能源成本更低的国家。为了应对眼前的严峻挑战，欧洲各国采取了撒钱补贴的措施，意大利、西班牙、法国、德国均拿出了占GDP 3%左右的资金帮助家庭和企业渡过难关。例如，德国宣布从2022年9月到2024年3月投入2000亿欧元应对能源问题，包括向家庭提供一次性能源补贴。

广大发展中国家被动承受俄乌冲突的恶果。联合国警告不少发展中国家难以承担化石燃料的进口费用，只有担负得起最高价格的国家才能获得能源，这使得发展中国家深陷贫困的循环。[2]2022年全球无电人口预计增加2000万，达到7.75亿，这是20年以来这一指标首次出现增长，情况的恶化主要发生在撒哈拉以南非洲。[3]2022年1~9月，至少90个国家因燃料供给短缺或价格过高爆发了大规模抗议事件，其中多数为贫穷的发展中国

---

[1] 证券时报网：《欧洲密集发布通胀数据》，2023年1月13日，见http://www.stcn.com/article/detail/776124.html。

[2] UN Global Crisis Response Group on Food, Energy and Finance, "Global Impact of War in Ukraine: Energy Crisis", United Nations, August 2022, https://news.un.org/pages/wp-content/uploads/2022/08/GCRG_3rd-Brief_Aug3_2022_FINAL.pdf?utm_source=UNITED+NATIONS&utm_medium=BRIEF&utm_campaign=GCRG.

[3] "For the First Time in Decades, the Number of People Without Access to Electricity Is Set to Increase in 2022", IEA, November 3, 2022, https://www.iea.org/commentaries/for-the-first-time-in-decades-the-number-of-people-without-access-to-electricity-is-set-to-increase-in-2022.

家。[1]另外，油气是农产品生产的核心要素，是农业机械和车辆的动力来源、化肥等农用物资的原材料，油气价格上涨也推升了全球农产品的生产成本，加剧全球粮食危机。

俄乌冲突在短期内使全球能源供应更加脆弱，成本更加昂贵，但也成为加速能源秩序转变的催化剂、重塑全球能源流动的指挥棒。当大型冲突爆发时，对很多涉事国家而言，国际能源市场的经济逻辑只能让位于丛林法则的生存逻辑、"选边站队"的政治逻辑、不计成本的维稳逻辑，劳民伤财、伤筋动骨也只能承受着。在这样的过程中，一国能源供应格局必会发生改变。当俄乌冲突结束时，一切很难回到最初的模样，能源作为目标或工具的价值会发生怎样的改变，哪些能源将得到更多青睐和押注，哪些国家能够收获脱胎换骨的韧性，哪些国家又要饱尝授柄于人的苦果，此时此刻还充满未知数，但时代的新图景已经展开，每一个国家、每一家能源企业乃至每一位能源消费者都在扮演变局的驱动者。

二、气候危机：四海翻腾云水怒

"正在变暖的地球发出了令人不寒而栗的呼喊：停下来！"[2]

---

[1] Efrem Gebreab, Thomas Naadi, Ranga Sirilal, et al., "Fuel Protests Gripping More Than 90 Countries," BBC, October 15, 2022, https://www.bbc.com/news/world-63185186.

[2] António Guterres, "Remarks at 2019 Climate Action Summit", September 23, 2019, https://www.un.org/sg/en/content/sg/speech es/2019-09-23/remarks-2019-climate-action-summit.

这是联合国秘书长古特雷斯发出的警告。

气候变化是人类社会有史以来面临的最大威胁，是一头狂奔而来、横冲直撞、破坏效力极大的"灰犀牛"。

全球气候变化已经进入"危机临界"状态。2021年8月，联合国政府间气候变化专门委员会（IPCC）发布《气候变化2021：自然科学基础》，以"毫不含糊、史无前例、不可逆转"形容全球温升趋势。全球变暖的最主要原因是以二氧化碳为主的温室气体的持续排放[1]，报告指出2019年大气中二氧化碳浓度已达到过往200万年的最高水平，全球地表温度在过去50年的增长超过过往2000年中的任何时间段，自1900年以来全球海平面上升速度是过去3000年中的最快水平。[2]世界气象组织（WMO）的研究显示2010~2019年是有记录以来最热的十年，2019年全球平均气温比工业革命前高出1.1℃。WMO警告如不立刻扭转当前趋势，全球正朝着21世纪末气温上升3~5℃的方向发展。[3]

极端气候灾害愈演愈烈。IPCC报告明确指出："人类活动引发气候变化，其导致的极端天气事件的频率和强度不断增加。"根据联合国减少灾害风险办公室（UNDRR）的统计，1980~1999年间，全球报告的气候相关灾害事件数量为3656起，而2000~2019

---

[1] 温室气体是指大气中吸收和重新释放出红外辐射的自然和人为的气态成分，主要包括二氧化碳、甲烷、氧化亚氮和臭氧。
[2] IPCC, "AR6 Climate Change 2021: The Physical Science Basis", August 9, 2021, https://www.ipcc.ch/report/ar6/wg1/.
[3] The WMO, "WMO Provisional Statement on the State of the Global Climate in 2019", December 3, 2019, https://library.wmo.int/ doc_num.php? explnum_id =10108/.

第二章 变量：撼动秩序的三大因素

年间为6681起；从类别上看，1980~1999年间，全球报告的洪水灾害数量为1389起、风暴灾害数量为1457起，而2000~2019年间，洪水、风暴的报告数量分别上升到3254起、2034起。[1]美国经济损失超过10亿美元的气候灾害的间隔时间从1980年代的82天缩短为2016~2020年期间的18天，2020年登陆美国的可命名飓风数量达到史无前例的12个。[2]欧洲在2021年经历了有记录以来的最热夏天，区域6~8月的地表平均气温比1991~2020年同期地表平均气温高出了将近1℃，多国频繁遭遇高温、暴雨等极端天气。一些次生灾害的发生频率随之增强，1979~2013年，全球平均的山火易发季节时长增加了18.7%，山火威胁影响的森林面积增加了108.1%。[3]随着异常气候的增多，各国民众对气候变化的危害性形成更多直观认识，切身的煎熬感受胜过千言万语的宣导、苦口婆心的说教，扭转气候变化趋势已经成为分裂不安世界之中为数不多的全民共识。

我国是最容易受到气候变化负面影响的国家之一，近年来极端气候事件趋强趋多，自然灾害频发。2022年夏季全国平均气温为1961年有完整气象观测记录以来的历史同期最高，全国共1057

---

[1] UNDRR, "The Human Cost of Disasters: An Overview of the Last 20 Years (2000-2019)", October, 2020, https://www.undrr.org/publication/human-cost-disasters-overview-last-20-years-2000-2019.
[2] 《2021：美国经历"天灾年"》，2021年10月15日，见http://www.cankaoxiaoxi.com/world/20211015/2456633.Shtml.
[3] Jolly Matt, Mark Cochrane, Patrick Freeborn, et al., "Climate-induced Variations in Global Wildfire Danger from 1979 to 2013", *Nature Communications*, Vol. 6, No. 11, 2013.

个国家气象站（占全国总站数43.6%）日最高气温达到极端高温事件标准。[1]户外工作人员、老人患上热射病的新闻屡见报端，多地河、湖、水库、池塘干涸见底的画面触目惊心，川渝地区因"水电缺水"出现大范围用电紧张。气象学家提醒人们，这不会是最后一次致命的热浪，"在气候变化的背景下，高温热浪事件会成为一个新常态"[2]。

系统性安全风险与日俱增。气候变化作为一种非传统安全威胁，其作用机制主要表现为两种形式：一种是直接造成全面的生存困境，如不断上升的海平面使一些小岛屿国家面临被海水淹没的风险，基里巴斯、图瓦卢等国已经实施"举国移民"计划。另一种影响相对间接，气候变化通过塑造背景性条件、减少资源的可获得性，以复杂的、不可预测的方式引发各类安全问题，包括国际或族群冲突、资源争端、粮食危机、大规模流离失所、疾病扩散、海洋边界变动等（见表2.1）。[3]此外，有观点认为气候变化具有激化地缘政治冲突的强大潜力，例如，气候变暖造成北极解冻加速、北极航道通航时间延长，将使俄罗斯整个北线面临严峻安全压力，使世界大国的地缘政治冲突密集区由南至北转移到

---

[1]《国家气候中心：今夏总体温高雨少 全国平均气温为1961年以来历史同期最高》，2022年9月4日，见 https://china.huanqiu.com/article/49WHs3nTRNJ。
[2] 刁凡超：《国家气候中心首席预报员答澎湃：全球变暖，高温热浪或成新常态》，2022年8月13日，见 https://www.thepaper.cn/newsDetail_forward_19443280。
[3] 张锐、寇静娜：《全球气候安全治理的演进逻辑——基于联合国与欧盟的实证分析》，《国际论坛》2021年第3期。

第二章 变量：撼动秩序的三大因素

北太平洋区域。[1]

表2.1 气候变化间接引发的安全问题

典型安全问题	例证
国际或族群冲突	在非洲、中亚、南亚、中东多地，气候变化加剧了干旱和水资源紧张，导致不同国家间、农民与牧民之间围绕生存资源的冲突更加频繁
资源争端	气候变化造成的干旱趋势加剧世界多地对跨境水资源的争夺；在大洋洲，气候变化导致鱼类数量减少和分布变化，导致更多跨国渔业纠纷
粮食危机	世界气象组织的研究显示极端天气增多是2018年以来全球饥饿人口上升的主要驱动因素，在2018年33个遭受粮食危机的国家中，26个国家经受了气候变化的负面影响。气候变化还加剧虫害威胁，增大粮食危机的发生概率
大规模流离失所	联合国难民署评估，2010~2020年，平均每年有大约2150万人因天气紧急情况而被迫迁移，是因冲突和暴力引发的难民人数的2倍之多
疾病传播	研究显示，在全球传染病和流行病学网络（GIDEON）和美国疾控中心（CDC）国家法定报告疾病监测系统列出的375种传染病中，气候变化使其中218种变得更易传播；如果算上非传染性疾病（如哮喘、毒蛇咬伤、昆虫叮咬等），疾病恶化的种类升至277种
海洋边界变动	海平面上升严重侵蚀用来划定海洋边界基点的珊瑚岛和沙质珊瑚礁，使一些岛国专属经济区的边界发生变动，进而引发国际争端

资料来源：笔者根据资料整理[2]

---

[1] 张文木：《21世纪气候变化与中国国家安全》，《太平洋学报》2016年第12期。
[2] 参见联合国安理会：《巩固西非和平：秘书长关于联合国西非和萨赫勒办事处活动的报告（S/2019/1005）》，2020年1月8日，见https://undocs.org/pdf? symbol=zh/S/PV.8698；联合国难民署：《气候变化与最弱势群体流离失所的联系显而易见》，2021年4月22日，见https://news.un.org/zh/story/2021/04/1082752；Matt McDonald, "After the Fires? Climate Change and Security in Australia", *Australian Journal of Political Science*, Vol. 55, No. 3, 2020; The WMO, "2019 Concludes a Decade of Exceptional Global Heat and High-impact Weather", December 3, 2019, https://public.wmo.int/en/media/press-release/2019-concludes-decade-of-exceptional-global-heat-and-high-impact-weather; Camilo Mora, Tristan McKenzie, Isabella Gaw, "Over Half of Known Human Pathogenic Diseasescan be Aggravated by Climate Change", *Nature Climate Change*, 2022。

化石能源是造成全球气候变化的最主要原因。[1]根据IPCC研究，源自化石能源的二氧化碳排放对1970~2000年期间温室气体排放总增加量的贡献率约为78%，2000~2010年期间也保持了相似的贡献率。[2]2019年，全球温室气体排放达到591亿吨二氧化碳当量，其中，与化石能源利用相关的二氧化碳排放量达380亿吨，占比高达65%。[3]所以，实现二氧化碳排放下降的最主要途径就是加速能源转型，只有彻底摆脱对化石能源和碳密集型产业的依赖，才能从根本上化解危机。"四时有度，天地之理也"，当我们身处在四时无度、天地失序的世界，气候政治在很大程度上指向能源政治，而能源政治也上升为事关人类兴衰存亡的生存政治。

气候变化严重影响全球能源安全。由于气候变化成为广域性、常态性挑战，加之以水能、太阳能、风能为主体的清洁能源高度依赖气候条件，全球能源体系的安全前所未有地受制于气候系统的稳定。从深层次看，人类社会的资源安全与环境安全从此前的弱联系变为紧密耦合的强联系，这种联系程度是人类社会在柴薪时代、煤炭时代和油气时代所没有的，能源困境的实质正从

---

[1] 化石能源指煤炭、天然气、石油等由远古生物质经过亿万年演化形成的不可再生资源，自第一次工业革命以来支撑了现代文明的发展。所谓的清洁能源即可再生能源，指那些连续再生、可以循环多次使用的能源，主要包括水电和非水清洁能源（含风能、太阳能、生物能、地热能、海洋能等）。对于能够实现无碳排放的核能、氢能，本书将其归为新能源。
[2] IPCC：《IPCC第五次评估报告第三工作组报告》，2015年2月1日，见https://www.ipcc.ch/site/assets/uploads/2018/03/WG3AR5_SPM_brochure_zh-1.pdf。
[3] 联合国环境规划署：《2020年排放差距报告》，2020年12月，见https://www.unep.org/zh-hans/emissions-gap-report-2020。

第二章　变量：撼动秩序的三大因素

人们熟悉的资源稀缺困境转变为更多的、难以预测的环境恶化困境。[1]例如，2021年美国得克萨斯州的寒潮灾难是一次低温天气对能源供应系统的全面打击。2021年2月10日起，寒潮开始席卷得州，打破当地30年以来的最低温度记录。得州是美国天然气产量最大的省份，气电占该州总发电量的一半以上。随着寒潮持续，低温导致天然气井口冻结和输气管道冰堵，天然气产量一度下降了50%，导致电厂无气发电；发电不足又致使天然气开采停摆，形成恶性循环，加剧电力短缺。与此同时，承担该州两成发电量的风电机组普遍出现因叶片覆冰而被迫停机的情况，大量光伏板因被积雪覆盖无法发电，州内一座核电站的机组因供水泵冻住而中断运转。2月15日、16日，得州面临了45吉瓦的发电装机下线，超过该州现有发电装机规模的一半，450万家庭和企业用户遭遇停电，约有50万用户连续断电超过4天。寒潮引发的大停电导致公共服务全面停摆，1000多万民众的生活陷入混乱与无助，大批超市关门，医院只能动用备用电源维持基本运作，至少151人因烧柴取暖导致一氧化碳中毒而丧生，州内多个全球知名的半导体公司停产，加剧全球芯片短缺。

各类极端天气和次生灾害对能源基础设施造成严重损害。其一，暴雨及其引发的洪涝灾害是内陆地区常见的气候威胁，容易导致电网系统出现倒杆断线、变压器短路、变电站被淹等事

---

[1] 张锐、房迪：《气候变化背景下的能源安全困境与全球能源治理》，《国际石油经济》2022年第5期。

故。以2021年河南特大暴雨为例，7月17日～23日，全省13个地市因灾停电，累计受损的10千伏及以上电网线路1854条，停运变电站42座，停电用户达374.3万户，郑州在灾情最严重时曾出现1000多个小区断电。[1]其二，日益增多的风暴天气导致海上油气平台、沿海核电厂、油气码头等基础设施面临较高的运营风险。2021年8月底，飓风"艾达"造成美国墨西哥湾95%的油气生产活动下线近两周，占全美六成产能的炼油厂被迫停工达一月之久，多个海上油气平台、炼油厂遭受损坏。整场灾害预计造成3000万桶石油产量损失，导致北美区域供应紧张，驱动WTI（West Texas Intermediate，西得克萨斯中间基原油）油价迅速突破70美元关口。其三，山火灾害威胁穿越或毗邻林区的电网。2019年9月起，澳大利亚新南威尔士州和维多利亚州的森林大火连烧4个月，导致大面积电网线路跳闸停电事故，帕斯、悉尼、墨尔本等地多次出现大规模停电。其四，寒带地区冻土层融化导致地面上的基础设施垮塌。2020年春季，多年冻土融化导致俄罗斯诺里尔斯克市一家发电厂的柴油罐坍塌，2.1万吨柴油泄漏到地面和水中，造成大面积污染，该市宣布进入紧急状态，这一事件成为北极地区有史以来最大规模的燃料泄漏事件。此外，中国西气东输工程、中俄石油天然气管道由于经过大面积的冻土地带，随着冻土逐步消融，这些项目的运行安全风险将不断上升。

---

[1] 朱怡、伍梦尧等：《灯火如炬 照亮风雨路——国家电网全力应对河南特大暴雨抗洪抢险保电纪实》，2021年8月24日，见http://he.people.com.cn/n2/2021/0824/c192235-34882196.html。

三、能源转型：总把新桃换旧符

普罗米修斯盗火是希腊神话的一个重要篇章。普罗米修斯创造了人类，并从太阳神阿波罗之处盗走火种送给人类，使人类拥有"助长一切技艺的火焰"。他因此被天神宙斯锁在高加索的悬崖峭壁之上，鹰鹫每日啄食他新生长出来的肝脏。宙斯为了抵消火所产生的巨大益处，制造了一个名叫潘多拉的灾星，给人间带去无尽祸害。整个故事其实就是人与能源的关系写照，人类就是孜孜不倦为"求火"不惜肝脑涂地的"普罗米修斯"，从古至今，勘探、开发能源的足迹遍及世界最偏僻的角落、最荒芜的土地、最恶劣的环境。在推动文明进步的同时，人类也因能源一次次引来"潘多拉"，承受过度索取、明争暗斗、无序发展的沉重代价。当前，人类又一次踏上了新的"求火"之旅，虽然不改"靠天吃饭"的本质，但期盼能够创造能源系统的更新换代，让潘多拉的魔盒不再装有灾害，真正成为希望之渊薮。

人类社会此前经历了两次改天换地的能源转型。第一次发生在18世纪后期至19世纪中期，煤炭替代柴薪成为全球第一大能源；第二次发生在19世纪后期至20世纪中期，内燃机的发明和推广使得油气逐渐取代煤炭成为全球主导能源。目前正在进行的是第三次能源转型，核心内涵是以太阳能、风能、水能等清洁能源替代以石油、天然气、煤炭为代表的化石能源，形成清洁主导、电为中心、互联互通的现代能源体系。

（一）发展态势

过去的十余年里，全球能源转型步入了超出此前预期的"快车道"，为接下来的加速迭代奠定了较好的基础。

1. 清洁能源在世界能源结构中的比例稳步增长

从2010年到2021年，清洁能源消费在全球一次能源消费中的比重从7.6%上升到13.5%，非水清洁能源消费的比重从1.3%上升到6.7%（见图2.1）。[1]从世界主要能源消费国（或地区）看，12年间，美国清洁能源消费在该国一次能源消费中的比重从4.3%上升到10.7%，中国从7.2%上升到15%，欧盟从8.7%上升到18.6%，均实现1倍以上的增长。[2]

清洁能源在电力领域的增长态势更为明显。全球清洁能源装机容量从2010年的1221.8GW（单位：吉瓦）上升到2021年的3051.7GW，同期清洁能源装机占比从25.5%上升到39.7%；同期

---

[1] 数据来源参见BP公司：《BP世界能源统计年鉴2011》，2011年6月，见https://www.bp.com/content/dam/bp/country-sites/zh_cn/china/home/reports/statistical-review-of-world-energy/2011/bp-energy2011.pdf；BP，"BP Statistical Review of World Energy 2022"，June 2022，https://www.bp.com/content/dam/bp/business-sites/en/global/corporate/pdfs/energy-economics/statistical-review/bp-stats-review-2022-full-report.pdf?_ga=2.62081900.1747043620.1662512730-1151101180.1661936818。

[2] 数据来源参见BP公司：《BP世界能源统计年鉴2011》，2011年6月，见https://www.bp.com/content/dam/ bp/country-sites/zh_cn/china/home/reports/statistical-review-of-world-energy/2011/bp-energy2011.pdf；BP，"BP Statistical Review of World Energy 2022"，June 2022，https://www.bp.com/content/dam/bp/business-sites/en/global/corporate/pdfs/energy-economics/statistical-review/bp-stats-review-2022-full-report.pdf?_ga=2.62081900.1747043620.1662512730-1151101180.1661936818。

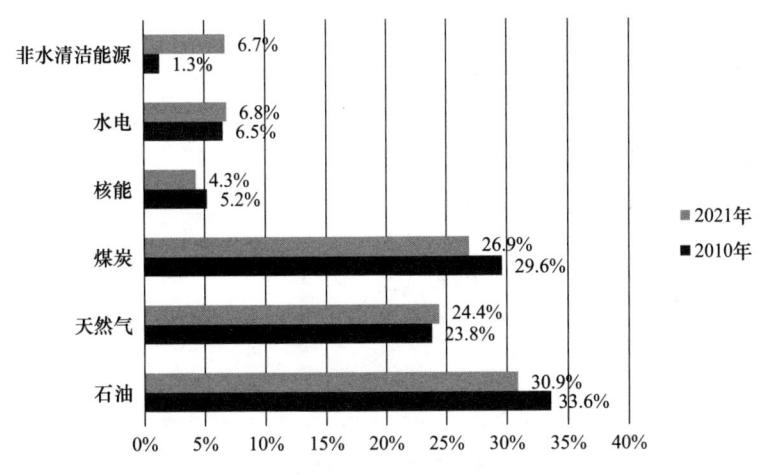

图2.1 全球一次能源消费的占比变化（2010/2021）

能源	2021年	2010年
非水清洁能源	6.7%	1.3%
水电	6.8%	6.5%
核能	4.3%	5.2%
煤炭	26.9%	29.6%
天然气	24.4%	23.8%
石油	30.9%	33.6%

资料来源：根据英国石油公司（BP）发布的《世界能源统计年鉴》整理

非水清洁能源装机容量从296.2GW上升到1822GW；2021年全球新增电力装机的88%为太阳能和风能。[1]发电结构出现相应的变化（见图2.2），2011～2021年，煤电在全球发电量中的占比从41.2%降至36.6%，清洁能源的发电占比从20.2%上升至28.4%，其中风能占比从1.7%上升至6.7%，为11年间比例增长最多的电力来源，太阳能占比从0.2%上升至3.7%。[2]2021年，全球"清洁能源＋核能"的发电占比达到38.4%，超过煤电；有50个国家"风能＋太阳能"的发电量在本国发电总量中的占比超过10%。[3]

---

[1] REN21, "Renewables 2021: Global Status Report", June, 2021, https://www.ren21.net/wp-content/uploads/2019/05/GSR2021_Full_Report.pdf.

[2] EMBER, "Global Electricity Review 2022", March 30, 2022, https://ember-climate.org/insights/research/global-electricity-review-2022/.

[3] EMBER, "Global Electricity Review 2022", March 30, 2022, https://ember-climate.org/insights/research/global-electricity-review-2022/.

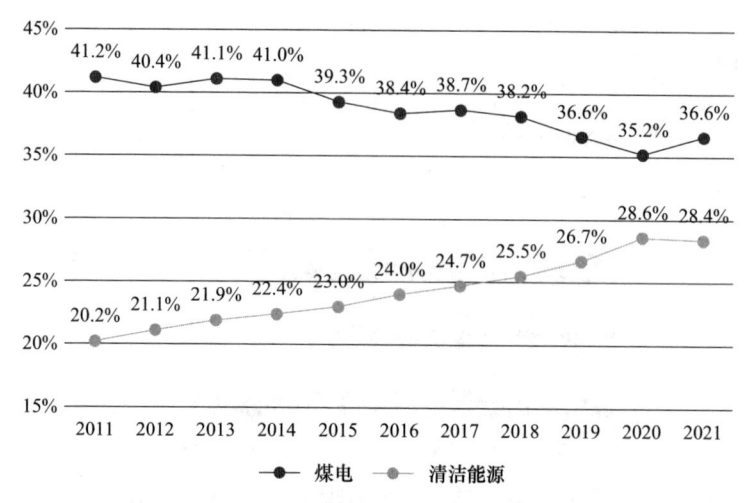

图2.2　煤电和清洁能源在全球总发电量中的占比变化

资料来源：数据引自EMBER数据库（https://ember-climate.org/data/data-explorer/）

2. 清洁能源经济性大幅提升

在21世纪头十年及更早的时期，反对开发太阳能、风能的意见必然包含"这些是昂贵能源"，很多国家、群体确实无力为它们买单。但最近十余年，随着技术升级、供应链完善、产业竞争和全球规模化推广，太阳能、风能的电力成本实现大幅下降。[1] 2010~2021年，公用事业规模的太阳能光伏发电成本下降幅度最大，为88%，聚光太阳能发电（CSP，亦称光热发电）和陆上风电降幅均为68%，海上风电降幅为60%。在不计入财政支持的条件下，光伏、风能的开发成本已经与化石能源新增产能的

---

[1] 本段数据引自：IRENA，"Renewable Power Generation Costs in 2021"，July 30，2022，https://www.irena.org/publications/2021/Jun/Renewable-Power-Generation-Costs-in-2021。

42

成本大致持平，甚至更低，2020年全球新增的光伏、风能发电量的62%的成本已经低于全球最便宜的化石燃料发电成本。德国所有在运的煤电厂的运营成本都高于光伏和陆上风电项目，美国一项研究显示该国99%的煤电厂的运行成本已经高于新建可再生能源电站的成本，平均而言，运行燃煤发电厂边际成本为每兆瓦时36美元，而新建太阳能发电厂的全生命周期成本约为每兆瓦时24美元，约便宜1/3。[1]

3. 能源转型投资快速增长

在各国不断增强的气候雄心和政策行动的支持下，2022年全球对能源转型的投资总额达到1.11万亿美元，创下新纪录，并首次与全球化石能源领域的投资规模相当（见图2.3）。[2] 在众多领域中，清洁能源吸收的投资最多，金额创历史新高，达到4950亿元，比上年增长17%；包括电动汽车和相关基础设施在内的电气化交通是第二大部分，投资额达4660亿美元，同比增长了56%。除了以上领域外，中国是能源转型投资最多的经济体，2022年共吸引5460亿美元的投资，占全球总额的近一半，欧盟（1800亿美元）、美国（1410亿美元）分别位居第二、三名。可以预见，不

---

[1] Oliver Milman, "US Renewable Energy Farms Outstrip 99% of Coal Plants Economically-Study", *The Guardian*, January 30, 2023, https://www.theguardian.com/us-news/2023/jan/30/us-coal-more-expensive-than-renewable-energy-study.

[2] 本段数据均引自：BloomberNEF, "Global Low-Carbon Energy Technology Investment Surges Past $1 Trillion for the First Time", January, 2023, https://about.bnef.com/blog/global-low-carbon-energy-technology-investment-surges-past-1-trillion-for-the-first-time/。除了清洁能源、电气化交通外，该数据还统计储能、电气化供热、氢能、核能、CCS（碳捕集与封存）技术、可持续材料等能源转型领域。

久的将来，全球对清洁能源的投资将超过化石能源，而且这种格局将最终定格为难以逆转的常态。

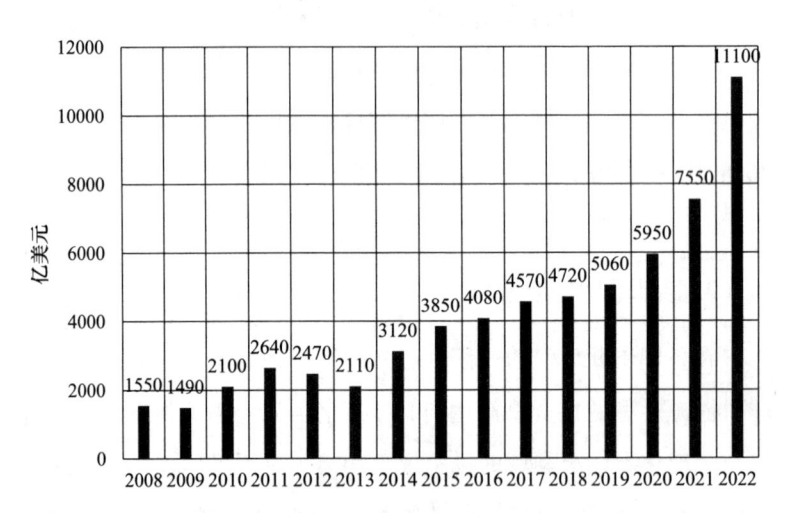

图2.3　全球能源转型投资规模（2008～2022）

资料来源：BloomberNEF,"Global Low-Carbon Energy Technology Investment Surges Past $1 Trillion for the First Time", January, 2023, https://about.bnef.com/blog/global-low-carbon-energy-technology-investment-surges-past-1-trillion-for-the-first-time/。

（二）主要特征

上层建筑的全球能源政治始终依托于、服务于、追随于生产力层面的能源结构。新一轮能源转型具有以下特征，这些特征将引导全球能源政治的走向及其多面性。

1. 能源转型是一场技术革命

当前的能源转型与全球新一轮技术革命、产业变革相伴相生，清洁能源、非常规油气、先进核能、新型储能、氢能、远距离输电、智能电网等新兴能源技术正以前所未有的速度加快迭代，能源产业从资源主导向技术主导转变。尤其在以太阳能、风能为代表的清洁能源领域，风无时不在，光无处不在，但它们不会自动成为可利用的能源，只有具备强大的技术实力，才能以较低成本、较高可靠性实现"风光"的规模化开发。"我们正在从一个'能源源自资源'的世界走向一个'技术就是资源'的世界。"[1]

2. 能源转型是多个系统的共同演进

能源转型从来不是一个技术中性的过程，它"不仅包含能源技术、基础设施的更新换代，也涉及各种政策、市场、消费者行为、文化内涵与科学知识的建构与调整"[2]。只有技术、经济、政治、社会各个系统都朝向一致目标并释放出创新、协作的动能，能源转型才能得以顺利开展。在决策或研究过程中，人们习惯于优先关注物质层面的系统，关注技术是否成熟、项目是否可行，容易忽视社会层面各系统的协同与相互作用，尤其是"对清洁能源取之不尽、用之不竭、清洁性和所谓非物质性（immateriality）的宣扬使人们忽略其生产过程中必需的社会关系"[3]。

---

[1] "Special Report: The Geopolitics of Energy", *The Economist*, Vol. 426, No. 9083, 2018.

[2] Judit Rodríguez-Manotas, Padmasai Bhamidipati, James Haselip, "Getting on the Ground: Exploring the Determinants of Utility-Scale Solar PV in Rwanda", *Energy Research & Social Science*, No. 42, 2018.

[3] Karen Rignall, "Solar Power, State Power, and the Politics of Energy Transition in Pre-Saharan Morocco", *Environment and Planning A: Economy and Space*, Vol. 48, No. 3, 2016.

3. 能源转型是非线性过程

能源品类之间的替代与被替代存在循环往复的情况，并不遵循机械的、单一线性的发展历程。[1]在全球、区域或是单一国家，无论能源转型的趋势如何明显，在难以预知的经济、社会和政治因素的影响下，转型都可能出现滞缓、回流或偏离预期的情况。非线性特征根源于能源转型在本质上是一种"破坏性创新"（disruptive innovation），在塑造新局时需要调整乃至颠覆一些既有的发展模式，而这样的过程容易出现风险和阻力。具体而言：其一，传统主导能源具有技术锁定效应，"大量昂贵的现有能源基础设施和原动机存在较大惯性，而建设新的转换设备和新的输配网络又需要很多时间和资本投资"[2]。其二，能源领域的既得利益群体存在路径依赖。例如，一些阿拉伯油气生产国在油气价格低迷时着力发展清洁能源产业，试图摆脱对传统能源的过度依赖，而一旦油气价格回升，它们推进转型的动力就迅速下降，很多举措无疾而终。其三，在碳中和目标压力下，各国在转型过程中"先破后立"的情况普遍存在，往往造成能源供应"青黄不接"，而面对自我制造的能源短缺，决策者往往会减缓转型速度，甚至继续扶持本应淘汰的对象。

---

[1] 苗中泉：《能源转型的非线性与复杂性》，2018年11月6日，见http://www.escn.com.cn/news/show-686499.html。

[2] ［加拿大］瓦科拉夫·斯米尔：《能源转型：数据、历史与未来》，高峰等译，科学出版社2018年版，第301页。

图2.4　非洲草屋上的光伏板

4. 能源转型是多元化过程

各区域、各国基于发展基础与资源禀赋的异质性，在阶段性目标、行动重点、技术选择、进度安排上必然呈现多样性，这些方面不可能收敛于某种普世的、单一的模式。在发展水平相近的欧洲，法国、波兰、匈牙利等国认为核能在碳中和进程中扮演不可或缺的角色，而德国、瑞士等国则主张尽快淘汰核能。在非洲，尽管各国认同全球普遍的能源转型方向，但强调它们需要的是经济适用的转型，即新型能源系统对非洲来说应是可负担的、具有融入现有系统的便利性，且高度匹配民众的现实需求，避免转型步伐过于激进或出现债务陷阱。以沙特阿拉伯、卡塔尔为代表的中东油气国认为能源转型应是化石能源、清洁能源和新能源的融合发展，世界无法在短时间内与化石能源做切割，而应清洁高效利用各种能源，兼顾维护能源安全和减少碳排放的目标。

5. 能源转型衍生正负效应

在很多人看来，当前的能源转型是一件"百利而无一害"的事情，但实际上，能源转型也会衍生出困难、冲突和不确定性，如化石能源行业大量就业人口的安置、水电开发容易造成的生态破坏与征地纠纷、光伏组件不当废弃后产生的环境污染、生物燃料可能导致的粮食安全问题、转型成本陡增所引发的能源民粹主义等。[1] 不同利益背景的行为体之间经常出现难以调和的立场乃至一定烈度的政治斗争。例如，2017年马克龙出任法国总统后，为加速能源转型多次上调燃油税，从2018年11月起，法国各大城市陆续出现以反对燃油税上涨为核心诉求的抗议游行，酿成了持续多月、充斥打砸抢烧等暴力行为的"黄背心"运动，成为法国自1968年以来最严重、最持久的社会动乱，并带动欧洲其他国家也发生类似的民粹运动。"黄背心"抗议者大多来自法国经济发展滞缓的省份、社会服务设施缺乏的乡村和偏远郊区，这些地区的居民的平均收入低于全国水平，且高度依赖燃油车出行或生产劳作，他们对燃油成本的上涨较为敏感，也缺乏承担高税负的韧

---

[1] 相关探讨参见张锐：《能源转型的政治学研究：基于德国弃煤的探讨》，《德国研究》2020年第4期；张锐、黄伟隆：《台湾地区能源转型的困局》，《亚太经济》2021年第5期。

性，所以他们无法接受燃油税在一年内大幅的提升。一位"黄背心"抗议者在接受采访时的观点很具有代表性："我们厌恶政府整天让法国人担心世界末日，我们这些依靠贷款和债务活着的人只担心月底的账单。"[1]

---

[1] Eleanor Beardsley, "French Protesters Demonstrate Against Rising Fuel Prices", *NPR News*, November 27, 2018, https://www.npr.org/2018/11/27/671090413/french-protesters-demonstrate-against-rising-fuel-prices.

第三章

大势：碳中和时代的全球能源政治

当前，全球能源政治步入到什么时代？

显然，我们正在走出化石能源时代的种种桎梏与逻辑，但并未踏入一个全新的清洁能源时代，我们正在脱离油、气、煤统治下的世界秩序框架，但还没有身处风、光、水塑造的政治环境之中。未来几十年，我们将处于能源系统绿色变革的过渡阶段以及应对气候危机的攻坚时期，人类为这个时代赋予一个新的前缀——碳中和。

在这个新时代，全球能源政治将出现怎样的秩序变动？各国对能源内涵和对外战略目标将有哪些全新的设定？国家间竞争与合作将呈现怎样的面貌？本章将试图展开一个总览式的探讨。

一、大幕已启：化"危"为"机"的绿色战役

在短短几年时间，"碳中和"从一个生僻的减排术语迅速成为

国际社会耳熟能详、似乎可以包罗万象的概念，因为它不仅仅是一个目标、一个共识，更被寄托了人类克服危机、拯救自身的希望。

（一）各国碳中和承诺

碳中和指"一个国家领域内的温室气体排放与大自然所吸收的温室气体相平衡"[1]，促使大气层中温室气体的浓度保持平衡，控制全球温升趋势。碳中和的总思路是在一个可预见、可规划的时间段内，通过一两代人的努力，逐步淘汰高碳发展模式，引入新的低碳、零碳乃至负排放模式，实现地球空间内碳源（碳排放）和碳汇（碳吸收）相抵。碳中和意味着技术系统、经济系统、政治系统的共同演进与颠覆性变革，各系统承载了多项宏大艰巨的创新使命（见图3.1）。行动的落实涉及能源、工业、农业、交通等多个产业部门，但由于全球七成以上的温室气体来自能源部门，碳中和行动的核心是能源部门的脱碳，即加快清洁能源对化石能源的历史性替代，实现能源供应与碳脱钩。

全球的碳中和时代始于《巴黎协定》的达成。2015年12月，《联合国气候变化框架公约》近200个缔约方在法国巴黎一致同意通过《巴黎协定》，该文件的核心内容是——缔约方将加强对气候变化威胁的全球应对，把全球平均气温较工业化前水平升高控制

---

[1] 这一概念问世于1990年代末期，最初由西方环保团体提出，用来倡导个体及组织通过购买碳汇、植树造林等方式实现个体行为及组织活动的"净零碳排放"。参见李俊峰、李广：《碳中和——中国发展转型的机遇与挑战》，《环境与可持续发展》2021年第1期。

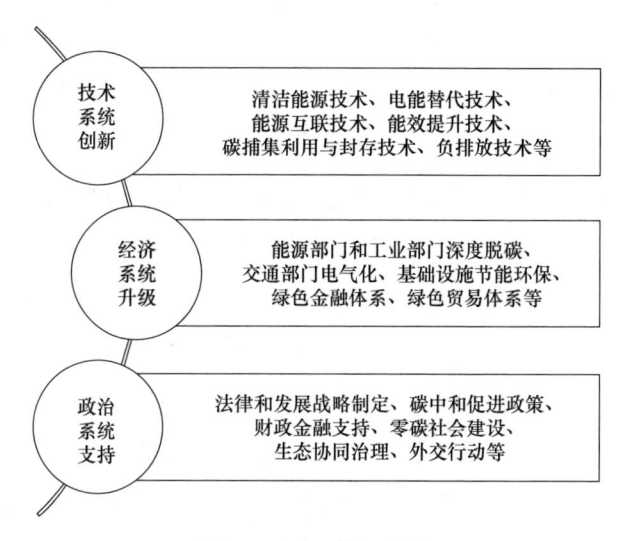

```
技术系统创新  →  清洁能源技术、电能替代技术、
                 能源互联技术、能效提升技术、
                 碳捕集利用与封存技术、负排放技术等

经济系统升级  →  能源部门和工业部门深度脱碳、
                 交通部门电气化、基础设施节能环保、
                 绿色金融体系、绿色贸易体系等

政治系统支持  →  法律和发展战略制定、碳中和促进政策、
                 财政金融支持、零碳社会建设、
                 生态协同治理、外交行动等
```

图 3.1　碳中和的行动内涵

资料来源：笔者自制

在2℃之内，并为把温升控制在1.5℃之内而努力。碳中和是实现温控目标的关键，根据IPCC的研究，若要21世纪末温升不超过1.5℃，那么全球要在2050年左右达到碳中和，若要不超过2℃，则碳中和的时间应在2070年左右。[1]

国际社会对碳中和的承诺历经了从少数到多数的过程。2017年12月，仅16个国家在"同一个地球"峰会上承诺到2050年实现碳中和。在2019年9月联合国气候行动峰会上，有75个国家宣布或重申碳中和目标。2020年9月22日，习近平主席在第75届联

---

[1] IPCC, "Summary for Policymakers of IPCC Special Report on Global Warming of 1.5℃ Approved by Governments", October 8, 2018, https://www.ipcc.ch/2018/10/08/summary-for-policymakers-of-ipcc-special-report-on-global-warming-of-1-5c-approved-by-governments/.

合国大会上宣布，中国二氧化碳排放力争于2030年前达到峰值，努力争取2060年前实现碳中和。2021年10月，在第26届联合国气候变化（COP26）大会召开前夕，多个产油国纷纷表态：阿联酋宣布将在2050年实现碳中和，沙特、巴林承诺在2060年实现碳中和，俄罗斯表示争取到2060年实现碳中和。在COP26召开期间，印度总理莫迪提出该国到2070年实现净零排放。截至2023年2月，全球135个国家提出基于不同时间节点的碳中和目标，这些国家的GDP占全球总量的92%，人口占世界总数的85%，碳排放量占88%。[1]多数国家通过政策宣示的形式提出碳中和目标，少数国家（如英国、法国、新西兰等）已将碳中和目标写入法律，一些国家正处于立法过程。

　　全球对碳中和的目标锚定是值得肯定的历史进步。此前很长时间，全球不少观点趋于悲观，认为人类迟早面临"吉登斯悖论"，即很多人难以为应对全球气候变化而采取实际行动，而一旦气候变化的后果变得严重、可见和具体，迫使人们不得不采取实际行动的时候，一切都为时已晚。[2]当前的表态起码使国际社会看到了打破"吉登斯悖论"的可能，各国都在碳中和承诺中彰显"兼济天下"与"独善其身"相结合的荣誉感、正义感，即使存在激烈争端、关系较为疏远的国家，也能以减碳的名义找到难得的对话或合作机遇。碳中和承诺所产生的另一深层次影响是关于碳

---

［1］数据引自：https://zerotracker.net/。
［2］［英］安东尼·吉登斯：《气候变化的政治》，曹荣湘译，社会科学文献出版社2009年版，第2页。

排放的权衡、配置和安全化开始深度介入人类政治形式与国际互动议程，国际关系行为体日益以碳元素为标尺审视地理空间、国家权力、国家利益、意识形态、科学技术等国际政治基本变量，并赋予它们各种新含义、新规范与新关联。[1]在很大程度上，国际政治秩序正在成为人类推动碳元素有序循环的因变量或"附赠品"。

（二）行动进展

行胜于言。承诺之后，世界需要看到各国切实有效的行动。

各国落实碳中和承诺的难度差距甚大。对大多数国家而言，迈向碳中和之前要先实现碳达峰[2]，根据世界资源研究所（WRI）的统计与评估（见图3.2），很多欧洲国家在20世纪内已经达峰，美国和加拿大于2007年实现达峰。到2020年，二氧化碳排放量占全球排放量40%的53个国家达到峰值，几乎所有发达国家完成了这一历史进程。这意味着发达国家和不少发展中国家（尤其新兴市场大国）面临截然不同的减排压力，从碳达峰到碳中和的过渡期，前者普遍拥有50～70年的宽松时间，而后者仅有30～40年，需要付出比前者更加艰苦卓绝的努力。"中国作为世界上最大的发展中国家，将完成全球最高碳排放强度降幅，用全球历史上

---

[1] 张锐、相均泳：《"碳中和"与世界地缘政治重构》，《国际展望》2021年第4期。
[2] 碳达峰指二氧化碳的排放在某一个时间点达到峰值不再增长，之后逐步回落，这是二氧化碳排放量由增转降的历史拐点。

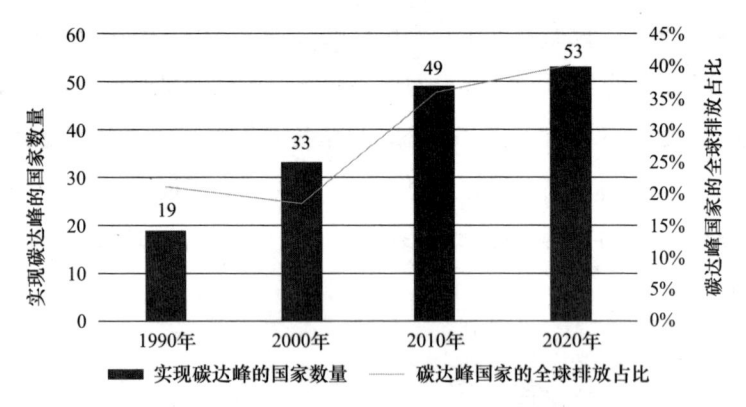

图3.2　全球碳达峰的进程与展望

资料来源：World Resource Institute, *Turning Points: Trends in Countries' Reaching Peak Greenhouse Gas Emissions over Time*, November 2, 2017, https://www.wri.org/research/turning-points-trends-countries-reaching-peak-greenhouse-gas-emissions-over-time

最短的时间实现从碳达峰到碳中和。"[1]

在具体行动方面，本章节探讨以下三个群体：[2]

1. 发达经济体最为积极

欧洲区域减排力度大、政策约束性强。欧盟于2019年12月发布《欧洲绿色协议》，该协议主要包括三个方面：推动欧盟经济可持续发展、欧盟成为全球绿色发展领导者、出台《欧洲绿色公约》。2020年7月，欧盟决定在2021~2027年期间投入5500亿欧元资助各类气候行动。2021年6月，《欧洲气候法》正式通过，以立法形式敲定欧盟2030年减排目标以及2050年碳中和目标。英

---

[1] 新华社：《习近平同法德国领导人举行视频峰会》，《人民日报》2021年4月17日。
[2] 本部分探讨参考现代院能源安全研究中心课题组：《国际碳中和发展态势及前景》，《现代国际关系》2022年第2期。

国通过修法确立了2050年碳中和目标，配套提出涵盖十个方面的"绿色工业革命"计划，包括大力发展海上风能、研发新一代核能和加速推广电动车等。

美国处于积极减排阶段。特朗普担任总统后，美国宣布退出《巴黎协定》，奥巴马任内奠定的气候治理成果被搁置或抛弃。2021年1月20日，拜登在就任总统首日宣布美国重返《巴黎协定》，之后提出三个阶段性目标，包括2030年美国温室气体排放量将较2005年的水平减少50%~52%、2035年实现100%清洁电力、2050年实现净零排放目标。尽管拜登政府时常在清洁转型、振兴国内绿色产业方面"夸下海口"，但确实在其力所能及的范围出台了许多政策。2022年8月通过的《通胀削减法案》计划在10年内，在应对气候变化、加速能源转型方面投资3690亿美元，被称为有史以来全球最大规模的气候投资法案。整体来看，欧美自2020年以来的"气候新政"为后巴黎时代的全球气候治理注入了较强动能，对推动全球绿色复苏起到了示范作用，增强了《巴黎协定》的完整性和有效性[1]，但鉴于欧美内部本身面临的政治经济羁绊，加上俄乌冲突爆发后的国际能源市场动荡，气候新政的实际效果势必受到较大制约。国际社会普遍担心美国气候政策缺乏连贯性，每隔4~8年新政府就会提出新的政策重点，如果共和党候选人在下次大选中获胜，美国的气候政策很可能出现大幅

---

[1] 相关研究参见李慧明：《欧美气候新政：对全球气候治理的影响及其限度》，《福建师范大学学报（哲学社会科学版）》2021年第5期；寇静娜、张锐：《疫情后谁将继续领导全球气候治理——欧盟的衰退与反击》，《中国地质大学学报（社会科学版）》2021年第1期。

调整。

日本、韩国作为资源约束性国家，气候政策一向具有较强的跟随性，通过紧盯欧美国家的进展，适时提出一些新的减排目标和务实政策，但避免给自身制造较大转型压力。

2. 发展中国家的行动呈现分化

众多发展中国家是目前全球新增排放的主体，多处于碳排放的爬坡阶段，面临兼顾国家经济发展与气候治理的两大重任。不少国家的碳中和目标缺乏具体政策的支撑，承诺的执行存在较大灵活性、模糊性。例如，印度的碳中和承诺被视为迫于国际压力的被动反应，莫迪政府尚未提出系统性规划，也未采取任何压缩该国煤电产能的行动。再如，多数东南亚国家虽然提出减排目标，但普遍无力也缺乏意愿改变自身能源结构的"碳锁定"状况，东盟此前制定的能源转型目标沦为一个无人跟进、无人督促的口号。[1]

有些发展中国家展现出积极转型、大幅减排的姿态。中国在很短时间内构建了"1+N"政策体系，"1"是实现碳达峰、碳中和（简称"双碳"）的指导思想和顶层设计，"N"是重点领域和行业实施方案，包括能源绿色转型行动、工业领域碳达峰行动、交通运输绿色低碳行动、循环经济降碳行动等。"双碳"工作在中国并非一个单纯的环境治理，而是一项事关中华民族永续发展的

---

[1] 张锐、王晓飞：《东盟能源转型：困局与展望》，《东南亚研究》2021年第4期。

政治任务、新时代经济高质量发展的核心议题。在拉美地区，智利、哥伦比亚、乌拉圭、哥斯达黎加、巴拿马等中型经济体制定了较为明确的政策，寻求减排进程的加速。

3. 主要产油国的双轨战略

过去很长时间，主要产油国都是气候治理的懈怠群体，因为全球减排趋势将冲击他们赖以为生的收入来源。但历史的趋势不可阻挡，"青山遮不住，毕竟东流去"。近年来，它们认清形势，尝试在绿色转型与传统路径上同时施力。俄罗斯出台了《2050年前限制温室气体排放法》《2050年前低碳发展战略》，对工业和能源部门进行深度重组，并计划在2030年成为全球主要的氢能出口国。同时该国仍将能源战略重点放在扩大油气产能，尤其加快北极资源的勘探开发。沙特阿拉伯、阿联酋、卡塔尔等中东国家开发了多个大型光伏项目，推进区域跨国电网建设，开拓氢能产销网络，如沙特于2021年宣布将打造一座投资预算高达5000亿美元的零碳城市，这些举措都展现了"不落人后"的转型姿态。中东产油国也继续坚持"油气优先"的发展战略，竞相实施大规模油气增产计划，标榜自身油气资源较低的碳足迹及其在稳定全球市场上的重要作用。

（三）长时段的能源转型趋势

能源体系是追求碳中和的主阵地，为了实现碳中和，世界大多数国家都把能源转型作为行动核心。截至2020年，166个国家设置了明确的清洁能源发展目标，145个国家制定了清洁能源的促进或监管政策，130多个国家在"国家自主贡献方案"（NDC）中提出电力转型计划。[1]

全球减碳目标为全球能源转型注入强大动能，本轮转型将彻底不同于此前两轮，并非只是基于技术进步和资源需求的自发过程，而是人类社会旨在解决气候危机、寻求可持续发展的主动管控与自觉升级[2]，各国政府通过设定具有法律约束力的气候和能源发展目标，引导全社会开展能源革命，这样的互动构成了转型的基础。

碳中和时代是一个革旧维新的时代，世界能源结构将呈现史上最为多元的面貌和趋势。

1. 全球能源体系持续多元

在人类历史的多数时期，全球能源体系往往由一种能源占据主导地位；而在能源转型不发生逆转的情况下，在2020～2050年的大部分时间里，化石能源、清洁能源将在全球和很多国家的能源结构中一起占据重要份额。有学者将国内外11家能源机构的展望研究成果进行了整理，将预测场景分为了"延续发展""变革转

---

[1] REN21, *Renewables 2021 Global Status Report*, June 15, 2021, https://www.ren21.net/wp-content/uploads/2019/05/GSR2021_ Full_Report.pdf.
[2] 具体而言，前两次转型时期的一国政府即使对能源转型给予具体指导或支持，也不会像当前各国政府一样，一是制定大量规划，明确声明能源系统在未来中远期需要发生怎样的改变、需要达到哪些量化指标；二是建立跟踪和监督机制，不断考察转型成效，不断审视能源系统变革与气候问题缓解之间的联系。

向""目标倒逼",汇总出它们对2050年全球能源消费结构的展望（表3.1）。[1]

表3.1 国际主流机构对2050年全球能源消费结构的展望

	2020年占比	延续发展场景	变革转型场景	目标倒逼场景
石油	31.2%	25%～35%	20%～30%	14%～23%
天然气	24.7%	20%～30%	15%～25%	10%～20%
煤炭	27.2%	16%～20%	10%～15%	4%～13%
清洁能源	12.6%	25%～33%	30%～40%	35%～55%

资料来源：刘之琳等，《基于情景设置的全球能源发展趋势分析》，《中国煤炭》2022年第3期

全球机构的共识是清洁能源将成为全球最主要的能源生产增量来源，其对化石能源的替代趋势是可预见且难以动摇的。据BP公司预测，2020～2040年期间，全球清洁能源的年增长率有望保持在5.5%的水平，而油气的年增长率仅在1%～2%之间。[2]IEA预测清洁能源在2025年可以超过煤炭，成为全球最大的发电来源，全球的煤炭需求在2025年左右达峰，之后进入较快的下行通道。[3]

石油和天然气仍是碳中和时代不可或缺的能源来源。石油作

---

[1] 该研究整合了IEA、IRENA、美国能源信息署（EIA）、BP公司、壳牌石油公司、全球能源互联网发展合作组织、国网能源研究院、中国石油经济技术研究院等11家机构的成果。场景分类上，"延续发展"即保守转型场景，基于现有经济社会发展趋势；"变革转向"即温和转型场景，主要基于技术和产业自发的变革行动；"气候目标倒逼"为积极转型场景，基于把全球温升控制在2℃以内目标下的积极作为。研究全文参见刘之琳、李江涛等：《基于情景设置的全球能源发展趋势分析》，《中国煤炭》2022年第3期。

[2] BP公司：《BP世界能源展望2019版》，2020年，见https://www.bp.com/content/dam/bp/country-sites/zh_cn/china/home/ reports/bp-energy-outlook/2019/2019eobook.pdf。

[3] IEA, "Renewables 2022", December, 2022, https://www.iea.org/reports/renewables-2022.

为目前第一大能源品种的地位将逐渐被清洁能源所取代，全球需求有望在近一二十年内达到顶峰[1]，但未来30年的下降区间有限，占比20%~30%的可能性较大，这主要由于发展中国家工业、运输等领域的石油需求将有所成长并维持高位，填补发达国家减少的需求。天然气作为低碳的、稳定的能源来源，在碳中和时代有望发挥更大的能源保供作用，国内外多数机构认为全球天然气需求在2040年前有望保持增长态势，其在一次能源结构中的比例很可能不降反增。当前，全球油气行业也在与时俱进，加速绿色转型，减少油气勘探开发活动中的碳排放水平，扩大清洁能源在传统能源生产中的使用。

2. 电力和氢能需求强劲

电能替代是未来能源转型的显著趋势，它指在能源消费中以电能替代煤炭、石油、天然气等化石能源的直接消费。在转型稳步推进的场景下，2018~2050年，电能在全球终端能源消费中的比重有望从21%上升到45%，全球用电量将增长一倍；交通行业的电力需求增长最为旺盛，全球电动汽车保有量有望从800万辆增长到11亿辆。[2]

---

[1]"全球石油需求何时达峰"是近年来比较热门且具有一定争议的议题，总的来看，全球多数机构和国际石油公司认为石油需求峰值将出现在21世纪20年代末到40年代之间。IEA认为全球石油需求将在2030年左右触顶，有少数机构（一般是代表石油产业利益的组织或公司）认为现在断言达峰为时尚早，欧佩克认为未来20年内全球石油需求都不会见顶，但到2040年代将进入一个需求稳定的平台期。

[2] IRENA, "Global Renewables Outlook 2020", April 20, 2020, https://irena.org/~/media/Files/IRENA/Agency/Publication/2020/Apr/IRENA_GRO_Summary_2020.pdf?la=en&hash=1F18E445B56228AF8C4893CAEF147ED0163A0E47.

氢能是加速能源系统减碳的有利选择。氢能的优势包括：其一，它是一种优质的能量存储介质，可以将具有波动性的风能、光伏转化为绿氢，最大程度提高清洁能源的利用率。其二，它能促进钢铁、冶金、水泥等高耗能产业的深度减碳，如钢铁冶金是我国第二大碳排放来源，通过用氢气代替焦炭作为还原剂，反应产物为水，可以大幅度降低碳排放量，促进冶金行业绿色转型。其三，它可以用作交通燃料，具有能量密度高、负载能力强、加氢快等优点。氢能目前在全球应用处于初级阶段，技术尚不成熟，制取绿氢、氢能冶金的成本较高。但主要经济体愈发青睐这一能源的潜力，到2021年初，中国、美国、欧盟、日本等30多个经济体发布了氢能发展路线图，它们承诺在氢能领域的公共投资预算共计已超过700亿美元[1]。在能源快速转型的场景下，氢能在2050年全球终端能源消费的占比可达到7%～16%。[2]

3. 新能源经济兴起

能源转型蕴含巨大的投资和发展机遇。以我国为例，A股新能源板块市值在十年间增长了约6倍，2012年9月底，A股新能源板块的总市值为7784.51亿元；到2022年9月底，这个数字为

---

[1] The Hydrogen Council, "Hydrogen Insights: A Perspective on Hydrogen Investment, Market Development and Cost Competitiveness", February 1, 2021, https://hydrogencouncil.com/wp-content/uploads/2021/02/Hydrogen-Insights-2021-Report.pdf.

[2] BP公司：《BP世界能源展望2020年版》，2020年9月，见https://www.bp.com/content/dam/bp/country-sites/zh_cn/china/home/reports/bp-energy-outlook/2020/energy-outlook-2020-edition-cn.pdf.pdf。

46487.58亿元。[1]在产业政策和市场需求的驱动下,我国光伏、风电、锂电池等产业实现了飞跃式发展,成为在国际竞争中取得领先优势的战略性新兴产业。国际可再生能源署(IRENA)预测,如全球在2050年实现碳中和,那么风力涡轮机、太阳能电池板、锂离子电池、电解槽、燃料电池五个产业每年的市场规模可以达到1.2万亿美元,超过现在的全球石油工业规模,清洁能源产业在2050年前能为全球新增4200万个工作岗位。[2]信息、交通等领域的新技术与能源技术深度交叉融合,持续孕育各种新模式、新业态。近年来,我国在能源基础设施智能化、能源大数据、多能互补、储能和电动汽车应用、智能用能和增值服务等方面的创新十分活跃,对能源产业发展产生深远影响。

4. 关键矿产资源成为焦点

光伏组件、风力涡轮机、电动汽车、储能电池等清洁能源设备的制造倚赖于各种矿产资源,国际社会将这类矿产称为"关键矿产资源"(critical mineral resource),主要包括锂、镍、钴、锡、稀土等。换言之,碳中和时代的能源开发不仅立足于"提供能量"的能源资源,还依托于"制造装备"的矿物原材料,能源系统面临从燃料密集型向材料密集型的转变。随着全球能源转型加速,矿产需求可能出现井喷式增长,一些资源在地理上分布不均,稀

---

[1] 中国能源网:《新能源产业的"十年河东十年河西"》,2022年10月26日,见https://www.hxny.com/nd-79396-0-17.html。

[2] IRENA, "Global Renewables Outlook 2020", April 20, 2020, https://irena.org/-/media/Files/IRENA/Agency/Publication/2020/Apr/IRENA_GRO_Summary_2020.pdf? la=en&hash=1F18E445B56228AF8C4893CAEF147ED0163A0E47.

缺程度持续攀升。

5. 转型任务艰巨

从现状和趋势上看,世界能源转型整体向好,但如要在21世纪中叶实现全球碳中和目标,目前的转型力度还远远不够,未来亟须成倍级的投入和增长。根据彭博新能源财经的评估,如要在2050年实现全球净零排放,那么2022~2025年期间,世界对能源转型的年投资金额应该为2021年水平(7550亿美元)的3倍,达20630亿美元,2026~2030年期间则要达到每年41890亿美元;2030年前,每年的光伏发电新增装机应达到630GW,风电新增装机达到390GW,是2020年新增装机水平的4倍。[1]

发达国家、发展中国家存在能源转型上的"南北鸿沟",后者在转型进度上的滞后将对全球气候治理、均衡发展造成巨大压力。在不纳入中国数据的情况下,2015~2021年,全球发展中经济体每年投资清洁能源的数额一直没有增长,始终维持在2000亿美元的水平,而发达经济体的这一数额从5000亿美元增长到7000亿美元。[2] 21世纪的头20年中,全球清洁能源投资只有2%发生在非洲,全球不到3%的清洁能源产业工作岗位在非洲。[3]

---

[1] BloombergNEF, "Energy Transition Investment Trend", January, 2022, https://assets.bbhub.io/professional/sites/24/Energy-Transition-Investment-Trends-Exec-Summary-2022.pdf.

[2] IEA, "World Energy Outlook, 2022", October, 2022, https://www.iea.org/reports/world-energy-outlook-2022.

[3] IRENA, "Renewable Energy Market Analysis: Africa and Its Regions", January, 2022, https://www.irena.org/publications/2022/Jan/Renewable-Energy-Market-Analysis-Africa.

下文将按照第一章提及的三段论框架（图1.2），探讨碳中和时代全球能源政治的生成逻辑和全局性特征（图3.3）。

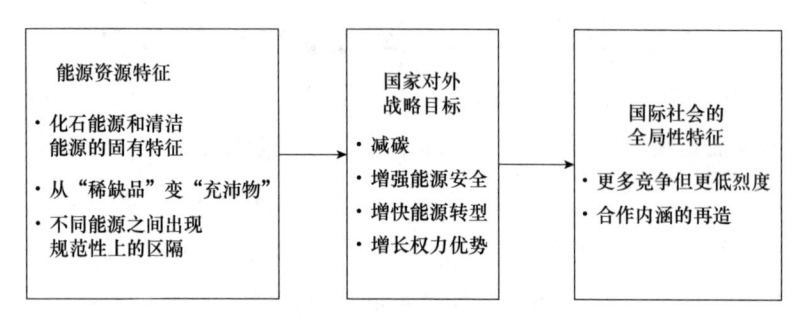

```
┌─────────────────┐     ┌─────────────────┐     ┌─────────────────┐
│  能源资源特征    │     │   国家对外       │     │   国际社会的     │
│                 │     │   战略目标       │     │   全局性特征     │
│ ·化石能源和清洁  │     │                 │     │                 │
│  能源的固有特征  │ ──→ │ ·减碳           │ ──→ │ ·更多竞争但更低  │
│                 │     │ ·增强能源安全    │     │  烈度           │
│ ·从"稀缺品"变    │     │ ·增快能源转型    │     │ ·合作内涵的再造  │
│  "充沛物"       │     │ ·增长权力优势    │     │                 │
│ ·不同能源之间出现│     │                 │     │                 │
│  规范性上的区隔  │     │                 │     │                 │
└─────────────────┘     └─────────────────┘     └─────────────────┘
```

图3.3 碳中和时代全球能源政治的生成逻辑

二、何为能源：更充沛、更复杂的资源

在碳中和时代，人们对"何为能源"的认识更具弹性、不再固化，这种认识既基于不同能源资源的特征、能源技术的高歌猛进，也注入了更多基于气候治理的价值观念和规范倾向，能源在数量和品质上不断被建构。

（一）从"稀缺品"变"充沛物"

能源在过往多数时候就是"稀缺品"的代名词，历史上之所以不断出现"石油峰值"论，原因就是人们普遍担心一旦石油峰值来临，必将引起供给短缺、价格高涨，衍生出一系列经济、政治、社会危机，世界深陷"垂死文明"的悲惨境地。在"稀缺品"认识的支配下，即使最有权势的霸权国，也难免惴惴不安。

有研究指出，美国国际能源政治的思维完全被资源稀缺性特征所主宰，"它不是由一种对美国有能力主导世界经济的乐观信念所驱使，而是由一种对'未来能否获得关键资源'的悲观预期所推动"[1]。而且，这种广泛存在的悲观预期使很多国家"隐晦或明确地表示资源冲突中的进攻性行为是正当的"[2]。在"稀缺品"认识的支配下，能源行业被看作是极易遭遇外部胁迫的行业，国际层面的风吹草动似乎都可以制造能源短缺的风险或猝不及防的油价上涨。即使能源供给始终稳定、保供压力较小的国家，其决策者也容易出现"冒充者综合征"的心理，认为眼前的能源安全只是暂时的、脆弱的，自身的能力难以应对未来整体性的"僧多粥少"、弱肉强食的残酷局面。

过去十余年里，两种能源领域的技术飞跃直接改变了能源的"稀缺品"设定：一是清洁能源技术的成熟与突破，人们开始相信除了早已扛起重担的水电外，太阳能、风能能够以可承担的成本成为能源体系的"中流砥柱"，世界对化石能源的过度依赖可以得到大幅缓解。二是美国推动的页岩革命彻底改变全球油气供应格局。随着页岩油气的大规模开发，美国迅速从全球最大的油气进口国转变为最大的油气生产国和出口国，曾经那个最热衷资源竞逐的国家现在成为资源向外输出，甚至满世界推销油气产品的

---

[1] Michael Klare, *Rising Powers, Shrinking Planet: The New Geopolitics of Energy*, New York: Metropolitan Books, 2008, p.3.
[2] Joe Barnes, Amy Jaffe, "The Persian Gulf and the Geopolitics of Oil", *Survival*, Vol.48, No.1, 2006.

国家。在当今国际社会，关于"石油峰值"的研究和讨论已经式微，人们更多关注"石油需求峰值"的议题。普遍的共识已经形成，即世界不必为化石能源的储量担忧，而且随着碳中和行动的落实，全球油气需求将在出现资源危机很早之前开始收缩，国际油气市场有望长期处于宽松周期。

在业已开启的碳中和时代，能源被自觉或不自觉地视为一种充沛物。有时，这种认知是对现实情况的某种反映，如美国官方文件已多次宣称国家进入"能源充足时代"，特朗普曾夸夸其谈地表示："美国人过去被告知只有通过对能源生产实施严格管制，才能解决能源危机，但我们现在知道这是一个巨大而美丽的'谎言'……事实是我国拥有近乎无限的能源供应。"[1]

有时，这种认知是对充沛前景的正面预期。目前，很多国家依旧面临此起彼伏，甚至旷日持久的能源供应挑战，但是决策者们可以摆脱此前那种焦虑，做到"手中缺余粮，但心中不慌"。俄乌冲突爆发之后，尽管欧盟从2021年起持续深陷因能源转型过快导致的供应危机，尽管多数国家高度依赖从俄罗斯进口的化石能源[2]，但依然坚定选择"与俄能源脱钩"的战略目标，不惜承担能源短缺加剧的风险，而且这样的决策能够得到多数的民众支持。主要动因是欧洲决策者和民众对能源稀缺性的认知已经发生根本

---

[1] White House, "Remarks by President Trump at the Unleashing American Energy Event", June 29, 2017, https://www.whitehouse.gov/briefings-statements/remarks-president-trump-unleashing-american-energy-event/.

[2] 2021年，欧盟成员国进口的45%的天然气、25%的石油、45%的煤炭都来自俄罗斯，欧盟从俄罗斯进口的能源资源价值高达990亿欧元，为后者创造了巨额收入。

改变，在他们看来，替代俄罗斯油气的渠道是存在的、潜力是可观的，包括美国、东地中海地区和非洲的资源，能源系统的安危可以不再系于某一个邻近的资源来源国；此外，步入正轨的能源转型可以进一步提速，海上风能、屋顶光伏、绿氢、生物甲烷等清洁能源都可以成为供给的中坚力量，人们相信即使面临一时的困难，但拥有足够的手段去获取或创造足够的资源。

同样，这样的预期也存在于能源贫困问题突出的国家。2010~2020年，全球无电人口从12亿下降为7.36亿，至少新增44个国家实现全民通电，一些国家实现了前所未有的进步，如阿富汗的全民通电率从42.7%上升到97.7%，肯尼亚从19.2%上升到71.4%。[1]这样的改变很大程度得益于离网光伏的推广，而且很大的比例并非来自国际援助，而是基于商业模式的民众能源自给。例如，在非洲的家用太阳能设备领域，多国兴起了"即付即用"（Pay-As-You-Go）商业模式，用户只需支付少量预付款即可获得设备，然后按月或周支付余款。在肯尼亚，民众如要购买M-Kopa公司标价240美元的太阳能面板，先支付35美元就可获得设备、通上电力，如果按0.45美元/天的租金持续缴费一年，便可获得整套设备，这样的用电成本比使用传统煤油灯还要便宜。这一模式使清洁能源产品在非洲告别了"人道主义产品"的标签，缺电的居民们可以不再依赖政府或国际社会的援助，通过市场化手段、发扬自食其力的精神去获得清洁电力，并在这种创

---

[1] 数据引自世界银行数据库。

新型实践中拓展生产生活的更多可能。无电问题曾被视为全球失衡发展的沉疴，但在新的时代，电力的"从无到有、从少到多"对越来越多国家而言是自力更生的事业和有望实现的前景。

近来，很多对能源供应的冲击已经难以引发剧烈的震荡。2019年，全球发生多起威胁原油供应的重大突发事件，包括美国对委内瑞拉实施制裁、美国升级对伊朗的制裁、沙特石油设施遭受严重袭击、利比亚和伊拉克战乱等，但油价一般只在事发后一两周出现上涨，然后迅速回落，体现了供需基本面和市场心态的蜕变。当年9月，沙特国有石油企业阿美的两处主要石油设施——布盖格（Abqaiq）原油加工中心和胡莱斯（Khurais）油田——遭到无人机攻击，引发大火，也门胡塞武装宣布对此负责。这导致沙特的石油产量被削减近一半，减产幅度高达570万桶/日，占全球供应量的5%。虽然各国及时表示关注，但这一事件最终并未造成全球市场的剧烈波动，人们也不关心这样的袭击是否会常态化以及沙特能否持续抵御这样的威胁，这一事件甚至很快就被人们遗忘。关注全球石油市场半个多世纪的著名能源战略学者丹尼尔·耶尔金（Daniel Yergin）表示："这样的事件如果放在四五年前，可能引发全球市场的恐慌，但由于能源安全的整体提升，市场的反应仅是'耸耸肩'而已。"[1]

能源技术颠覆式的创新也在不断夯实充沛预期。2022年12月13日，美国能源部宣布，其下属的劳伦斯利弗莫尔国家实验室科

---

[1] Council on Foreign Relations, "The Future of Energy, Climate, and Geopolitics", October 7, 2020, https://www.cfr.org/event/future-energy-climate-and-geopolitics.

研人员实现了"核聚变成功点火",产生的能量多于驱动核聚变的激光能量,全球首次在可控实验室条件下实现能量净增。核聚变模仿太阳的能量转换过程,使两个较轻的原子核结合成一个较重的原子核并释放出巨大能量,理论上只要有几克反应物,就有可能产生1太(1万亿)焦耳的能量,这大约是发达国家的一个人在60年内所需要的能量。而且,核聚变不会向大气中排放二氧化碳,它以宇宙中最丰富的元素——氢作为燃料,不用担心任何燃料供应问题;与裂变反应堆不同,聚变反应堆也不会产生高放射性废料。核聚变离商业化运行还有很长的技术升级之路,乐观的看法认为世界在2050年左右将建成并运行具有商业可行性的核聚变电厂,人类已经能够看到捧起清洁能源"圣杯"、实现能源永续稳定供应的前景。

能源从"稀缺品"变"充沛物",全球能源政治将从"忧心政治"变为"信心政治",最直接的影响是减弱国际能源政治长期存在的过激反应倾向,各国可以不用动辄将能源议题上升到攸关国家安危存续的高度,不用偏执于一些被夸大或难以评估的威胁,减少过度的防备或竞争,动用强势或武力手段维护能源安全的必要性也大幅削减。更重要的是,信心政治是碳中和时代全球能源政治的重要前提,正是由于各国对能源安全建立了起码的或一定水平的信心,才有底气许下碳中和承诺、自我加压地去追求具体的减碳目标。

全球能源政治还从"地质学家政治"走向"气象学家政治",前者受制于地质学家对资源分布不均的宣判和对资源终将枯竭的预判，他们的研究成为一些需求大国向外扩张、激烈博弈的依据；而气象学家则帮助人们挖掘世界各处风、光、水的巨大资源潜力，发掘清洁能源强大的替代能力，引导各国在清洁能源高比例供电的情况下相互协作、调剂余缺，实现优质资源的大范围配置，"东方不亮西方亮"，"方法总比问题多"，各国可以在相对宽松的氛围之中更多发现合作机遇，而非彼此倾轧。

（二）规范区隔

过去，当人们谈起能源，绝大多数时候指的就是石油或油气，它是一个无须再做解释或阐明的给定概念。而且人们不会对能源本身做出规范性上的评判，它就是支撑人类社会生存发展的必要物质基础，不存在"好能源"或"坏能源"之分。

在碳中和时代，能源概念所蕴含的价值复杂性将凸显，当一国领导人阐述本国的能源发展战略及对外合作战略时，受众会有意识地辨别其所说的能源具体指向哪种能源，是化石能源还是清洁能源，是哪个具体品类。很多人会对不同能源做出规范性上的区隔，即以能源的碳排放强度和其他维度的可接受性为标准，认定化石能源就是落后的、危险的、非正义的，清洁能源就是先进的、安全的、正义的，有些新能源的判定存在较大争议。在两个大类之中，不同能源还有着高下不等的排序。需要说明的是，目前这种区隔很大程度上由西方人所主导，他们在国际社会掌控着定义"什么能源是好能源"的话语权力。

第三章　大势：碳中和时代的全球能源政治

化石能源被日益建构或简化为有待淘汰的消极因素。这种建构首先立足于化石能源是气候问题的根源，在过去，各国将化石能源视为"暴露在不安全环境中的客体""保障国家安全的基础"，在气候危机之下，规范性观点将其视为"制造环境不安全的主体""威胁国家安全的来源"，不少官方言论、政治人物演讲都在强调化石燃料与环境之间的对立关系。煤炭已经成为"众矢之的"，因为煤炭是碳强度最大的化石燃料，燃煤发电是全球温室气体排放的最大单一来源。截至2021年，全球约有8500座正在运行的燃煤电厂，发电量超过2000吉瓦，占发电总量的1/3，燃煤电厂产生的温室气体排放量占全球排放总量的1/5。[1]一些国家、组织直接用"肮脏能源"（dirty energy）指称煤炭，将"淘汰煤炭"作为当下首要的气候治理任务，甚至否定他国使用煤炭作为保供能源的合理性。

清洁能源则被建构为能够克服化石能源弊病、塑造全新经济政治体系的积极因素。欧盟委员会主席冯德莱恩（von der Leyen）的这段讲话很能诠释这种规范意义上的推崇："我们必须加快从化石燃料向可再生能源的转变，可再生能源生产的每千瓦电力不仅是防止能源价格上涨的保证，还有助于我们减少对进口的依赖，使我们的社会和经济更具韧性、我们的星球更健康。"[2]在清洁能

---

[1] 数据引自：Faith Birol, David Malpass, "It's Critical to Tackle Coal Emissions", October 8, 2021, https://www.iea.org/commentaries/it-s-critical-to-tackle-coal-emissions。
[2] European Commission, "Speech by President von der Leyen at the European Parliament Plenary on the Preparation of the European Council Meeting", October 20, 2021, https://ec.europa.eu/commission/presscorner/detail/en/speech_21_5381.

源类别上，不少西方舆论将水电（尤其大型水电项目）视为一种"次要"的、"已不符合现代价值观"的能源，强调水电对环境和社会的外部性风险，将水电诠释为"人类中心主义"和"技术决定论"的愚昧象征，将一些水电投资定性为有意制造社会不公、剥削边缘群体的"结构性暴力"，近年来这方面舆论持续干预亚、非、拉美地区的水电开发，不断引发政治争端。

较为偏激的观点甚至反对大规模、集中式的清洁能源开发，只推崇分布式光伏、风电。按照它们的逻辑，分布式开发不仅能够抑制化石燃料的使用和以逐利逻辑驱动的"绿色经济议程"，还可以打破自工业革命以来政府和公用事业单位对能源生产的垂直垄断，建构新的能源民主形态，把决定一国能源系统构成及演变的权力从少数政商精英的手中转移到社会公众手中，并推动各国国内政治"更加民主"。[1]而且，这种模式如果能在全球推广，就有望实现"民主和平论"所展望的愿景，即"民主国家与民主国家之间不会打仗"[2]。上述观点完全无视一国能源需求的规模性、复杂性及不同国家在能源成本上悬殊的承受能力，西方国家眼里的"小确幸"很可能酿成穷国、弱国现实中的"大灾难"[3]。贸然

---

[1] 相关论述参见：Matthew J. Burkea & Jennie C. Stephens, "Political Power and Renewable Energy Futures: A Critical Review", *Energy Research & Social Science*, No. 35, 2018; James Angel, "Strategies of Energy Democracy", Rosalux, February 2016, https://www.rosalux.eu/fileadmin/media/user_upload/energydemocracy-uk.pdf。

[2] 此处论述参考：Roman Vakulchuk, Indra Overland, Daniel Scholten, "Renewable Energy and Geopolitics: A Review", *Renewable and Sustainable Energy Reviews*, Vol. 122, 2020。

[3] 特别对于人口庞大且亟须进一步工业化、现代化的发展中国家而言，现有的分布式能源技术根本无法支撑它们的能源安全和跨越式发展。

将能源开发消费与政治体制塑造之间建立直接的、未经推敲的关联，其实质是将能源转型与早已陈词滥调的"民主和平论"进行粗放式嫁接。而且，西方倡导的"能源民主"可能产生一种反噬效应，即当民众获得更大程度的决策权的时候，可能会因个人利益或短期利益而反对清洁能源开发、滞缓能源转型速度，欧美国家频繁出现的"不要在我家后院"（Not in My Back Yard）运动就是一个明证。[1]

不同能源的规范性区隔直接影响国际政治的目标设定。一个明显的趋势是在各种多边或双边的国际能源合作文件中，谈及清洁能源的篇幅越来越多，关于化石能源的合作尽量压缩或保持低调；即使目前缺乏实质性的行动内容，也要通过提及能源转型的合作潜力来显示参与方的政治正确和道义上的"不落人后"。例如，2020年，沙特阿拉伯担任二十国集团（G20）轮值主席国，其实该国曾在能源治理议程中加入了"稳定全球油气市场""扩大化石能源开发"等议题，但在当年发布的G20能源部长会议公报中，完全没有谈及"石油""天然气"的供需，只是着重介绍了沙特寻求推广的"循环碳经济"概念和"4Rs"框架（即碳的减少、再利用、再循环和去除），将焦点聚焦在"化石能源如何为气候目

---

[1] "不要在我家后院"又称为"邻避运动"，指社区居民反对在其住宅附近设置清洁能源的发电机组或电网，反对理由一般包括：风力发电机、光伏板、电网破坏自然景观，损害当地房价或旅游业；担心设备的辐射和噪音对健康造成不利影响；开发项目不能使开发地居民获得直接收益等。这类运动经常呈现出一定的民粹色彩，使用一些早已澄清的偏见混淆视听，一味夸大电力设施的负面效应。相关研究参见张锐、寇静娜：《"黄背心"政治与欧洲能源转型》，《读书》2019年第8期。

标做贡献",寻求为传统行业开辟清洁化发展的道路。[1]

这种规范区隔的实质是将气候治理的减碳需求、能源的环境可接受性嵌入全球能源政治实践之中,为各国的对外行为创设新的合法性标准。但同时,新时代全球能源政治的共识与协作、分歧与纷争也将在很大程度上来源于这种规范区隔及其产生的价值龃龉。

三、目标设定:"寓减于增"的追求

基于碳中和的时代要求和能源主体的全新建构,全球能源政治中的战略目标出现了很大调整,笔者称之为"寓减于增"的追求。

(一)减法加法同时做

"减"即减碳,各国将能源体系减碳作为碳中和时代的核心目标,寻求利用国际资源、技术和市场加速自身与世界的减碳进程。从目前到未来很长时间,减碳同国际社会早已公认的"世界和平""多边主义""尊重主权""保障人权"等基本原则一样,成为一个居于支配性地位的共识性目标,是各国开展交往前需要

---

[1] "G20 Energy Ministers Communiqué", September 28, 2020, http://www.g20.utoronto.ca/2020/2020-g20-energy-0928.html.

第三章 大势：碳中和时代的全球能源政治

亮明、重申的"接头信号"。

对所有国家而言，"减排不是减生产力，也不是不排放，而是要走生态优先、绿色低碳发展道路，在经济发展中促进绿色转型、在绿色转型中实现更大发展"[1]。各国决策者都不会把减碳作为单一目标或纯粹"做减法"的过程，而是看到减碳过程中必须承担的责任以及值得追求的利益，促使国际政治活动承担更多使命、开辟更广阔的合作空间。

"增"即更多面向、更加多元的目标。

一是增强能源安全。一国通过对外行动维护和提升能源供给能力，处理好化石能源、清洁能源的供应安全及它们之间相互补充、有序替代的关系，并在这个"能源已被视为充沛物"的时代，促进全球能源普及，致力于实现联合国2030年可持续发展议程中的"目标7"，即"确保人人获得负担得起的、可靠和可持续的现代能源"，尤其为发展中国家特别是最不发达国家提供有力支持，解决全球无电人口问题。[2]

二是增快能源转型。各国通过国际行动加强合作，促进事关能源转型的基础设施建设和技术研发。这一目标包含国内、国际两个层面：对所有国家而言，肯定优先关注国际合作对促进本国转型的作用；此外，不少国家（包括全球主要经济体或对气候议

---

[1] 新华社：《深入分析推进碳达峰碳中和工作面临的形势任务 扎扎实实把党中央决策部署落到实处》，《人民日报》2022年1月25日。
[2] 联合国：《可持续发展目标7：确保人人获得负担得起的、可靠和可持续的现代能源》，https://www.un.org/sustainabledevelopment/zh/energy/。

79

题比较重视的国家）会将"增快他国转型"作为重要诉求，向他国开展援助或投资，甚至直接进行干涉。

三是增长权力优势。指利用全球能源政治获取一国在跨国经济合作、全球气候治理、地缘政治秩序等各方面的权力性优势，其实质是将一国能源体系中的实力要素转化为更广泛、更具感召力或控制力的影响，涉及一国在碳中和时代能否占据新的制度性、道义性话语权。

传统的战略目标设定具有很强的内向性、单线条特征，即一国主要根据自身能源需求确定参与全球能源政治的目标，通过竞争或合作获得收益，然后反馈给本国能源系统。在碳中和时代，虽然不是所有国家都会同时追求或着力于上述三大目标，但对多数国家而言，全球能源政治的目标需要呈现更加分明的外向性、多线条特征，在照顾本国能源需求的同时，为全球气候治理目标、各自国家利益和权力创造更多增进的可能，各个子目标之间还存在相互支撑、联动发展的关系（见图3.4）。

（二）大国的目标扩容

未来的世界大国一定是绿色转型上的先进大国，美国、欧盟、中国在目标设定上均呈现明显的"寓减于增"倾向。

1. 美国

自拜登2021年上任以来，美国政府多次宣称将气候危机作为

第三章 大势：碳中和时代的全球能源政治

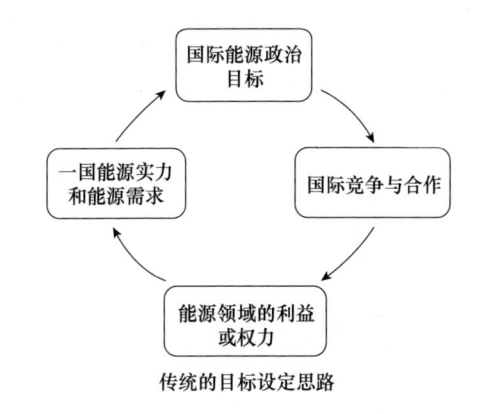

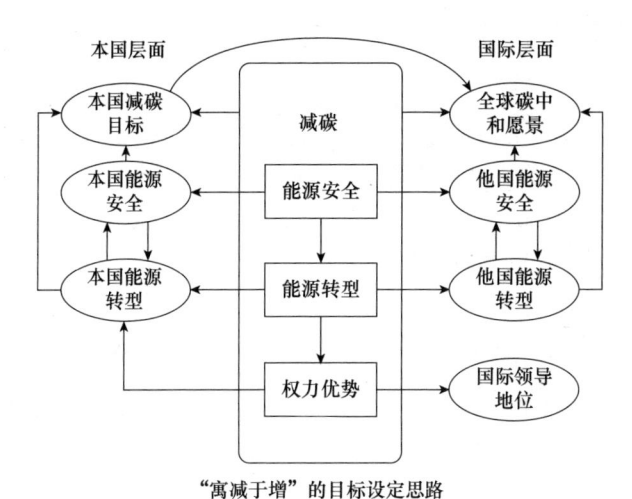

传统的目标设定思路

"寓减于增"的目标设定思路

图3.4 战略目标设定的思路变化

资料来源：笔者自制

"外交政策和国际安全的中心"，试图重新确立该国在全球应对气候危机中的领导地位。拜登表示："将气候目标融入所有外交活动之中，当我们提高气候目标的雄心，就可以要求主要排放国提高它们承诺的分量。"[1]美国国务院能源资源局是承担美国能源外交的主要机构之一，根据该机构网站上的信息，可以梳理出新时代美国国际能源合作的主要目标（见表3.2）。[2]

表3.2 拜登政府的全球能源政治目标

	能源安全	能源转型	权力优势
国内层面	• 在能源转型过程中加强美国本土能源安全 • 为清洁能源转型所需的矿物和金属建立强大、可靠的供应链	• 加强美国政府、私营机构与国外机构在能源转型上的合作	• 加强美国在各类国际能源治理机制中的作用 • 发起以美国为主导的合作倡议，推广美国在各能源领域的治理原则和标准 • 在能源领域对特定国家实施有效制裁
国际层面	• 促进撒哈拉以南非洲的能源获取 • 对全球50多个国家实施能源领域援助 • 提升欧洲的能源安全水平	• 促进全球多地的能源转型进程，鼓励私营部门参与清洁能源投资 • 促进全球多地的电力互联互通	

资料来源：美国国务院能源资源局网站

一是强调"脱碳"是面向所有地区合作的优先事项，但会因地制宜，如将帮助非洲"平衡脱碳、能源安全和公平的能源获取之间的关系"。

二是关注清洁能源开发的全流程，国际合作不仅聚焦风、光、水资源的开发，还涵盖区域电网开发、清洁能源供应链构

---

[1] The White House, "Remarks by President Biden on America's Place in the World," February 4, 2021, https://www.whitehouse.gov/briefing-room/speeches-remarks/2021/02/04/remarks-by-president-biden-on-americas-place-in-the-world/.

[2] 参考美国国务院能源资源局网站，参见：https://www.state.gov/bureaus-offices/under-secretary-for-economic-growth-energy-and-the-environment/bureau-of-energy-resources/

建、电力和矿业产业的监管、基础设施项目融资等，如提出促进撒哈拉以南非洲、中东北非和拉美地区的跨国电力互联，帮助它们提高电网的可靠性与韧性，便于更大程度地消纳清洁能源。

三是助力美国企业开拓和挖掘世界各地兴起的商业机会，强调将"整合美国政府和私营机构的资源和力量"，"政府搭台、企业唱戏"的目的十分明确。

四是高度重视在多边外交中提升权力优势。能源资源局的重要职能之一是代表美国参与 IRENA、REN21、政府间矿业论坛等多边机制，策划重大活动，分享美国推崇的"最佳做法"。同时，能源资源局不断推出多边合作倡议，推广美式的治理原则和行业标准。根据该机构网站信息统计，美国政府在能源转型方面正在实施的国际合作倡议已达 7 个，包括清洁能源需求倡议、针对关键矿产的能源资源治理倡议，分别面向欧洲、印太、拉美和非洲的"能源安全和去碳化"伙伴关系等，展现抢占全球治理先发优势的主动与冒进。

五是将能源政治战略与地缘政治战略相结合，使两者相互借力。例如，与欧洲的合作以"促进能源供应商、路线和燃料类型的多样化"为核心，其逻辑是将欧洲能源主要供应国——俄罗斯视为安全威胁，推动欧洲减少对俄罗斯的能源依赖。

2. 欧盟

欧盟理事会于 2021 年 1 月通过了《气候与能源外交决议》，可以视为欧盟在碳中和时代的对外战略文件，该文件设置的目标兼顾了欧洲内外的能源安全、能源转型和国际权力优势（见表3.3）。[1]

表3.3 欧盟的全球能源政治目标

	能源安全	能源转型	权力优势
域内层面	• 强化与化石燃料供应国的联系 • 维护区域和成员国的能源安全，尤其抵制来自第三国的干预或胁迫 • 维护清洁能源产业链的安全 • 维护区域核电安全	• 确保欧盟的绿色技术领先地位，寻求与技术领先者建立双边战略研究伙伴关系 • 扩大绿氢的海外投资和进口规模	• 推广欧盟在清洁能源、环境、核安全、投资上的治理标准 • 推广欧洲技术标准 • 打击反对能源转型的谣言 • 建设基于规则、开放透明的全球能源市场，促进欧元在能源市场的使用 • 扩大欧洲在全球多边能源机制中的影响
国际层面	• 促进非洲的能源获取，支持非洲通过绿色能源消除能源贫困	• 加速全球能源转型，推动全球逐步淘汰煤电和减少甲烷排放 • 防范和应对能源转型在一些区域产生的不利影响	

资料来源：欧盟《气候与能源外交决议》

对于本土能源安全，欧盟一方面关注化石能源安全，在大国博弈加剧的背景下，特别强调"维护欧盟和成员国在能源政策上做出主权决定的能力"，另一方面高度重视自身清洁能源供应链的脆弱性，指出"能源安全的性质正在从能否以负担得起的价格在动荡市场中获得化石燃料的担忧，演变为如何确保获得能源转型

---

[1] 参见：Council of the EU, "Council Conclusions on Climate and Energy Diplomacy–Delivering on the External Dimension of the European Green Deal", January 25, 2021, https://www.consilium.europa.eu/media/48057/st05263-en21.pdf。

所需的关键原材料和技术,同时避免产生新的依赖"。

在能源转型方面,欧盟目标具有很强的外向性,在它看来,欧盟仅占全球碳排放的8%,自身的减碳压力很轻,关键是外部世界的决心与行动。欧盟明确表示:"欧盟能源外交的首要目标是加速全球能源转型,同时确保可负担性、保护环境和实现可持续发展目标。"而且它还呈现日益强势的介入姿态,提出"能源外交将阻止对第三国基于化石燃料的能源基础设施项目的所有进一步投资,除非它们完全符合一条有抱负的、明确定义的、旨在实现气候中立的道路"。欧盟还注意到,"从中期看,能源转型可能对一些国家产生不利影响,特别是那些依赖化石燃料出口的国家,包括欧盟更广泛的邻国",所以它提出欧盟和成员国的对外行动需要预见这一地缘政治挑战,促进脆弱国家追求"具有社会公正性和包容性的能源转型","并在必要时向受影响最严重的国家提供专门支持"。这一动向具有前瞻性,但绝非理想主义下的"慷慨相助",欧盟主要在意中东北非以及高加索地区部分资源国出现油气收入锐减之后可能产生的动荡风险,而这一风险引发的难民、海盗、恐怖主义等非传统安全问题会迅速波及欧盟成员国。

在权力优势方面,欧盟竭力树立自身在能源领域的"规范强权"(normative power)形象。一是面向全球推广技术标准,直言"支持在全球范围内采用欧盟能源标准",主要目的仍然是在新时代维护欧洲在全球既有的商业优势和经济联系。二是希望将区域的能源市场规则提升为更大地域范围的能源市场规则,尤其将欧洲成熟的区域电力、天然气市场模式推广到邻近的"南部邻国、西巴尔干国家和东部伙伴关系国家",塑造欧洲在电力行业、电力贸易领域的规则话语权。三是尝试发动"舆论战",表示"将在欧盟内部和全球范围内打击反对能源转型的谣言",这点主要应对域内外兴起的能源民粹主义潮流。

3. 中国

党的十八大以来,习近平总书记创造性提出"四个革命、一个合作"的能源安全新战略和"能源强国"新目标,为新时代我国能源高质量发展指明了方向、开辟了道路。绿色低碳成为能源发展主旋律,能源安全保障任务依然艰巨,创新引领能源发展作用更加凸显,我国国际能源战略着力实施更大范围、更宽领域、更深层次的能源开放合作(见表3.4)。[1]

在特点方面,总体包括:第一,将"应对全球气候变化、建设清洁美丽世界"作为新时代对外能源合作的鲜明主题,以绿色丝绸之路建设为抓手,以实实在在的国际产能合作为依托,促进全球清洁能源的规模化开发、化石能源的清洁化利用。这点与欧美的行为形成鲜明对比,后者热衷于抛出各种合作框架和计划,光鲜亮丽的概念层出不穷,经常"雷声大,雨点小",甚至"光打雷,不下雨"。

第二,高度重视油气资源的进口安全,将打造"长期可靠、

---

[1] 本段和表3.4主要参考以下两个文件:国家发改委:《能源生产和消费革命战略(2016—2030)》,2016年12月,见https://www.ndrc.gov.cn/fggz/zcssfz/zcgh/201704/W020190910670685518802.pdf;国务院新闻办公室:《新时代的中国能源发展》白皮书,2020年12月21日,见http://www.gov.cn/zhengce/2020-12/21/content_5571916.htm。

表3.4 中国的全球能源政治目标

	能源安全	能源转型	权力优势
国内层面	• 实现海外油气资源来源多元稳定 • 确保能源通道畅通,完善能源通道布局 • 更加注重能源长期可持续安全,把新能源、新技术、气候变化作为新能源安全观的重要内容	• 加大国际能源技术合作力度,提升科技全球协同创新能力 • 融入全球能源产业链	• 在共建"一带一路"框架下加强能源合作 • 增强国际能源事务话语权,融入多边能源治理,倡导区域能源合作
国际层面	• 维护全球能源市场稳定 • 提高全球能源可及性	• 建设绿色丝绸之路,积极推动全球能源绿色低碳转型,广泛开展可再生能源合作 • 加强能源基础设施互联互通 • 支持发展中国家提升应对气候变化能力	

资料来源:《能源生产和消费革命战略(2016—2030)》《新时代的中国能源发展》

安全稳定的供应渠道""安全畅通的能源输送大通道"作为重中之重,这源于我国油气对外依存度高、地缘政治环境复杂多变的现实国情。

第三,坚持"引进来"和"走出去"并重。一方面"引技引智",加强与先进国家在非常规油气勘查开发、清洁低碳能源开发等方面的技术合作,参与前瞻性能源技术国际研发应用合作平台和机制建设;另一方面促进国内能源行业加快"走出去"步伐,开展广泛的能源贸易、投资、产能、装备、技术、标准等领域合作。

第四，始终坚持人类命运共同体理念，践行共商共建共享的全球治理观。与美欧不同，中国不追求自身规则和价值的强行输出。中国追求能源领域里的各种优势，但并不寻求优势上的独占或对他国的单边干涉，而且努力将能源减碳合作打造为新型大国关系的合作增长点。

综上所述，全球三大主要经济体的战略目标高度体现了"寓减于增"的内涵，都旨在成为应对全球气候变化、引领全球能源转型的领导者。这说明了"当前任何试图重塑国际秩序的大国，都必须考虑全球气候变化的刚性约束，其力图对国际秩序施加影响的经济（技术）和军事实力的获得手段和资源必须顺应全球性的低碳化潮流，这是以往任何时代所没有的强烈制约因素"[1]。美国、欧盟、中国均寻求"能源的饭碗必须端在自己手里"，对能源安全的追求不局限于资源供给上的安全，而是着眼于通过对外行动保障能源体系的战略安全、运行安全和应急安全，"于每一种能源产业而言，能源产业的核心关键技术、设备的制造能力，以及所涉及的产业链供应链都必须掌握在自己手里"[2]。

基于能源内涵更迭和战略目标扩容，可以预见，碳中和时代的全球能源政治是新旧政治逻辑的汇流、碰撞与相互浸染，既保留一些长久的、稳定的政治样式或习惯，使得旧的特征继续在新

---

[1] 李慧明：《全球气候治理与国际秩序转型》，《世界经济与政治》2017年第3期。
[2] 陆如泉：《如何理解"能源饭碗必须端在自己手里"》，《中国石油石化》2021年第22期。

的能源（或其他物质）载体上呈现，也会激发出新兴的、令人耳目一新的行动趋势，使竞争与合作变得不同以往。

四、秩序走向：更多竞争但更低烈度

总体来看，全球能源政治的秩序将是"更多竞争但更低烈度"，不同资源和生产要素的战略价值各有消长，不少议题更具全球或区域层面的能见度，但能源领域的整体竞争烈度偏低（见图3.5）。这里的竞争不仅包括围绕能源资源的竞争，也包括将能源作为权力工具争夺政治经济优势的竞争。能源领域的很多决策仍会被操作为事关国家安全和利益的高级政治议题，没有国家会天真地认为能源转型或清洁能源可以自动发挥"化敌为友"的功

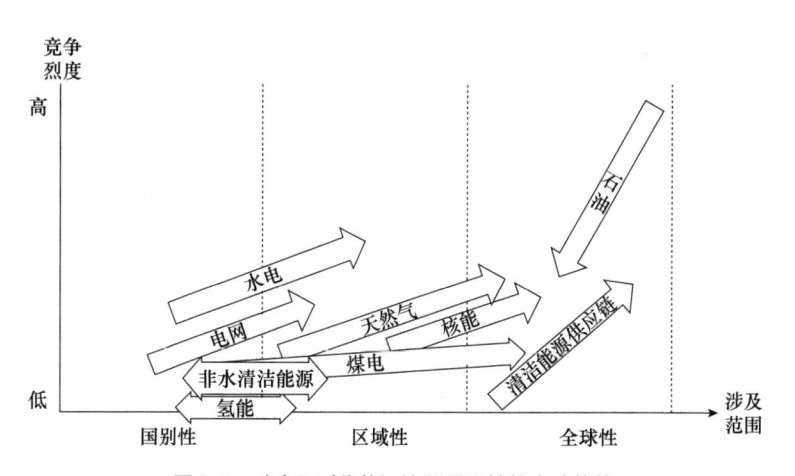

图3.5 碳中和时代能源议题重要性的变动趋势

资料来源：笔者自制

效。对于一些大国而言，避免"受制于人""落后于人"的观念容易推动它们有意无意地滑向"安全最大化"的零和博弈路径。

（一）石油

石油的战略价值下降，产生和平利好，但仍是各国争相竞逐的重要资源。面对未来结构性的石油供应过剩前景，各国（尤其大国）可以大幅减少军事手段的实施，包括维护能源安全的军事竞争、为争夺资源或控制通道而展开的军事对抗、与油气资源国建立军事色彩浓厚的庇护型关系、为油气国提供超出合理需求的军援或军售等，因争夺石油资源而导致国际关系恶化甚至触发军事冲突的可能性将显著降低。

同时，产油国爆发各种冲突的概率有望减少。揆诸历史，石油收入往往放大一些产油国制造或参与冲突的好战倾向，决策者倾向于认为其冒险主义政策可以依托源源不断的石油财富，对外进攻性行为具有较高成功概率，即使失败也不易引发国内政治的惩罚，典型案例包括利比亚的卡扎菲政权、伊拉克的萨达姆政权。另外，油气资源经常加剧一些产油国的央地矛盾、族群矛盾，导致武装冲突升级乃至爆发内战[1]，伊朗、印度尼西亚、尼日

---

[1] 最典型的情况是油气资源给中央政府带来巨额收入，但资源开采地的民众并未获得足够收益，或被动承担土地征用、环境恶化等代价，在这种情况下，中央或地方层面的反对派会动员民众向统治者发起挑战，进而升级冲突形势或引爆内战。相关研究参见熊易寒、唐世平：《石油的族群地理分布与族群冲突升级》，《世界经济与政治》2015年第10期；Macartan Humphreys, "Natural Resources, Conflict, and Conflict Resolution: Uncovering the Mechanisms", *Journal of Conflict Resolution*, Vol. 49, No. 4, 2005。

利亚、安哥拉、哥伦比亚、伊拉克、苏丹、南苏丹等国都存在这种情况，内乱往往又会引发跨境暴力冲突。未来，石油收入的减少可能使某些领导人变得更加理性与克制，毕竟"财大气粗"的时代一去不复返，也可能使一些国家失去内乱发生的"导火索"。

关于石油的地缘政治冲突趋于减少，但并不意味各种形式的地缘竞争会迅速消失。一是由于石油仍是碳中和时代重要的能源来源，很多国家对主要产油国和国际石油市场存在较大依赖，在这种情况下，以石油为国际政治目标的竞争性行动继续广泛存在，石油作为国际政治工具的权力性价值依然突出。例如，美国实现了自给自足的"能源独立"，但特朗普、拜登两届政府仍然倾向于维持美国在中东的军事存在，在他们看来，无论石油是否流向美国市场，中东石油资源对维持美国主导的世界秩序、区域秩序仍至关重要。美国还"可能通过经济制裁与军事手段，对一些不符合美国利益的油气生产国（甚至是美国的前盟友）进行战略敲诈，借机向其他国家兜售其不断释放的油气产能，从而谋求美国自身的全球利益与战略布局"[1]。再如，近年来，日本、印度以"海上油气运输安全"为名加强在南海、印度洋的联合军事演习，两国"相互靠拢"的实质其实是对共同假想竞争对手即中国的制约。可以预见，在某些局势紧张的关键时刻，美、日、印联手威胁或阻断中国海上能源通道的可能性依旧存在。二是竞争很可能出现一种新的激烈形式，即"出售石油的竞赛"。地缘政治的主题

---

[1] 杨宇、何则：《中国海外油气依存的现状、地缘风险与应对策略》，《资源科学》2020年第8期。

不再是石油进口国之间的竞争，而是产油国之间的竞争，在全球范围尽可能扩大自身的市场比例，获得更多收入，甚至打压他国的生产能力和出口渠道。最近十余年沙特和伊朗的激烈博弈和它们参与的代理人战争已经出现这样的苗头。

（二）天然气

天然气的地缘政治分量显著提升。在碳中和时代，世界对天然气这一过渡能源的依赖加深，续写人们习以为常的竞逐传统。

一是资源开发的博弈。处于争议地带的天然气资源容易成为地缘政治热点，如东地中海地区的天然气开发导致土耳其与希腊、塞浦路斯不断爆发"海上摩擦"。2018年以来，土耳其多次向塞浦路斯专属经济区派遣地质勘探船，并派军舰阻止塞方的勘探；2020年8月，土耳其与希腊的军舰在相关海域发生大规模对峙事件，两国多架战机发生直接对峙，险些擦枪走火。同时，天然气开发还激化了埃及与利比亚、以色列与周边邻国在海上的争端。长期以来，该区域的矛盾焦点、竞争目标都以陆地为基础，而天然气的开发前景使"大量事关海洋的术语（包括专属经济区、LNG港口、深海输气管道、《联合国海洋法公约》等）迅速融入地缘政治叙事之中，扩展了域内国家传统的地缘政治观念"[1]。未来，南海、波斯湾、北冰洋等海域的天然气开采存在类似的军

---

[1] Andreas Goldthau, Joern Richert, Stephan Stetter, "Leviathan Awakens: Gas Finds, Energy Governance, and the Emergence of the Eastern Mediterranean as a Geopolitical Region", *Review of Policy Research*, Vol. 10, 2020.

事化风险。

二是LNG政治的兴起。全球LNG贸易量从2010年的2.188亿吨上升到2021年的3.8亿吨，预计到2040年，全球LNG需求预计每年将超过7亿吨，比2021年的需求量增加90%。[1]天然气从此前依托管道的区域性商品变为经船运输送各地的全球性商品，因石油政治而备受关注的海上能源通道在未来仍具有较强的地缘政治敏感性，各国大型LNG接收站也容易被视为"能源安全的关键"。随着美国成为全球主要LNG出口国，LNG变成美国施展霸权影响的重要工具。特朗普政府曾宣称美国出口的LNG是"自由天然气"（freedom gas），时任能源部长里克·佩里（Rick Perry）于2019年表示："在将欧洲从纳粹德国占领中解放出来75年后，美国以LNG为载体再次向欧洲大陆提供自由。"[2]

三是跨境管道的开发与运营风险。跨国天然气管道容易成为攻击目标，衍生多重的不确定性：供应国和进口国难以保护基础设施在交界地段的安全；过境国由于某些政治动因破坏或威胁破坏跨境管道；某些非国家行为体尤其恐怖团体，通过破坏获取曝光度、打击政权或扰乱一国能源消费。[3]

---

[1] 《壳牌：LNG供需缺口将在2025年前后出现》，2022年2月21日，见https://m.jiemian.com/article/7125571.html。

[2] James Ellsmoor, "Trump Administration Rebrands Fossil Fuels As 'Molecules Of U.S. Freedom'", May 30, 2019, https://www.forbes.com/sites/jamesellsmoor/2019/05/30/trump-administration-rebrands-carbon-dioxide-as-molecules-of-u-s-freedom/?sh=652cc8f43a24.

[3] 寇静娜、张锐：《碳中和背景下中俄欧能源合作的发展变迁与展望》，《中外能源》2021年第12期。

（三）煤电

煤电是容易引发国家间政治"口水战"的敏感议题。煤电本来在全球能源政治中是边缘议题，因为多数煤电大国是主要资源蕴藏国，且煤炭分布在全球各地相对广泛，长期以来，全球煤炭的贸易量只占年度生产量的15%左右，这一比例远低于油气。但在碳中和时代，越来越多国家将淘汰煤电作为考察一国减碳力度的重要指标，并竭力推动其他国家加速弃煤，这将给目前煤电装机规模较大、煤炭资源比较丰富的发展中国家造成较大压力。可以预见，某些国家无论出于环境还是政治考量，很可能在全球层面持续炒作煤电议题，实施不请自来的"国际审查"，这种事态容易动摇各国参与气候治理的信任基础，制造不必要的政治隔阂。

（四）非水清洁能源

非水清洁能源的开发在很大程度上被视为稳定因素，不太容易引发国家间的矛盾或纷争，各国对于别国光伏、风能、地热、现代生物能等开发基本都抱持乐观其成、多多益善的态度。不少研究认为由于太阳能、风能几乎可以在地球任何地方开发，国家可以轻松实现能源的自给自足，从地缘冲突的风险、寻求海外资源的竞逐中解放出来。以下这段论述对这种和平趋势的归纳比较具有代表性："根本变化在于清洁能源改变了国际能源事务的前提。由于清洁能源在地理上的分布往往比化石燃料和核燃料更均衡，获得能源的经济和安全优势将在各国之间更均匀地分布，因此与交通瓶颈相关的风险会更少，大国争夺有价值的地点的理由也会更少。总而言之，国际能源事务将变得不那么关乎地点和资源，因此本质上也不那么具有地缘政治色彩。"[1]

笔者认同非水清洁能源总体上有利于世界和平稳定，可以对权力政治的冲动产生"降温冷却"的作用，减少能源领域的地缘竞争。试想，政治家们面对中东、中亚的荒漠戈壁，当看到荒芜的土地上矗立的是鳞次栉比的油气井架时，他们立马就能展开层出不穷的、类似欧亚大陆"心脏地带"或"兵家必争之地"的战略叙事，眼前浮现的都是攸关国家兴衰的财富、权力与安全；而

图3.6 沙漠中的美国艾文帕太阳能光热电站

---

[1] Indra Overland, "The Geopolitics of Renewable Energy: Debunking Four Emerging Myths", *Energy Research & Social Science*, Vol. 49, 2019.

如果同一荒芜土地上矗立的是风电机组、布满的是光伏设备，决策者们很难再有那些事关"高级政治"的想象，他们会认为这样的场景可以迅速复制到世界各个地方，中东、中亚立马会变成一个无须外界插手、任由其自行稳定的"平凡板块"。如果全球碳中和潮流顺利推进，特别当非水清洁能源在一次能源结构中的占比超过油气时，全球能源政治可能加速走向一种"乏味政治"的场景，能源对大多数国家而言成为一个不值得过多战略投入的普通商品。

同时，容易获得的非水清洁能源有利于减少能源贫困，尤其助力全球南方国家的和平稳定。阿富汗、卢旺达、南苏丹、伊拉克等国的情况都显示，离网光伏在提升民众能源获取能力、创造收入和教育机会、团结敌对社区或群体、防止局势进一步恶化方面发挥了正面作用。[1] 在论证光伏的促稳效应上，以色列学者伊泰·费申德勒（Itay Fischhendler）的实证研究很具代表性和说服力。[2] 通过考察加沙地带多年的卫星图片，费申德勒的团队发现加沙地带的光伏板覆盖面积由2012年的115平方米增加到2018年的10.5万平方米、2019年的近20万平方米，且96%的太阳能放

---

[1] James McLellan, Richard Blanchard, "Micro-generation in Conflict: The Conditions Necessary to Power Economic Development in Rural Afghanistan", *AIMS Energy*, Vol. 6, No. 2, 2018, pp. 339-357; David Mozersky, Daniel Kammen, "South Sudan's Renewable Energy Potential", Luka Biong Deng Kuol, Sarah Logan, eds., *The Struggle for South Sudan: Challenges of Security and State Formation*, London: IB Tauris, 2018, pp. 243—261.

[2] Itay Fischhendler, Lior Herman, Lioz David, "Light at the End of the Panel: The Gaza Strip and the Interplay Between Geopolitical Conflict and Renewable Energy Transition", *New Political Economy*, Vol. 27, No. 1, 2022.

置点都在屋顶上，其中很多建在农业区的鸡舍、谷仓和牛棚屋顶上，这显示光伏的推广适应了加沙地带人多地少的现实情况，没有加剧土地使用上的紧张态势。联网光伏项目从2015年开始出现，到2019年日发电量达到40兆瓦时，约占加沙区域发电量的20%。尽管光伏的迅猛发展无法化解巴以之间的核心矛盾，但是在促进稳定方面发挥了积极作用：一是改善该区域能源供应长期严重不足的问题[1]，降低了民众陷入能源贫困和极端贫困的概率，难民营安装的光伏也提升了难民群体的生活质量。二是以色列在光伏开发上表现出支持态度，是巴以敌对关系中少有的善意。自2014年以来，由于担心人道主义危机蔓延到以色列，以色列政府不再认为光伏板是一种安全威胁，也不再限制光伏板从以色列进入加沙地带。光伏板由约旦河西岸的巴勒斯坦供应商经以色列进入加沙，或从中东其他地方进口并由以色列方面运输。三是哈马斯在开发光伏上展现出开放、积极的姿态，为国际上的援助方、供应商和当地的安装行为尽可能地提供便利，也成为哈马斯与国际社会开展友好往来的一个切入点。值得一提的还有，加沙地带的太阳能设备很大比例来自中国，当地商家表示："出于经济考虑，我们从中国进口设备因为价格便宜，成本较低。这些设备质

---

[1] 由于以色列长期对加沙地带的燃料进口实行经济封锁，加沙本地唯一的发电厂无法充分供电，每天只能供电4~6个小时。光伏的安装尽管解决了不少问题，但根据红十字国际委员会2021年在加沙的调查，27%的受访者表示如果市政供电中断，他们就没有其他获取电力的方式；57%的受访者表示他们能够通过其他方式获取电力，但不足以满足生活或工作需求。参见红十字国际委员会：《加沙：调查显示长期电力短缺给疲惫不堪的家庭带来沉重负担》，2021年7月30日，见https://www.icrc.org/zh/document/gaza-survey-shows-heavy-toll-chronic-power-shortages-exhausted-families。

量很好，符合相关国际标准，因此很适合这里的市场。"[1]

当然，清洁能源存在一些趋于负面的不确定性。第一，清洁能源可能导致各国在国际政治层面的"为所欲为"。"各国对国内清洁能源的日益依赖可能增加国际冲突的风险，因为消费国减少了对他国的依赖，进而难以抑制它们的好战行为。在国际关系学界，爱好和平、支持清洁能源的自由主义者可能认为这有违常理，但这就是将复杂的相互依存逻辑延伸到清洁能源时代的结果。"[2]第二，清洁能源可能固化动荡国家的混乱局面。换言之，清洁能源在为全民提供能源解决方案的同时，也会无差别地增强敌对各方、叛乱团体、非法武装团体或恐怖组织的生存能力。例如，在也门，清洁能源带来的离网光伏发电使该国的分裂局面进一步固化，不少地区不再依赖曾经的发电来源和公共电网，使各地之间的基础设施联系趋于弱化。再如，离网光伏装备近年来在非洲多国的难民营迅速普及，有效改善了人道主义局势，但对难民接收国的政府而言，它们担心更好的电力条件会使难民延长逗留时间，从而使自身面临更大的安置压力和安全挑战。第三，清洁能源成为霸权国军队的战力提升工具。2021年拜登政府上台以来，美国国防部和陆海空三军先后发布各自的气候行动战略，将加快军队能源转型作为重中之重。美军以减少碳排放为名，广泛开发太阳能、生物燃料、垃圾发电、小型核堆、储能电池、智能

---

[1] 高路：《中国太阳能设备助加沙缓解电力危机》，2016年3月22日，见https://guangfu.bjx.com.cn/news/20160322/718406.shtml。

[2] Indra Overland, "Uncertain Past, Uncertain Future: How Assumptions about the Past Shape Energy Transition Expectations", *Forum: A Quarterly Journal*, No. 126, 2021.

电网等各类技术，推动传统的、以油料为主的集中统一储备方式向多种能源互补互济、前沿阵地能够自主供能的柔性零散方式转变[1]，有助于增强前方部队从周边环境中获取能源的能力，缓解能源资源的前送压力，使临时性基地的选址或迁移更加灵活。能效领域的提升也将促进美军舰船、飞机获得更大的攻击范围和续航能力。以上变化对美军是"进步"，但势必巩固其对外干涉的底气和实力，对世界和平和稳定而言绝非幸事。

（五）水电

在跨境河流之上的水电开发容易成为具有较高冲突风险的议题。根据国际组织2015年的评估，全球规划和在建的水电项目中，超过70%都位于跨境河流。[2] 在全球变暖的背景下，水资源成为一种地缘政治资源。目前，尼罗河、澜沧江－湄公河、底格里斯河以及其他多条位于南亚和中亚跨境河流上规划的或正在运行的大坝都对地缘政治产生了不利影响，下游国家对上游国家的不满经常转换为具体的反制行动，也使各区域的互信基础和安全形势屡遭冲击，既有的风险存在进一步升级乃至失控的风险。例如，埃塞俄比亚正在其境内的青尼罗河上兴建非洲第一大水电项

---

[1] 此处论述参考周铭浩：《智能化军事能源保障有啥特点》，《解放军报》2020年2月13日；张锐：《霸权的"漂绿"：拜登政府军队气候战略及其影响》，《和平与发展》2023年第4期。

[2] IEA, IRENA, et al., "Tracking SDG7: The Energy Progress Report (2019)", May 2019, https://www.irena.org/publications/2019/May/Tracking-SDG7-The-Energy-Progress-Report-2019.

目——复兴大坝，总投资额达64亿美元。青尼罗河是尼罗河的两大支流之一，为下游提供了80%的水量。处于尼罗河下游的埃及、苏丹从一开始就反对复兴大坝的建设，在无法阻止项目开工后，又要求埃塞俄比亚必须与它们在大坝的蓄水、运行上达成具有约束性的国际协议，保障它们可用水资源的份额，但埃塞俄比亚以"水电开发是内政"为由拒绝，其基本态度就是不愿与两国"纠缠"，只想抓紧推进项目，让一切成为"既定现实"。对此，埃及政府多次向埃塞俄比亚发出军事威胁，并与苏丹政府增加联合军事演习的频率，传递它们不放弃任何手段解决问题的信号。2021年7月，联合国安理会专门为复兴大坝争端召开会议，五大常任理事国的代表在会议上表达了较为统一的劝和立场，即"在发展问题上的分歧不应导致对和平与安全的威胁"，呼吁三方继续开展对话协商，及早达成三方均能接受、共同受益的解决方案。[1]

我国也面临水电跨国争端的风险。在南亚方向，印度不断借我国在雅鲁藏布江上游的水电开发活动大肆鼓吹"中国威胁论""水武器论"，同时在布拉马普特拉河（上游在中国称雅鲁藏布江）大量修建水电设施，意图强化对边界争议地区的事实占有与控制，直接侵犯我国领土主权。[2] 在东南亚方向，美国作为域外国家持续介入"澜沧江-湄公河"的水电开发事务。特朗普政府于

---

[1] 联合国：《复兴大坝争端继续发酵 埃塞、埃及、苏丹在安理会较力》，2021年7月14日，见https://news.un.org/zh/story/2021/07/1087982。

[2] 钟苏娟、毛熙彦、黄贤金：《地缘安全视角下的中国国际河流水资源开发利用》，《世界地理研究》2022年第3期。

2020年9月将美国主导的"湄公河下游倡议"升级为"湄公河-美国伙伴关系",把"可持续的水资源"作为优先关注领域,为湄公河委员会提供专门财政支持,帮助其获取水资源数据、开展"科学决策"。同时,美国国务院资助美国智库史汀生中心实施了"湄公河水坝监测项目",宣称利用"卫星遥感数据"追踪干流上中国11个水库的水文数据,借机抹黑我国合理的水电开发,挑拨中国与邻国关系。拜登政府上台后表态将延续这一伙伴关系,并于2021年6月举办了首次伙伴关系框架内的高级官员会议,美国外交官公开指责中国"威胁"湄公河流域国家的自然环境与经济自立。

（六）核能

大国之间的核能博弈可能日趋激烈。俄罗斯拥有占全球近五成的铀浓缩能力,欧洲一些国家的核燃料供应链倚赖俄罗斯,在俄乌冲突背景下,它们寻求在此方面与俄脱钩的可能性。同时,俄罗斯将自身定位为发展中国家核能开发的坚定支持者,这种姿态遭到西方战略界的高度警惕,他们担心俄国在全球一些特定区域建立基于核能的政治主导地位。美国目前在全球新建核反应堆的竞争中已处于劣势,对外合作规模远远落后于俄罗斯和快速崛起的中国,所以美国对俄、中的国际核电合作势必采取更多干扰措施。在新兴的核聚变领域,受限于当前国际形势,西方国家对中国的防范或打压可能增多,正常的国际科技合作可能面临政治层面的重重阻碍,这一能源正被视为争夺大国领导力、未来宰制全球能源秩序的"权杖"。有美国研究者表示:"随着中国处于核聚变创新的前沿，我们必须关注中国先于美国实现核聚变的地缘政治影响……如果中国能够垄断无限、廉价、清洁的替代能源市场，他们将通过有效控制核能行业而拥有巨大影响力。美国必须进一步加强对核聚变的投资，并开始与包括中国在内的其他核能巨头展开适当的竞争。"[1]

（七）清洁能源供应链

清洁能源供应链成为全球能源政治的博弈焦点。清洁能源供应链指清洁能源开发、输送、存储、消费各环节涉及的装备制造链条，通常包括上游原材料、中游关键零部件和辅材、下游整装设备三个环节。按照能源类型，供应链可分为光伏供应链、风能供应链、储能电池供应链等，其稳定运转直接关系各国能源转型的进度。

国际社会高度关注供应链的两大议题：

一是关键矿产资源的供给安全。太阳能光伏组件、风力涡轮机、电池等装备创造了庞大矿产需求，尤其是对锂矿、钴矿和稀土资源的需求。但是，一些矿产高度集中在个别国家。欧美国家普遍担心在矿产资源上面临"卡脖子"的窘境，如同1970年代石油供给受制于人的状况。同时，南方世界的矿产资源国也面临大

---

[1] Sage Miller, "The Geopolitics of Nuclear Fusion", *Georgetown Security Studies Review*, January 5, 2023, https://georgetownsecuritystudiesreview.org/2023/01/05/the-geopolitics-of-nuclear-fusion/.

国博弈下的安全压力。例如，玻利维亚拥有世界上储量最大的锂矿床——乌尤尼盐湖，然而，"2019年11月，人们还没看到玻利维亚利用锂实现脱贫致富，倒先看到该国民众抗议、骚乱、局面失控，最后该国总统、南美洲在任时间最久的左翼领导人莫拉莱斯逃往墨西哥流亡海外"[1]。当时的混乱局势从表面上看，主要是反对派指控莫拉莱斯阵营选举舞弊，各地出现民众抗议示威，同时军方也要求其辞职的结果。但莫拉莱斯声称，他是被美国策划的政变赶下台的，这场政变的目的是帮助美国获取这个南美国家丰富的锂资源。此前玻利维亚选择与俄罗斯和中国而不是美国建立锂矿开采合作伙伴关系，这一点让美国无法"原谅"。[2]

二是中下游的装备制造领域。中国是这一领域的全球领先者，这样的产业情况引发西方杯弓蛇影的能源安全担忧。例如，拜登政府一上台立即对美国锂电池供应链进行了脆弱性评估，认为中国"随时可以利用现有优势切断美国本土的制造链上，或向美国制造商出口不合格的设备"[3]。美欧还在能源领域引入价值观外交，通过所谓意识形态、人权、劳动标准等议题建立低碳转型与绿色技术合作领域的"民主国家联合体"，利用人权等问题破坏中国的国际声誉和中国产业的国际营商环境。西方国家对于石油

---

[1] 立行：《玻利维亚变天幕后：大国对战略能源锂矿的争夺》，2019年11月21日，见https://www.bbc.com/zhongwen/simp/world-50506639。

[2] 《为了锂矿发动政变？"小金属"变成"大金属" 锂矿再迎黄金十年》，2019年12月30日，见http://www.escn.com.cn/news/show-908785.html。

[3] The White House, "Building Resilient Supply Chains, Revitalizing American Manufacturing, and Fostering Broad-based Growth", June 10, 2021, https://www.whitehouse.gov/wp-content/uploads/2021/06/100-day-supply-chain-review-report.pdf.

的安全焦虑很大程度上转移到了清洁能源供应链上，笃信其不会是一个由市场和国际自由贸易能够解决的经济问题。

供应链的各环节承载碳中和时代的焦点——技术竞争。清洁能源的"能源形式、转换方式、运输方式等不同，彻底改变了油气时代的地缘政治博弈特征，'卡脖子'的技术成为引领新时代的能源权力的关键，并改变了能源安全的基本战略"[1]。占据技术优势的国家能够主导跨国清洁能源产业链，设定国际通用的行业门槛和技术标准，控制链条上的国际分工与价值分配，乃至影响一国低碳转型的成本或速度，掌握对国际政治的影响力。[2] 大国都不甘心在这一议题上受制于人、错失先机，容易采用政治手段争取竞争优势。

（八）电网

电网的地缘政治敏感性上升。由于各国电气化程度的提高，电网的稳定性与抗风险性成为影响国家能源安全的关键。

一是对来自他国的电网投资日益敏感，典型案例是德国、比利时、澳大利亚等国都曾以"国家安全"为由拒绝来自中国电网企业的投资，欧盟不断出现要求加强电网投资监管的声音，上述行为的动因都是政治家们将正常的电网投资行为臆测为一种"地

---

[1] 杨宇：《论地缘能权》，《自然资源学报》2020年第11期。
[2] 张锐、寇静娜：《全球清洁能源治理的兴起：主体与议题》，《经济社会体制比较》2020年第2期。

第三章　大势：碳中和时代的全球能源政治

缘政治力量扩张"。

二是网络攻击构成能源系统的主要威胁。无论是实现新能源大规模并网和消纳要求，还是支撑分布式能源的广泛接入，都需要以数字技术为电网赋能，促进"源网荷储"（即电源、电网、负荷、储能）协调互动。但是，数字技术对电网系统的渗透也为网络攻击提供了机会。从一种最严峻的角度预判，未来战争可以不用通过军事手段进攻，借助网络手段就可以在虚拟空间使一国能源和工业系统瘫痪。近年来，乌克兰和委内瑞拉的电网在政局动荡时期都曾面临大规模的网络攻击。大国电网遭受的网络攻击尤为严重，2020年，中国某省的电网就遭受网络攻击42万余次，其中高危攻击占比达65.4%，境外攻击占比18.27%，主要来自美国、印度等国家。"在中美贸易摩擦、中印冲突期间，来自美国、印度的攻击数量环比增长数倍，而且大量常见攻击中还包含一些特定境外组织的攻击特征，它们的目标涉及能源、制造、通信等重点行业的联网工业控制设备和系统。"[1]美国一再强调它是这一威胁的"受害者"，2021年，美国电网监管机构北美电力可靠性公司（NERC）将网络攻击列为电网面临的最大风险，而且电网中的配电系统由于采取更多监控或远程访问技术，越发容易遭受攻击，美国能源部长珍妮弗·格兰霍姆（Jennifer Granholm）在一次讲话中指出：美国的电网系统并未做好充足的准备，"美国的敌人有能力关停国家的电网"。

---

[1] 《全年境外恶意网络攻击超200万次：防御高危攻击亟需撒手锏》，《半月谈内部版》2021年第10期。

三是跨国电网日益被视为塑造特定地缘政治秩序的工具，其规模（双边、多边、短距离、长距离）、形态（集中式、分散式）、电压等级（特高压、高压、低压）、走向、通道容量等均能影响国家之间的关系紧密度和长期走向。围绕跨国电网开发，大国容易在一些区域展开战略竞争。例如，在东南亚，我国致力于与老挝、越南、缅甸、泰国等开发建设南北走向的跨国电网，推动澜湄国家电力互联互通和电力贸易，打造区域统一电力市场，并促进区域清洁能源的大范围配置。而美国、日本在东南亚不断散播"过度依赖中国的风险"，提出"南亚－东南亚"的东西向互联规划方案，对中国的倡议造成较大干扰。[1]

（九）氢能

氢能的地缘竞争将保持低位。随着全球能源转型的推进，氢能的跨国贸易有望逐步提升。一方面，这一能源预计很难制造油气时代的关系不平衡或地缘风险，因为其生产可以实现地域分布的广域性，加之氢气可以储存，这使得出口国难以垄断乃至武器化氢能贸易。另一方面，全球利用廉价清洁能源生产绿氢的潜力国家较多，未来可能出现争取买家、占据市场的地缘经济竞争。

综上所述，碳中和目标不能消解全球能源政治中的对峙性、

---

[1] 张锐、王晓飞：《中国东盟电力互联的动力与困境——基于区域性公共产品理论的研究》，《国际关系研究》2019年第6期。

冲突性因素，能源转型也会制造政治上新的敏感性、脆弱性和可接受性问题，各国（尤其大国）照样需要付出大量心力保障国家的能源安全与转型。但是，地缘竞争的整体烈度、零和博弈倾向有望下降，为了能源利益大动干戈的性价比持续走低，不同发展水平、不同地域的国家对竞争议题的关注点出现较大程度的差异，不像此前高度集中在油气领域。对多数国家而言，对新能源的倚重越大，摆脱竞争性政治困局的可能也越大。

五、合作网络：多领域的耦合与重构

此前，全球能源政治中的合作主要围绕能源资源，基于资源的开发与交易，促进跨国之间的资源贸易合作。在碳中和时代，围绕资源的合作仍将继续，大量合作活动仍旨在保证资源的跨国平稳流动，但与此同时，国际合作网络不断重新建构，内涵更加兼容并包，指向更加明确，即能源结构的共同清洁化、电气化。具体表现如下：

（一）能源转型合作更为普遍、汇入主流

国家间的能源转型合作不再是为了获取资源，而是为了加速一国或一地的能源替代（见图3.7）。在寓减于增共同目标的驱动下，合作主体的身份更加同质化，此前的能源合作通常表现为

"进口国驱动"或"出口国驱动",国家分属于供需关系的两端;在新的合作框架中,参与国都具有"转型推动者"的共同身份,目标上的契合度、专注度更高,国际能源政治表现出更强的自组织性,行为体"施以援手"和"互帮互助"的意愿也将增强。

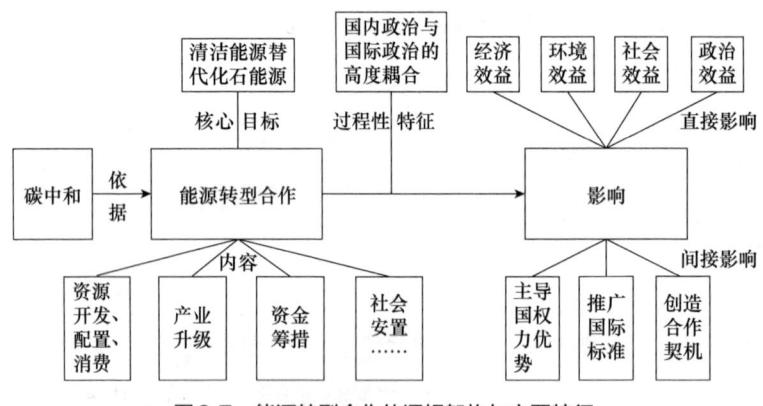

图3.7 能源转型合作的逻辑架构与主要特征

资料来源:笔者自制

能源转型合作具有以下突出特点:

一是合作内容涉及多领域的整合,涵盖能源体系中资源开发、配置、消费等各环节以及产业升级、资金筹措、社会安置等多个方面,呈现"既破又立""多系统并进"的规模化倾向。例如,2021年11月,英国、美国、法国、德国和欧盟宣布将在未来的3至5年内向南非的清洁能源转型领域投入85亿美元的资金,重点支持该国大幅淘汰燃煤电厂,建设大型清洁能源基地,支持现有产煤区的经济社会转型,尤其要安置数量庞大的煤炭产业人口。大量转型工作都需要超越能源行业，从社会系统改造的维度上集聚资金、推动变革。2022年6月的G7领导人峰会宣布将仿照和推广上述模式，与南非、阿根廷、印尼、塞内加尔建立"公正能源转型伙伴关系"，以调动更多公共和私人资金，加速发展中国家摆脱化石燃料。

二是在过程上呈现国内政治与国际政治的高度耦合。他国政府、国际组织、非政府组织可能在合作框架内深度介入一国的经济社会规划，或直接与地方政府、地方团体建立联系，建构去等级化、去边界化的跨国治理网络。例如，德国与中亚国家的能源转型合作涉及五大板块的内容，包括：实施清洁能源项目的援建，尤其是在中亚存在政治争端的地区（如费尔干纳地区）加速清洁能源开发，助力当地民众适应气候变化；提供专门的技术和资金支持；帮助中亚国家制定促进清洁能源开发的法律和政策机制；通过民间外交手段在中亚民众中培育、普及绿色意识；开展能源转型相关的科研和培训项目。[1]再如，欧盟面向西巴尔干国家和乌克兰推出了"转型煤炭区倡议"，筛选出当地17个煤矿项目和煤电厂，向它们提供技术和资金援助。这一合作的背后我们可以清晰地看到欧盟介入周边国家国内政局和地方治理的意图。

上述两个特征意味着外交官们需要比之前更深入地参与能源事务，关注他国的转型进程。美国国务卿布林肯在外访中加入了

---

[1] 参见张晓慧：《德国与中亚国家的可再生能源合作：基于动力、目标和路径的分析》，《新疆社会科学》2021年第5期。

很多能源转型的内容,如2021年在出访马来西亚期间,他与马国能源部长主持召开"能源转型圆桌会议",表示美国的目标是"帮助马来西亚吸引更多、更高质量的清洁能源投资"[1],"为马来西亚电网升级提供技术援助",乃至十分具体地指出将支持东马来西亚地区的电网建设,这些都与我们观念中高谈阔论政治事务的外交官形象大相径庭,也意味着外交活动正在与时俱进地适应能源革命。

三是创造超越能源领域的多元影响。对于合作的对象国,能源转型合作将促进它们获得直接的经济、环境、社会收益,融入全球碳中和浪潮;对于合作的发起国(即提供支持的国家),能源转型合作有利于提升它们的国际权力优势,这种优势"不再是那种对其他行为体的绝对支配,而更多体现在规划、协调和诱导各国采取集体行动的能力"[2],推广它们在能源体系、气候治理等方面的主张。例如,印度近年来依托其创立的国际太阳能联盟(ISA)开展相关合作。2018年3月11日,ISA在印度首都新德里正式成立,32国成为该组织的创始会员国,到2023年6月已拥有93个会员国。ISA成立以来,定期召开高级别大会,为成员国的太阳能项目拓展国际融资来源,运行项目孵化机制和能力培养机制,重点助力发展中国家开发太阳能资源。印度从中至少获得以

---

[1] 显然,美国所谓的"更高质量"基本是以中国为针对对象,技术议题中潜藏的地缘政治竞争无处不在。

[2] 于海洋、张微微:《传统地缘政治理论的批判及中立性地缘议程建构的可能》,《社会科学》2021年第11期。

下战略收益：一是以较少的治理成本和外交精力，在新兴的清洁能源全球治理中占据一席之地，增强了印度的国际曝光度和软实力。二是加强了与西方清洁能源技术大国的合作，便于引进太阳能领域的先进技术和政策经验。三是扩大印度在发展中国家的影响，尤其拉拢太阳能资源相对丰富的非洲国家，推广印度的清洁能源装备和技术。目前会员国中一半左右为非洲国家，印度多次利用ISA召开大会的契机接待非洲国家领导人，顺势开展活跃的多边外交和国际发展合作。[1]

值得一提的是，能源转型合作有利于为大国创造政治上相对脱敏的合作契机，以"关心地球命运""应对气候危机"为名，使大国之间的互动不必紧贴地缘政治走向，找到保持接触、改善关系的宝贵契机。例如，拜登上台后，中美关系仍持续波动，但鉴于"气候危机的严峻性和紧迫性"，两国仍然围绕强化气候行动展开密切磋商，在达成的共识性文件中，五大合作议题都与能源转型直接相关[2]，双方表达了持续在能源电力领域开展"双多边合作"的意愿，包括"继续开展政策和技术交流，识别双方感兴趣领域的计划和项目，举行政府间和非政府专家会议，促进地方政

---

[1] 张锐：《印度清洁能源外交：能源革命与大国战略驱动下的外交实践》，《印度洋经济体研究》2020年第6期。
[2] 参见《中美关于在21世纪20年代强化气候行动的格拉斯哥联合宣言》，2021年11月11日，见https://www.mee.gov.cn/ywdt/hjywnews/202111/t20211111_959900.shtml。五大合作领域包括：21世纪20年代减少温室气体排放相关法规框架与环境标准；将清洁能源转型的社会效益最大化；推动终端用户行业脱碳和电气化的鼓励性政策；循环经济相关关键领域，如绿色设计和可再生资源利用；部署和应用技术，如碳捕集、利用、封存和直接空气捕集。

府、企业、智库、学者和其他专家的参与，交流各自国家努力的最新进展，考虑额外努力的需要"。这样的合作趋向不仅有利于世界减碳趋势，也增进了双方互信，促进新时代双方经济、技术、政治等领域的"不脱钩"和"再挂钩"，激发能源合作蕴含的政治外溢效应。

（二）开展超越能源类型的"打包式"合作

此前的合作实践往往呈现"行业切割"的特征，通常立足某一特定的能源行业，不同行业之间往往条块分割、缺乏交流互动，呈现一种刻意建构的互不关联状态，如一国的对外石油合作、对外电力合作是两个完全独立的行动线。不同能源行业的机构或企业一般采取"井水不犯河水"的态度，专注追求自身行业的利益最大化，尽量避免引发不同行业之间的分歧或矛盾。

碳中和趋势催生"跨界打包"式合作，即打破行业壁垒和单一资源偏好，统筹不同能源品种、生产输送消费环节、当前和长远需求，立足能源系统全局，处理不同能源品种的替代进程与互补关系，确保能源转型平稳过渡。而且，治理的范围还延伸到与新能源系统密切相关的矿产资源、装备制造、信息技术、气象监测、基础设施互联等领域，丰富并重构能源治理议程。[1] 总体而言，跨界整合意味着一个结构性的同化过程，促使多元行为体从

---

[1] 张锐：《碳中和背景下的全球能源治理：范式转换、议题革新与合作阻碍》，《学术论坛》2022年第2期。

原本高度异质性的治理路径中抽离,发现不同行业的共同追求,采取更多协同行动。例如,2018年,习近平主席在中阿合作论坛第八届部长级会议开幕式上表示:"要积极推动油气合作、低碳能源合作'双轮'转动。我们要继续推进'油气+'合作模式,深化石油、天然气勘探、开采、炼化、储运等全产业链合作,要顺应全球能源革命、绿色低碳产业蓬勃发展,加强和平利用核能、太阳能、风能、水电等领域合作,共同构建油气牵引、核能跟进、清洁能源提速的中阿能源合作格局。"[1]这一表态很好地诠释了"打包式"合作的低碳取向、丰富内涵。再如,一些中东油气国不再只关注化石能源市场,而是强调自身具有在油气、清洁电力、氢能、可再生能源装备制造、项目融资等方面的综合实力,能够为世界扮演"零碳或低碳能源供给方"的角色。阿联酋利用IRENA总部设在阿布扎比的地缘优势,主办或赞助各类全球性能源会议,并通过援助或投资的形式在70余个国家建设了清洁能源项目,树立崭新的新能源大国形象。

越来越多能源类国际组织寻求超越对单一能源行业的治理。典型案例是IEA,该组织成立以后长期关注石油领域,以保障发达国家石油供给安全为第一要务,但近年来,该机构的决策者意识到"如要最大程度利用国际物质资源和象征性权力、保持在能源领域的焦点地位,IEA必须扩大业务范围,涵盖和推进清洁能

---

[1]《习近平在中阿合作论坛第八届部长级会议开幕式上的讲话》,2018年7月10日,见http://www.xinhuanet.com/politics/leaders/2018-07/10/c_1123105156.htm。

源转型相关的议题"[1]。IEA对自身的定位已经超越"一个石油消费国组成的机构",而致力于"成为全球能源对话的核心,提供权威的分析、数据和政策建议,帮助各国为所有人提供安全和可持续的能源"[2]。2020年7月,IEA首次召开清洁能源转型峰会,召集全球主要经济体的能源部长,探讨全球能源体系碳达峰的前景,呼吁将可再生能源置于绿色复苏的核心,提出了30余项统筹各能源开发的政策建议。

(三)深化能源共同体的建构

此前,世界各地围绕油气、电力已经开展了各种形式的能源互联。随着清洁能源开发比例的提高,各国对跨国电力互联的需求有望进一步提升,全球范围的跨国电力互联处于从国家间双边互联向区域多边互联发展的关键阶段。

目前,世界一些区域积极谋划电力多边互联,以重点项目为抓手,寻求短期内建立范围更广、联系更加密切、监管更加统一的跨国电力网络(见表3.5)。各项计划都涉及大量政治博弈与合作,指向一种"大陆性政治空间"(continental political space)的建构。

---

[1] Christian Downie, "Competition, Cooperation, and Adaptation: The Organizational Ecology of International Organizations in Global Energy Governance", *Review of International Studies*, Vol. 48, 2021.
[2] IEA, "At the Heart of Global Dialogue on Energy", https://www.iea.org/about/mission.

表3.5 区域跨国电力互联的倡议与行动

倡议	规划方案	行动进展
东盟国家互联电网	《东盟能源合作行动计划2016—2025》确定了"双边电网—北、东、南次区域互联—区域一体化电网"三步走战略，规划了16个跨国电网项目	东盟支持老挝-泰国-马来西亚-新加坡电力一体化项目（LTMS-PIP）的优先落地，2022年6月，LTMS-PIP项目正式运作，新加坡首次从老挝进口电力
欧洲互联电网	欧盟提出2030年各成员国跨国输电能力至少占本国装机容量的15%，促进清洁能源的消纳水平。现阶段重点加强爱尔兰、伊比利亚半岛、意大利、波罗的海沿岸国家的电网与欧洲整体电网的联系	欧洲互联电网已包括五个次区域的同步电网，并由欧洲电网运营商联盟负责协调管理。欧盟正在实施投资额58亿欧元的"连接欧洲设施"项目，加强跨国电网建设，致力于创建完全集成的区域电力市场
非洲基础设施发展计划	非盟于2021年6月宣布启动构建非洲统一电力市场（AfSEM），推动建设非洲南北输电走廊、西非输电走廊、中部非洲输电走廊等重大工程，计划2040年建成全球最大的区域电网	非盟、非洲开发银行为项目的可行性研究、前期规划、国际融资提供资金和人力支持，部分项目（如西非输电走廊）已进入建设阶段
欧亚互联计划	以色列、塞浦路斯、希腊、埃及等国共同提出，通过连接电网，将北非地区太阳能、以色列的气电输送到欧洲地区	截至2020年底，以色列-希腊-塞浦路斯海底电缆项目已获三国建设许可，启动招标工作，项目克里特岛-希腊大陆部分预计2023年底完工；埃及-塞浦路斯电网项目的可行性研究已完成
泛阿拉伯电力市场	阿盟16个成员国于2017年4月签署了建设"泛阿拉伯电力市场"的合作备忘录；2018年，阿盟发布规划，计划在2038年建成"从大西洋到波斯湾"的电力市场	阿拉伯区域内部现已形成马格里布电网、八国电网、海湾互联电网三个独立系统。阿盟支持加快三个次区域电网的互联，埃及、约旦、伊拉克、摩洛哥等国近年来启动建设多条跨国电网

资料来源：笔者自制

一些国家将新型能源共同体作为塑造新型全球能源政治格局的"试验田"和突破口。习近平主席于2015年联合国大会上提出"中国倡议探讨构建全球能源互联网，推动以清洁和绿色方式满足全球电力需求"。2016年3月，我国发起成立了全球能源互联网发展合作组织（GEIDCO）。GEIDCO成立以来，提出了一系列关于能源电力、气候环境、经济社会发展的创新思想，建立涵盖理论、规划、技术的全方位顶层设计，提出"两个替代、一个提高、一个回归、一个转化""三网融合"等创新理念，形成覆盖全球及各大洲能源互联网研究展望和清洁能源资源开发投资两个"1＋6"规划体系，为全球能源互联网落地实施提供了一揽子方案和行动路线图。截至2023年初，GEIDCO会员总数已达到1302家，覆盖141个国家（地区），在全球五大洲设立了7个区域办公室和65个重点国家代表处，组建非洲、西亚－北非、欧洲、中南美洲、东欧－中亚、东南亚－南亚－大洋洲等6个区域委员会和20个国家委员会。全球能源互联网倡议及治理活动是中国将清洁电力技术体系与全球互联互通格局深度耦合、集成建构的尝试，富有地缘政治经济层面的想象力、包容性与前瞻性，彰显了中国立足发展全局、构建能源命运共同体的决心。无独有偶，2021年11月，印度和英国在第26届联合国气候变化大会（COP26）期间推出一项计划——"绿色电网倡议——同一个太阳、同一个世界、同一个电网"，旨在连接140个国家的电网，全天候利用太阳能，并充分考虑太阳辐射的地域差异，确保各参与国电力供应稳定。该项目计划分三阶段进行：首先聚焦连接亚洲电网系统，将印度的电网与中东、南亚、东南亚地区的电网连接起来，然后扩大与非洲电网的连接，最终打造一个"可再生能源的全球单一电网"。

本章对碳中和时代的全球能源政治进行了总览式的探讨，下文将从权力格局、转型责任与利益分配、供应链竞争、互联政治四个方面，深入探讨具体的秩序变化和可能的互动走势。

第四章

起伏：全球权力的转移与扩散

在化石能源时代，能源政治的权力总是集中在少数几个资源富集国与个别霸权国手中；在碳中和时代，它们将难以继续享有主宰全球能源秩序的特权。油气国家普遍担心沦为国际社会的"边缘者"，越来越多国家把清洁能源作为国际权力跃升的跳板。"全球能源转型已成为一股重要的地缘政治力量，这种力量正在改变地区之间、国家之间的权力结构。"[1] 主导全球大秩序、区域小秩序的权力正在扩散到更多国家、更多国际关系行为体（包括国际组织、非政府组织、跨国企业、地方政府等），它们正在获得更多话语权、影响力、行动力，竞相在能源领域彰显存在感、发挥能动性。

---

[1] IRENA：《新世界——全球能源转型与地缘政治》，2019年1月，见https://www.irena.org/-/media/Files/IRENA/Agency/Publication/ 2019/Jan/Global_commission_geopolitics_new_world_2019_CN.pdf?la=en&hash=76C99B69705D4337868871236F19F4EF7DAB2FE6。

一、能源清洁化与世界多极化

能源体系的清洁化转型有利于促进世界的多极化。

首先，清洁能源开发能够增强各国的能源自给能力和战略自主性。对于数量居多的化石能源进口国，通过大规模开发本土清洁能源，能够有力维护国家能源安全，在制定能源政策和各种内外政策时摆脱不少外部牵制、风险因素，决策者可以更加从容不迫。而且，能源进口需求的减少还能够改善一些国家的贸易失衡困境，节省外汇支出，促进经济发展。"以欧盟、日本为代表的发达经济体和以中国、印度为代表的新兴经济体都有望实现新时代最为显著的实力增长。"[1]有观点认为世界可能出现中美引领、多个能源强国并存的"双多极体系"（duo-multipolar system），中美两国可以在清洁能源产业标准、关键矿产资源上发挥"牵一发而动全身"的领导作用。[2]

对不少中小国家而言，清洁能源有利于减弱国际秩序中广泛存在的"庇护与扈从"逻辑，它们在追求能源独立的同时追求更大程度的政治独立，这也是21世纪世界多极化的题中之义。例如，乌拉圭是一个化石燃料短缺的国家，历史上严重依赖来自阿

---

[1] Daniel Scholten, David Criekemans, Thijs Van de Graaf, "An Energy Transition amidst Great Power Rivalry", *Journal of International Affairs*, Vol. 73, No. 1, 2019.

[2] David Criekemans, "Geopolitics of the Renewable Energy Game and Its Potential Impact upon Global Power Relations", in Daniel Scholten, eds., *The Geopolitics of Renewables*, Cham: Springer Nature, 2018.

根廷、巴西的石油和电力。尽管乌国按照市场价格购买能源，但久而久之，两个周边大国都将这种联系视为一种居高临下的庇护，并明里暗里打压对方的影响。2000年以后，乌拉圭曾规划建设更多跨国电网、进口巴西水电，但此举立即遭到阿根廷的阻扰和反对，阿根廷认为乌拉圭应发展均衡的区域能源关系。为了摆脱左右为难、受制于人的局面，乌拉圭从2007年开始大力发展风电，2014年该国人均风电装机容量跃居世界第一，时至今日，这个能源转型的标杆国家已有富余电力向两个邻国出口。在这个过程中，乌拉圭也累积了面对周边大国的信心与底气，在区域政治互动中获得更多话语权。[1]

目前已有一些研究预测能源转型背景下国际政治的"权力赢家"，既包含世界主要大国，也有遍布世界各地的中小国家（见表4.1）。

表4.1 能源转型背景下的国际政治赢家评估

观点来源	观点
国际可再生能源署报告	三类国家可能获得更多全球影响力：一是清洁能源开发潜力巨大的国家，如澳大利亚、智利、巴西、挪威等；二是玻利维亚、蒙古、刚果（金）等矿产丰富的国家；三是清洁能源技术的领导国家，例如中国
学者凯伦·斯特根（Karen Stegen）的研究	赢家包括乌拉圭、纳米比亚、肯尼亚、马里、瑞典、芬兰、法国、尼加拉瓜、洪都拉斯、印度、约旦、蒙古、斯里兰卡、中国、美国、阿尔及利亚
学者范德格拉夫（Van de Graaf）的研究	油气进口大国（或地区）将成为国际政治赢家，包括美国、中国、日本和欧洲

---

[1] 这一案例来自笔者2018年对乌拉圭能源部官员的访谈。

续表

观点来源	观点
"地缘政治得失"（GeGaLo）研究指数	以下国家将在全球能源转型中获得最多地缘政治红利：冰岛、新西兰、新加坡、瑞士、加拿大、芬兰、瑞典、奥地利、丹麦、爱尔兰、日本、荷兰

资料来源：根据相关研究论文及报告整理[1]。

在全球一些区域，联系日益紧密的跨国电力网络有利于增强区域的能源一体化，促使地区成为拥有更强自我意志的地缘政治参与者。域内国家通过能源共同体的塑造，可以更多从整体的而非分裂的、合作的而非对峙的视角，思考地区成员的共同命运和互补性角色，抵制域外力量的强势干预，助推多极化进程。

其次，引领转型的国家通过培育和形成强大技术实力，获得国际地位的提升。2009年左右，美国战略界开始将中国在清洁能源领域的技术实力视为中国崛起的重要因素，认为如果美国不采取应对行动，中国将开创一条"对美国霸权造成长期灾难性后果的道路"，有些文章和报道声称中美已经开启一场激烈的"绿色能源竞赛"，类似于1950年代苏联与美国之间的"太空竞赛"。[2]

---

[1] 参见IRENA：《新世界——全球能源转型与地缘政治》，2019年1月；Karen Stegen, "Redrawing the Geopolitical Map: International Relations and Renewable Energies", in D. Scholten, eds., *The Geopolitics of Renewables*, Cham, Switzerland: Springer, 2018, pp. 75-95; Thijs Van de Graaf, "Battling for a Shrinking Market: Oil Producers, the Renewables Revolution, and the Risk of Stranded Assets", in D. Scholten, eds., *The Geopolitics of Renewables*, Cham, Switzerland: Springer, 2018, pp. 97-121; Indra Overland, Morgan Bazilian, Talgat Uulu, "The GeGaLo Index: Geopolitical Gains and Losses after Energy Transition", *Energy Strategy Reviews*, Vol. 26, 2019。

[2] Joel Eisen, "The New Energy Geopolitics?: China, Renewable Energy, and the 'Greentech Race'", *Chicago-Kent Law Review*, Vol. 86, No. 98, 2010.

上述观点虽然过于渲染中美产业竞争的战略效应，但也从侧面揭示了当前转型的技术革命内涵及其在国际秩序上的造"极"潜力。

最后，能源转型有望削弱霸权国长期占据的影响力。"石油美元"是支撑美元全球大循环、美国经济霸权的金融扩张载体，其内涵包括两个方面：一是国际石油贸易以美元为计价和结算货币，二是产油国出售石油获取美元后，进行购买美国债券等投资行为，实现"美元—石油—美元计价金融资产"的完整生态循环。[1]当全球对石油的需求下降且大量能源贸易转向清洁能源装备贸易或跨国电力交易时，石油的金融属性自然大幅下降，"石油美元体系的重要性和影响范围也就会缩小，世界对其认可程度以及维持其稳定程度的意愿也就会降低"[2]。只要能源转型的趋势不发生逆转，"石油美元"式微和终结的时刻终将到来，这无疑是对美国霸权的冲击，也有利于推动建设更加公正合理的多极世界。另外，能源转型推动各国能源需求的多样化，一个异质的、分散的能源体系完全匹配一个日益多极化的世界秩序。当各国能源诉求不同、对外行动重点不同、合作网络更加灵活多变，将削弱霸权国此前凭借控制关键资源、关键枢纽或通道而产生的权力，其垄断全球能源政治的难度也与日俱增。

---

[1] 张帅：《"石油美元"的历史透视与前景展望》，《国际石油经济》2017年第1期。
[2] 胡慕子：《"碳中和"如何亲手终结石油美元霸权？》，2021年12月8日，见https://t.qianzhan.com/caijing/detail/211208-e3ebc801.html。另外需要补充的是，美国从石油净进口国转变为石油净出口国，导致支出"石油美元"转变为收入"石油美元"，一定程度削减了"石油美元"的输出规模，在客观上也动摇了其地位。

需要指出的是，能源转型并不导致多极世界的必然出现，毕竟多极世界是一个复杂的、诸多物质因素和理念因素共同作用的结果，不能仅凭全球能源实力的普遍提升、各国对外依存度的相对下降推导出多元秩序的必然出现。清洁能源的国际权力属性显然远远小于化石能源，竭力开发清洁能源的中小国家不会期望获得中东油气国1970年代拥有的权势上升便利，对全球清洁能源供应链的控制也很难产生与主导全球油气市场相当的地缘政治优势。"一个主要的装备生产国限制太阳能电池板的出口，会导致设备价格的上涨，但不会立即抬高他国能源价格，也不会导致电力危机或将人们冻在家里。"[1]换言之，清洁能源供应链即使被用作"政治武器"，仍远逊于油气断供的敏感性和威慑力。所以，我们应该保持开放的想象空间，尤其是在能源转型深入开展的未来一二十年，基于能源开发更强烈的独立性、自主性，是否可能出现阶段性的"无极"世界？当世界的等级性特征、单一霸权或霸权集团的影响减弱，新的主导性力量尚未完全崛起，一种"去中心化"的权力格局未尝不是一种可能。

二、大国：互强式循环

在碳中和时代，中、美、欧三个新能源超级经济体已经出

---

[1] Council on Foreign Relations, "The Future of Energy, Climate, and Geopolitics", October 7, 2020, https://www.cfr.org/event/future-energy-climate-and-geopolitics/.

现，权力格局的重心很可能向三者持续倾斜，未来的全球能源政治很大程度取决于三者的互动。

（一）中美欧三足鼎立

中美欧三个经济体拥有能源转型领域的引领地位和巨大的产业体量。清洁能源开发方面，中国和美国在多项装机指标上都位居第一或第二，欧盟多国紧随其后且拥有独特优势（见表4.2）。2021年，中国清洁能源装机规模突破10亿千瓦大关，水电、风电、光伏发电、生物质发电装机规模分别连续17年、12年、7年和4年稳居全球首位，海上风电装机规模首次跃居世界第一。[1] 2022年底，中国清洁能源装机总量历史性超过煤电装机，达12.13亿千瓦，占全国发电总装机的47.3%，煤电占发电总装机容量的比重下降到43.8%。[2] 在近中期，中欧美继续构成清洁能源的开发主力，2021～2026年新增清洁能源装机规模预计分别达到790.5吉瓦、303.5吉瓦、217.8吉瓦，三方新增规模有望达到全球新增规模的八成左右。[3]

---

[1] 王轶辰：《"十四五"可再生能源发展提速》，2022年6月8日，见http://www.gov.cn/zhengce/2022-06/08/content_5694539.htm。
[2] 国家能源局：《国家能源局2023年一季度新闻发布会文字实录》，2023年2月13日，见http://www.nea.gov.cn/2023-02/13/c_1310697149.htm。
[3] IEA, "Renewables 2021: Analysis and Forecasts to 2026", December 2021, https://www.iea.org/reports/renewables-2021.

表4.2　全球清洁能源装机容量的领先国家（截至2021年底）

	第1名	第2名	第3名	第4名	第5名
清洁能源装机（含水电）	中国	美国	巴西	印度	德国
清洁能源装机（不含水电）	中国	美国	德国	印度	日本
人均清洁能源装机（不含水电）	冰岛	丹麦	德国	瑞典	澳大利亚
光伏装机	中国	美国	日本	印度	德国
光热装机	西班牙	美国	中国	摩洛哥	南非
风电装机	中国	美国	德国	印度	西班牙
水电装机	中国	巴西	加拿大	美国	俄罗斯
生物能装机	中国	巴西	美国	印度	德国
地热装机	美国	印尼	菲律宾	土耳其	新西兰

资料来源：REN21，*Renewables 2022 Global Status Report*，June 15，2022，https://www.ren21.net/wp-content/uploads/2019/05/GSR2022_Full_Report.pdf

欧洲国家在高比例利用非水清洁能源方面走在世界前列。2021年，以太阳能和风能在一国总发电量中的占比为指标，全球前十大国家中，欧洲国家占了九席，分别是丹麦（51.9%）、卢森堡（43.4%）、立陶宛（36.9%）、西班牙（32.9%）、爱尔兰（32.9%）、葡萄牙（31.5%）、德国（28.8%）、希腊（28.7%）、英国（25.2%）。[1]中国（11.2%）、美国（13.1%）在这方面与欧洲还存在一定的差距。

企业实力方面，2021年全球新能源企业"500强"中，有214家中国（含港澳台地区）企业、90家欧盟企业、64家美国企业。在欧盟区域，有16个成员国的企业入榜，企业数排名前五

---

[1] 前十位中唯一的非欧洲国家是乌拉圭（46.7%），排名第二。数据引自：Bruno Venditti，*Mapped: Solar and Wind Power by Country*，May 8，2022，https://www.visualcapitalist.com/mapped-solar-and-wind-power-by-country/。

的国家分别是德国（24家）、法国（12家）、芬兰（10家）、意大利（9家）和瑞典（7家）。从营业收入占比看，2021年"500强"中，中国企业营业收入占比达41.1%，遥遥领先排名第二位的美国（13.57%）。排名前20的企业中，中国企业达到10家，占半壁江山。[1]

技术专利方面，根据欧洲专利局（EPO）和IEA的统计，2000~2019年期间，欧洲的低碳和清洁能源专利活动一直处于领先地位，占所有国际专利家族（IPFs）的28%，仅德国占到11.6%，在大多数清洁能源领域排名第一；之后的排名分别是日本（25%）、美国（20%）、韩国（10%）、中国（8%）。[2]如果仅考察清洁能源技术，2009~2021年期间，中国清洁能源技术的专利数占全球总量的37%，远高于排名分别位居第二、第三的美国和欧盟（见表4.3）。[3]

表4.3　全球清洁能源技术专利累计数量（2009~2021年）

	风电	太阳能	海洋能	水能	地热	生物能	总量	在全球总量中的占比
中国	7061	265528	8267	18181	5989	44835	349861	37%
欧盟	28927	44971	3031	4364	1222	15299	97814	10.3%

---

[1] 参见中国能源报、中国能源经济研究院：《2021全球新能源企业500强》，2021年9月4日，见 https://finance.sina.com.cn/china/gncj/2021-09-04/doc-iktzscyx2311348.shtml。

[2] 这一统计包含了化石能源低碳化、低碳交通等方面的专利。数据引自：European Patent Office, IEA, "Patents and the Energy Transition: Global Trends in Clean Energy Technology Innovation", April 2021, https://www.iea.org/reports/patents-and-the-energy-transition。

[3] 数据引自IRENA数据库：https://www.irena.org/statistics。

续表

	风电	太阳能	海洋能	水能	地热	生物能	总量	在全球总量中的占比
美国	23693	79894	3085	3403	1337	20049	131461	13.9%
世界	175686	558805	25017	42140	13352	133385	946365	/

资料来源：IRENA数据库

电动汽车方面，2022年，全球销售的纯电动汽车（EV）和插电式混合动力车（PHV）合计超过1000万辆，是2021年的1.5倍。中国的销量显著增长，达到590万辆，约占全球销量的60%；欧洲销量较上年增加15%，达到270万辆；美国的纯电动汽车销量增加70%，接近80万辆。[1]头部电动汽车制造商来自中美欧，2022年全球电动车（含EV和PHV）销量排名第一的企业是比亚迪，销量达185.7万辆，占全球总销量的18.4%，比2021年的9.1%翻了1倍；销量排名第二到第五位的企业分别是特斯拉（131.4万辆）、大众（83.1万辆）、上汽（包括上汽通用五菱的总销量为72.4万辆）、吉利沃尔沃（60.6万辆）。[2]当然，包括中国企业在内的各国企业与电动车世界的"头号玩家"特斯拉还存在生产成本、盈利能力上的较大差距，据路透社评估，在2022年第三季度，特斯拉每卖一辆车的净利润为9574美元，通用汽车和比

---

[1] IEA, "Global EV Outlook 2023", April, 2023, https://www.iea.org/reports/global-ev-outlook-2023/executive-summary.

[2] Autodealer Today, "5 Automakers Handled Half of All EV Sales in 2022", February 14, 2023, https://www.autodealertodaymagazine.com/370072/5-automakers-handled-half-of-all-ev-sales-in-2022.

亚迪分别仅为2150美元、1550美元。[1]

中国于2021年超过德国成为全球第一大电动汽车出口国，中国海关总署数据显示，2022年出口量升至67.9万辆，同比增长1.2倍。中国电动汽车较为强势地进入发达国家市场，欧洲市场占我国电动汽车市场的份额从2019年的约10%上升到2021年的接近50%，对比利时（8.7万辆）和英国（5万辆）的出口量较大。[2]这样的变化体现了两个重要突破：一是电动汽车行业第一次塑造了我国自主汽车品牌出口发达国家的竞争优势，改变了国产传统油车以南美、中东、东南亚为主要目标市场的格局；二是我国在矿产、电池材料、电池制造、关键零部件、充电设备等上下游领域成长起一批发展势头良好的本土企业，电动汽车在中国可以实现一贯制生产，中国自主可控的产业链正在影响发达国家的技术路线选择。[3]

近年来，中美欧确立了加速能源转型、巩固新能源超级大国地位的雄心壮志。

---

[1] Paul Lienert, Joseph White, "Analysis: Tesla Uses Its Profits as a Weapon in an EV Price War", January 20, 2023, https://www.reuters.com/business/autos-transportation/tesla-uses-its-profits-weapon-an-ev-price-war-2023-01-19/.
[2] 2021年，德国电动汽车出口排名全球第二，数量为约23万辆；美国（约11万辆）排名第三。对比利时出口规模较大的原因是该国的安特卫普-布鲁日港是欧洲最大的汽车港，是区域重要的集散地。需要注意的是，中国出口量中的10多万辆为美国特斯拉上海工厂的供货。参见日经中文网：《中国超美德成纯电动车"世界工厂"》，2022年3月9日，https://cn.nikkei.com/industry/icar/47872-2022-03-09-10-05-32.html；王政：《2022年汽车出口超300万辆》，《人民日报》2023年1月28日。
[3] 参见陈俊廷：《中国占据新世纪汽车产业竞争制高点——基于新能源汽车出海的分析》，《文化纵横》2023年第1期。

根据"十四五"规划，到2025年，我国非化石能源消费占一次能源消费比重提高到20%左右，非化石能源发电量比重达到39%左右，电气化水平持续提升，电能占终端用能比重达到30%左右，单位GDP能耗和二氧化碳排放五年累计分别降低13.5%、18%；到2030年，非化石能源消费比重达到25%左右，风电、太阳能发电总装机容量达到1200吉瓦以上。[1]

美国拜登政府的核心目标包括2035年前实现全国电力部门的净零排放，到2030年，美国温室气体排放较2005年将减少50%~52%，所有联邦政府部门的建筑都采用无碳电力[2]，零排放车辆（包括电池车、燃料电池车和插电式混合动力车）占到全国汽车销量的50%。

欧盟于2021年7月通过了"减碳55"（Fit for 55）一揽子计划，确立了多个能源转型目标。2022年俄乌冲突发生之后，欧盟紧急制定"REPowerEU"能源计划，在之前目标基础上进一步加码，希望增强自身能源独立的能力。欧盟转型的主要目标包括：到2030年，欧盟约束性能效目标增至13%；清洁能源在能源结构中占比为42.5%，清洁能源装机容量达到1236吉瓦；欧盟将在本土生产1000万吨绿氢，并额外进口1000万吨；将欧盟生物甲烷产量提升至350亿立方米；2025年太阳能光伏装机容量翻一番至

---

[1] 国家发改委：《"十四五"现代能源体系规划》，2022年3月22日，见http://www.nea.gov.cn/1310524241_16479412513081n.pdf。
[2] 美国联邦政府及其下设各机构是美国最大的土地所有者、能源消费者，所以这一目标具有较大影响。

320吉瓦以上，到2030年接近600吉瓦。[1]

（二）互强式循环：可能的格局走向

在碳中和时代，中美欧三方能够创造一种"互强式循环"的权力格局[2]，即彼此保持整体上良性互动的关系，愿意增强能源领域的战略协调和政策对接，促进各自实力增长与全球绿色转型。三方未必需要建立明确的、成型的共治架构，但可以在广泛的政治合作、产业协作、技术联合研发、资源装备贸易中实现共治效果。这一格局在过去十余年已初见雏形，伴随了三方在能源转型上的集体性崛起，未来只要中国与美欧之间不出现剧烈的政治动荡或彻底的关系切割，这一格局的维持和升级是大概率事件。

互强式循环存在三个方面的驱动因素：

第一，中美欧具有强大的资源实力、技术实力、制造实力，三方旗鼓相当、各有长处与短板。譬如，中美在低碳设备制造和研发领域分别享有不同竞争优势：美国在众多前沿技术上具有研发优势，但受市场和产业化能力的制约，导致许多技术无法跨过"死亡谷"进入盈利阶段；而中国拥有完整的制造业产业链和成熟

---

[1] European Commission, "REPowerEU: Affordable, Secure and Sustainable Energy for Europe", May 18, 2022, https://ec.europa.eu/info/strategy/priorities-2019-2024/european-green-deal/repowereu-affordable-secure-and-sustainable-energy-europe_en.

[2] "互强式循环"（mutually reinforcing cycle）的概念引自Martin Jänicke, "Horizontal and Vertical Reinforcement in Global Climate Governance", *Energies*, Vol. 8, No. 6, 2015，在该文中，这一概念指气候友好型技术的扩散机制，本书将其作为大国互动状态的描述。

的规模化生产能力。如果中美能够找到行之有效、互利共赢的合作模式，发挥各自优势，可以使更多"碳中和"技术实现商业可行，极大促进全球低碳转型的进程。[1]

第二，中美欧具有引导全球气候治理、能源治理的强烈意愿。一方面，美欧强强联手、主导"无碳化世界"的意图十分明显，并将该议题作为建设跨大西洋联盟关系的核心内容；另一方面，中美欧都有意将气候目标下的能源转型作为大国博弈的"压舱石"、维系合作大局的"润滑剂"。习近平主席在与美国总统拜登的视频会晤中明确指出："中美曾携手促成应对气候变化《巴黎协定》，现在两国都在向绿色低碳经济转型，气候变化完全可以成为中美新的合作亮点。"[2] 中国与欧盟积极表态："双方有信心将应对气候变化和清洁能源领域的合作打造成为包括经济关系在内的中欧双边伙伴关系的主要支柱之一。"[3]

第三，中美欧存在大量双边、多边的利益共同点。与之前的时代相比，2020年代的中美欧在能源领域的共同利益大幅增加，在能源政策上的立场更加靠近，形成了一个多点分布、多轮驱动、环环相扣的利益共同体（见图4.1）。中美欧的"内循环"和带动世界的"外循环"能够创造难以估量的巨大市场空间，使气候治理不再被视为艰巨任务或发展负担，而是成为创造"金山银

---

[1] 关照宇、赵文博：《双向互动——当"碳中和"遭遇中美战略竞争》，《全球能源互联网》2021年第6期。

[2] 《习近平同美国总统拜登举行视频会晤》，《人民日报》2021年11月17日。

[3] 《中欧领导人气候变化和清洁能源联合声明》，2018年7月16日，见http://politics.people.com.cn/n1/2018/0717/c1001-30150825.html。

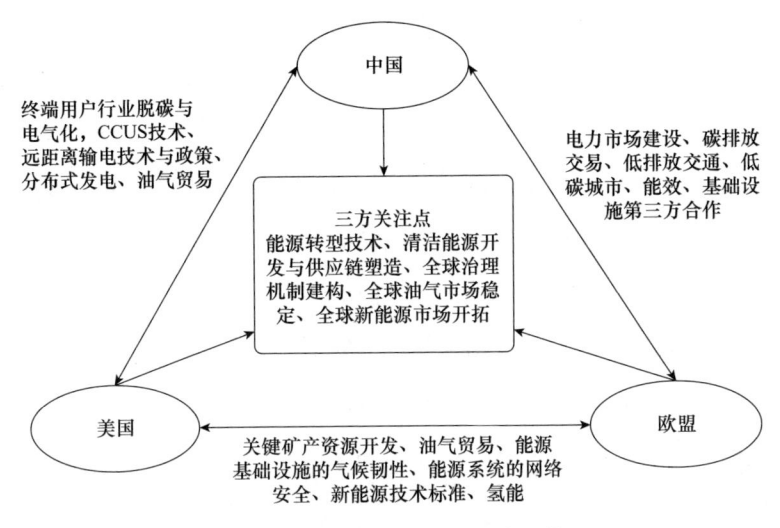

第四章 起伏：全球权力的转移与扩散

```
                          中国
        终端用户行业脱碳与                    电力市场建设、碳排放
        电气化、CCUS技术、                    交易、低排放交通、低
        远距离输电技术与政策、                  碳城市、能效、基础设
        分布式发电、油气贸易                   施第三方合作

                     三方关注点
                  能源转型技术、清洁能源开
                  发与供应链塑造、全球治理
                  机制建构、全球油气市场稳
                  定、全球新能源市场开拓

        美国 ←—— 关键矿产资源开发、油气贸易、能源 ——→ 欧盟
                 基础设施的气候韧性、能源系统的网络
                 安全、新能源技术标准、氢能
```

图4.1 中美欧互强式循环的利益网络

资料来源：根据三方相互达成的官方合作文件整理

山"的世界民生工程。

从过程视角看，互强式循环的权力格局具有强韧的政治抗压能力和自组织能力，能够获得各层面行为体的共同推动和维护。例如，在特朗普担任总统期间，中美关系严重倒退，两国战略对抗态势不断增强，加之特朗普在气候治理上态度消极，中央政府层面的能源转型合作陷于停滞。但是非国家行为体（省/州、城市、企业、智库、社会组织、高校等）构成了双方能源合作延续的稳定基础，如加利福尼亚州与中国政府以及中国多个省市持续开展低碳发展合作，许多总部在美国的国际非政府组织（如能源基金会、世界资源研究所、自然资源保护委员会等）为中国能源转型建言献策、分享经验，中美科技界、企业界还有相当数量的

135

有识之士推动清洁能源领域的多轨沟通和联合研发，双方的能源政治互动在一定程度上超越了美国两党政治的制约。[1]拜登上台后，虽然中美关系大局仍面临严峻挑战，但两国政府开展了多场以能源转型为核心议题的高级别气候治理会谈，于2021年4月签署《中美应对气候危机联合声明》，同年11月发布《中美关于在21世纪20年代强化气候行动的格拉斯哥联合宣言》，并组建"21世纪20年代强化气候行动的工作组"。此外，两国在全球清洁能源部长级会议、创新使命部长级会议等国际机制中保持密切互动，展现出在能源领域推动大国协作和权势循环的战略自觉。

需要强调的是，参与能源转型的跨国企业是权力格局的重要塑造者，它们无须从战略或政治层面谋划格局的演变，其务实行动与互利合作就是格局演进的主要动力，引导政治领域的决策者发现互强式循环的潜力空间。例如，比亚迪公司于2013年在美国兰开斯特市设立了电动大巴工厂，2022年已经发展为占地4万平方米、年产能1500台的大型工厂，成为比亚迪在中国之外最大的电动大巴工厂，还为当地创造了1000多个就业岗位，有力带动美国多地清洁交通发展，兰开斯特市还计划成为未来北美重要的电动汽车制造中心。

互强式循环不是飘在政治话术中的"空中楼阁"，而是立己达人、让彼此变得更强的共生关系，其根基就是中美欧之间"比

---

[1] 李昕蕾:《中美清洁能源竞合新态势与中国应对》,《国际展望》2021年第5期。

亚迪"式的合作，实现环境价值和经济效益的齐头并进，还可以减弱大国博弈中已然浓重的权力政治色彩。只要政治力量不人为破坏或切割这种联系，专注绿色发展的企业就可以成为构筑国际良性格局的可靠力量。

在这一新的权力格局中，三方必然存在分歧、矛盾和防备，尤其美欧对中国在清洁能源供应链上的领先地位表达出不断增长的担忧。现任美国气候特使约翰·克里（John Kerry）曾表示："用一个过于依赖中国技术的世界秩序取代一个过于依赖中东石油的世界秩序是愚蠢的。"今天，西方政治人物、媒体在探讨产业竞争时，习惯性使用"清洁能源军备竞赛"的概念，渲染一种零和博弈主导、安全风险陡增的局面，攻击中国"怀揣垄断全球清洁能源行业、控制世界转型速度的野心"。对中国而言，很多时候面临"怎么做都是错"的恶意对待，美欧一方面总是无端指责中国能源转型速度不及"他们的期望"，未能给世界其他国家（尤其是发展中国家）做出表率，一方面又将中国的清洁能源产业、"绿色一带一路"倡议乃至为他们提供物美价廉的装备视为"扩张影响力的洪水猛兽"。所以，互强式循环必然遭受各种因素的干扰，中国作为世界体系中负责任的大国，需要承担更多维护和谐互动、抵制"小院高墙"的工作。

三、油气国：忧患前路

在很多观点看来，油气出口国将是碳中和时代的"主要输家",从当前开始的漫长岁月,它们将面临日益萎缩的资源收入和地缘政治影响力,在国际社会只能"破帽遮颜过闹市,漏船载酒泛中流"。但现实情况似乎没有那么简单,在2020年代初期的时间点展望未来,不同油气国的权力地位存在多个走向的可能性。

(一)地位尚稳

到本世纪中叶,即使全球各国碳中和目标如期实现,石油、天然气仍然会在全球能源结构中占据一定比例,基于这样的趋势,油气国群体的国际地位整体尚稳,几乎所有资源储量丰富的国家仍在追求生产规模的扩大,继续倚重油气资源的国际政治效力。

1.中东北非油气国

中东北非国家在油气"跑道"上继续狂奔,多数石油生产国都宣布了提高油气产量的计划。根据多边金融机构阿拉伯石油投资公司(Apicorp)的统计,2022~2026年期间,中东北非地区已批准及已规划的油气产业投资总额预计达到5152亿美元。[1]为迎合全球对低碳能源的需求,域内国家对天然气的兴趣更加强烈,大手笔规划建设层出不穷:卡塔尔于2021年启动了耗资287.5亿美元的北方气田扩建计划,旨在将该国LNG产能由目前的每年

---

[1] 数据引自:Fareed Rahman, "Mena Energy Investments to Hit $879bn in Next Five Years", June 14, 2022, 见https://www.thenationalnews.com/business/energy/2022/06/14/mena-energy-investments-to-hit-879bn-in-next-five-years/。

第四章 起伏：全球权力的转移与扩散

7700万吨提高至2026年的1.26亿吨；沙特提出10年内天然气产量翻倍的目标，计划在2030年前跻身全球第三大天然气生产国；埃及着力开发位于地中海深水区的祖尔大气田，有望在数年内从天然气净进口国变为净出口国；阿联酋不断加大天然气勘探力度，阿布扎比国家石油公司计划到2026年将LNG年产量增长1倍至1200万桶。除了在上游领域加大投资，沙特、科威特、卡塔尔等国强化对下游炼化产业的扶持，部署巨型项目，以求在产业链上实现升级。在强化外部合作方面，沙特积极入股马来西亚、印度、韩国、中国等国的炼化项目，促使各国持续从沙特进口石油；阿联酋则将上游资产权益销售给外国客户，加强利益捆绑。[1]

中东产油国很可能是全球石油市场"站到最后的卖家""笑到最后的赢家"。一是因为这一区域的原油生产成本全球最低（见图4.2），在未来供大于求、油价长期处于低位的阶段，谁的成本低，谁就能最大限度挖掘油气资源的价值。据《经济学人》研究，以中东产油国为主的OPEC加上俄罗斯，它们在全球石油收入中的占比预计将从2021年的45%上升到2040年的57%，到21世纪中叶，伊朗、伊拉克、沙特凭借低成本仍可以获得巨额石油收入，高成本的北非产油国（如阿尔及利亚、埃及）、撒哈拉以南非洲产油国（如安哥拉、尼日利亚）、欧洲的英国和挪威将面临收入的缩水，而南苏丹、东帝汶、特立尼达和多巴哥等产业基础薄弱、开发成本高昂的国家可能直接出局。[2]

---

[1] 唐恬波：《中东能源转型的新进展》，《现代国际关系》2021年第8期。
[2] "Power Play", *The Economist*, Vol. 442, No. 9289, 2022.

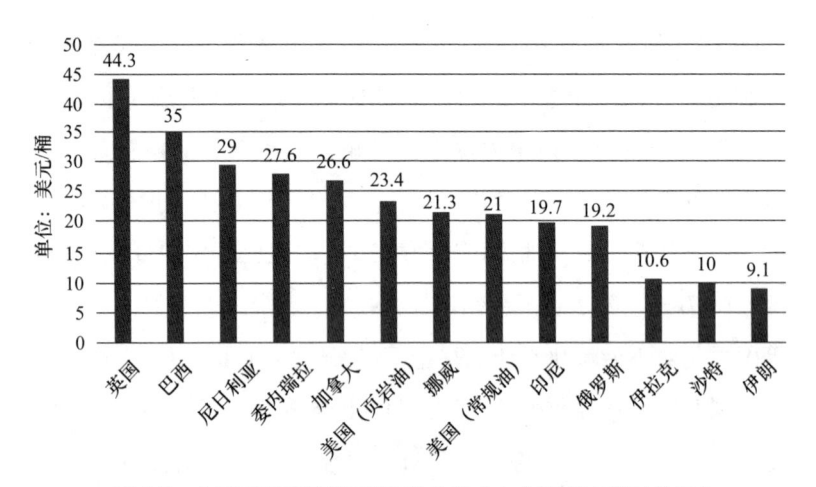

图4.2　主要产油国每桶原油平均生产成本（2016年统计数据）

资料来源：KNOEMA, "Cost of Crude Oil Production by Country and Crude Oil Prices", December 2020, https://knoema.com/nolsgce/cost-of-crude-oil-production-by-country-and-crude-oil-prices

二是由于巨型项目多、生产规模大，一些油气国可以相对集中部署碳捕集、利用与封存（CCUS）设施。到2021年底，沙特阿拉伯国家石油公司（简称沙特阿美）、阿联酋阿布扎比国家石油公司、卡塔尔能源公司三家企业的年碳捕集量已达到370万吨，占全球碳捕集能力（4000万吨/年）的9.25%，而全欧洲的年捕集能力仅占全球的4%。[1] 沙特阿美旗下的哈维亚（Hawiyah）天然气处理厂拥有每年80万吨的碳捕集和处理能力，回收的二氧化碳通过管道输送到85公里外的乌斯马尼亚（Uthmaniyah）油田，然后注入油藏，这种方法不仅封存了二氧化碳，还有助于维持油

---

[1] 全球碳捕集与封存研究院：《全球碳捕集与封存现状2021》，2022年1月，见https://cn.globalccsinstitute.com/wp-content/uploads/sites/4/2022/01/2021-CN-1.pdf。

藏压力、提高原油采收率。再如，卡塔尔能源公司已投入数亿美元，为正在扩建的北部气田项目安装CCUS设施，预计使温室气体排放量减少25%。鉴于CCUS设施在全球处于应用起步阶段，海湾阿拉伯国家合作委员会（简称海合会）国家在这方面的投入不仅能够清洁化它们的油气产品，更为重要的是能为全球油气行业的减碳提供先行一步的经验、提升技术的成熟度。

面对全球能源转型大势，中东北非国家纷纷提出宏大且快速的目标（见表4.4），能源转型成为它们摆脱油气资源诅咒、促进经济多元化的必选项。例如，沙特阿拉伯2016年的清洁能源装机占比仅为0.1%，但该国计划在2030年前将这一比例提升到30%。阿联酋通过打造马斯达尔城、马克图姆太阳能公园两个重大项目，展现其在能源转型上的魄力与先进性。[1] 埃及2012年清洁能源装机容量占比仅为9%，该国政府计划到2035年将这一比例提升至42%。

表4.4 部分中东北非国家的能源转型规划

国家	转型战略文件	目标年份	清洁能源装机容量（MW）	清洁能源装机占比
阿尔及利亚	国家可再生能源和能效计划	2030	21600	27%
埃及	2035年综合可持续能源战略	2035	61000	42%
苏丹	能源政策文件（2018）	2031	1602	11%
科威特	能源安全愿景	2030	4266	15%

---

[1] 寇静娜、张锐:《阿联酋清洁能源治理：油气国转型与国际合作新模式》,《国际经济合作》2020年第4期。

续表

国家	转型战略文件	清洁能源发展目标		
		目标年份	清洁能源装机容量（MW）	清洁能源装机占比
伊拉克	2021年政府目标	2030	12000	33%
沙特阿拉伯	国家可再生能源计划	2030	58700	30%
卡塔尔	2030愿景	2030	1800	20%
阿联酋	政府官方声明	2030	\	30%

资料来源：UNEP & RCREEE, "Arab Future Energy Index: Renewable Energy 2019", 2019, https://www.rcreee.org/content/arab-future-energy-index-renewable-energy-2019-report, pp. 45-46；另根据区域各国发布的官方文件整理

中东不少国家在能源转型上存在眼高手低的倾向，有些国家的目标似乎只是应付国际舆论的虚张声势，有些决策则表现出"破釜沉舟"决心下的急躁冒进。例如，海合会六国尽管都提出了近中期的清洁能源开发目标，但只有阿曼制定了落实转型目标的路线图和年度计划，明确了2020～2027年期间每年新增清洁能源装机的规划。具体方案的缺乏常常使宏大目标成为空洞的象征，失去应有的可信度与指导性。例如，沙特曾制定2023年达到27.3吉瓦的可再生能源目标，但并未制定官方的开发计划。截至2021年底，该国可再生能源装机容量仅为4.4吉瓦；此外，2023目标中包括7吉瓦的风电装机容量，但目前投运的风电装机容量仅为3兆瓦。即使近两年光伏、风电装机规模维持增长态势，但距离2023年目标的一半也尚有相当大的距离。有机构评估，基于目前的新建速度，沙特可能需要100年才能实现2030年的光伏目标。[1]

---

[1] 彭博新能源财经：《美国和沙特的清洁电力政策与目标不匹配》，2022年4月6日，见 https://www.investgo.cn/article/gb/fxbg/202204/591951.html。

第四章 起伏：全球权力的转移与扩散

再如，阿联酋于2008年启动在阿布扎比附近建设全球第一座"零碳城市"——马斯达尔，之后数次提出这一新城的宏伟建设目标，但由于项目概念过于超前，缺乏充分的经济、技术可行性评估，该城建设进度一再延宕，2015年的建成目标已推至2025年，并放弃了此前强调的"完全零碳"目标，改为以提高建筑能效为主的"低碳城市"，到2020年整个项目仅完成10%，阿联酋国内外对其的投资信心大为受挫。

在海合会区域，巴林、科威特、卡塔尔并未真正树立能源转型的决心。这三国的政治领导人及产业决策者呈现一种小国常有的"规模惰性"，即认为本国人口少、经济体量有限，虽然人均碳排放量高，但国家总的能源消费规模、碳排放规模在世界范围内可以忽略不计，所以提出的能源转型目标或政策都比较保守。这三国现有的可再生能源发展目标、相关开发进展都与它们的经济实力严重不符，也很难支撑它们提出的减碳目标。卡塔尔对天然气的依赖有增无减，该国"丰富的天然气资源意味着它能以极低的价格在国内生产相对清洁的可调度电力，这无疑会推迟它对可再生能源技术的采用"[1]。在科威特，推动能源转型的政策努力经常遭遇议会里的"民粹主义压力"，"几乎所有监管碳排放的官员倚赖石油生产获得收入"，尽管政府有资金、信息和人力改变现

---

[1] Faris Al-Sulayman, "The Rise of Renewable Energy in the Gulf States: Is the 'Rentier Effect' Still Holding Back the Energy Transition", in Robin Mills, Li-Chen Sim, *Low Carbon Energy in the Middle East and North Africa*, 2021, Cham: Palgrave Macmillan, p. 102.

状，但只追求有限的进展。[1]这些国家决心的缺乏很可能导致可再生能源在国内长期被边缘化，"油气产业的低碳开发"成为应付国际压力的挡箭牌，最后变成"油气资源的大力开发"。

在国际场域，多数中东北非油气国仍立足能源实力，赓续来之不易的战略自主性，在国际事务中寻求独特影响。俄乌冲突为它们制造了一个预期之外的机遇窗口。在与俄罗斯"能源脱钩"的战略方向下，欧洲的能源进口布局正在重新回归到1970年代高度依赖中东的状态，海合会国家成为欧洲国家弥补油气供应缺口、增强能源供应多元化的首要合作对象。2022年，欧洲多国领导人频繁拜访沙特、卡塔尔、科威特等海合会国家，寻求扩大油气进口规模，道达尔、康菲石油公司在短时间内与卡塔尔能源公司签署LNG合作协议。海合会国家对欧洲的出口陡然增加，2022年1~10月，沙特和阿联酋对欧出口的石油比过去三年的总和还要多，卡塔尔向欧盟交付了其LNG出口量的16%，成为仅次于美国的欧盟第二大天然气供应国。[2]从中长期趋势看，海合会国家所在的中东区域处于环大西洋能源圈和亚洲能源圈的连接点上，"既可在欧洲高端能源市场上赚取高额利润，又可为亚洲能源圈

---

[1] Newsroom Infobae, "Kuwait in Denial, Ignores Renewable Energy", March 22, 2022, https://www.infobae.com/en/2022/03/22/kuwait-in-denial-ignores-renewable-energy/.

[2] Li-Chen Sim, "The Gulf states: Beneficiaries of the Russia-Europe energy war?", January 12, 2023, https://www.mei.edu/publications/gulf-states-beneficiaries-russia-europe-energy-war; Marjorie Cessac, "How Dependent is Europe on Qatar for Its Gas Supplies?", December 22, 2022, https://www.lemonde.fr/en/economy/article/2022/12/22/how-dependent-is-europe-on-qatar-for-its-gas-supplies_6008665_19.html.

供气"[1]。在政治立场上，中东油气国普遍采取中立态度，呼吁俄乌双方停止敌对行为、通过谈判寻求和平解决方案；拒绝追随西方，不公开批评或指责俄罗斯；继续护持"OPEC＋"的合作机制，对欧美国家要求中东增产原油的要求也比较消极。如果增产幅度过大，相当于侧面支持西方对俄的制裁，存在将俄罗斯逼到绝境的风险。

个别国家的国际影响力还处于上升期。例如，卡塔尔近年来积极开展"小国大外交"，2021年在美国撤出阿富汗的事件中，多哈成为阿富汗塔利班与西方世界沟通的桥梁，促使阿富汗政局平稳过渡，并为美国12.3万人两周内的仓促撤离提供了可靠的后勤保障。丰厚的油气收入为卡塔尔投身外交斡旋提供了充沛资源，"使其有能力拿出真金白银为冲突各方提供激励，这也是冲突各方愿接受其调解的重要原因之一"[2]。我国高度肯定卡塔尔的国际角色，时任国务委员兼外交部长王毅表示："卡塔尔参与各种热点问题的政治解决，为和平奔走，为合作出力，多哈已成为小国大外交的重要舞台。"[3] 2022年上半年，卡塔尔更是门庭若市，欧洲、东亚国家政要纷纷寻求与其签署天然气的长期购销合同。2022年3月11日，美国宣布对俄罗斯能源实施禁运后的第二天，拜登发表声明，正式确认卡塔尔是美国的"非北约主要盟国"，该

---

[1] 刘贵洲、黄浩凯、胡红民：《"两个半球化"和"两个能源圈"：乌克兰危机背景下全球能源格局的重塑》，《俄罗斯东欧中亚研究》2023年第1期。
[2] 丁隆：《卡塔尔在阿富汗变局中展示"小国大外交"》，《世界知识》2021年第20期。
[3] 外交部：《王毅会见卡塔尔副首相兼外交大臣穆罕默德》，2022年3月31日，见https://www.mfa.gov.cn/wjbzhd/202203/t20220331_10657939.shtml。

国由此成为海湾地区继科威特和巴林之后，第三个获得美国非北约主要盟国身份的国家。

2. 俄罗斯

俄罗斯于2020年通过了新版《2035年前俄罗斯联邦能源战略》，该战略以"油气仍是未来10年经济支柱"为基点，加速向"资源创新型发展"的经济结构转型，致力于扩大油气资源开发、能源出口多样化、基础设施现代化等。在供需变化和大国博弈加剧的背景下，俄罗斯的能源对外战略基本从"保油价"转向"争市场"，尤其要抢占亚太市场份额，提出2035年前将亚太市场占俄能源出口份额从2018年的27%提升至50%。俄乌冲突爆发前，俄罗斯的能源外交显示出多方下注、以利相交、灵活结盟的机动性："既积极与沙特改善关系，紧密协调产油国立场，又向其主动挑起价格战；既同意联手欧佩克减产以逐步推高油价，又在减产议题上多次反复，并谋划建立取代欧佩克的新机制；既与美国公开竞争市场，又拉美国合作减产，且持续向美国增供石油。各种看似矛盾的手段都旨在抢占市场份额，力保油价在合理区间浮动，并在国内石油工业和市场利益之间寻求平衡。"[1]

俄乌冲突和欧美制裁对俄罗斯能源行业造成前所未有的冲击。冲突爆发一年多来，俄罗斯正在失去其最重要的欧洲能源出口市场。欧盟的禁令和价格上限导致俄罗斯对欧洲的化石燃料出

---

[1] 尚月、韩奕琛:《俄罗斯对当前国际能源局势变化的认知及应对》,《俄罗斯东欧中亚研究》2021年第2期。

口收入下降了八成多，从2022年3月日均7.74亿美元降至2023年2月22日的1.19亿美元。[1] 欧盟27国自俄罗斯的海运原油的进口量从2022年前两个月的180万桶/日下降为12月的18万桶/日。[2] 2023年前五周，来自俄罗斯的管道天然气仅占欧盟天然气进口总量的7.5%左右，远低于2021年37%的平均水平。在这种趋势下，俄罗斯中长期的油气收入前景不容乐观。欧美制裁也使俄罗斯在能源领域失去大量外国投资和必要的技术支持。

短期内，俄罗斯不会成为全球能源市场的"孤家寡人"，亚洲能源消费大国、一些海湾油气国都可能基于经济利益与其组建合作阵线。2021年，俄罗斯在印度的石油供应国中排名第17位，仅占印度石油进口总量的1%；俄乌冲突爆发后，印度大量购买俄罗斯打折出售的石油，2022年俄罗斯一跃成为印度的第三大石油供应国，占其进口总量的15%。印度还干起了"中间商"，2022年4～11月出口了近626.53亿美元的成品油，比去年同期增长了近60%，其中很大部分出口都流向了"拒买俄油"的欧洲国家。沙特、阿联酋等国也参与抢购便宜的俄罗斯燃油用于国内发电，而将自产的石油产品更多用于出口。与此同时，俄罗斯与OPEC保持更好的协调与合作。2022年10月，"OPEC＋"无视美国及其盟友的抗议，做出了自2022年11月起将石油总产量日均下调200

---

[1] "Niccolo Conte, Which Countries are Buying Russian Fossil Fuels?", March 2, 2023, https://www.visualcapitalist.com/which-countries-are-buying-russian-fossil-fuels/.

[2] The Oxford Institute for Energy Studies, "Oil Markets in 2023: The Year of the Aftershocks", January 2023, https://www.oxfordenergy.org/publications/oil-markets-in-2023-the-year-of-the-aftershocks/.

万桶的决定，也就是说，产油国集体选择了缩量保价且有利于俄罗斯的策略。

从长期看，在缺乏资金、技术、市场的多重压力下，俄罗斯赖以生存的能源产业将进入一个较长的整体运转遇阻周期。如果未来局势无法明显改观，俄罗斯将在很大程度上被排挤出欧美能源供应体系之外，而亚洲的需求将很难完全填补失去的欧洲市场，其在全球能源体系中的地位也将大幅下降。[1]

（二）忧患时代

长期来看，化石能源在全球能源结构中比例下降的趋势不可阻挡，油气国普遍认识到全球石油需求达峰"已在不远处"，碳中和时代将是它们的忧患时代。IEA预测，到2030年代，尽管欧佩克国家石油产量在全球产量中的份额会上升，但持续的低油价将使它们进账有限，它们很可能难以维持目前的开支水平，民众收入和社会福利水平会出现较大幅度的下降。[2] 即使是目前世界上最大产油国、拥有最低开采成本的沙特，也开始担心自身在没有充分开拓新的收入来源之前出现财政紧张。2021年4月，沙特王储穆罕默德·本·萨勒曼（Mohammed bin Salman）在一次采访中指出：石油创造的"收入和经济增长超出我们所期望的数百

---

[1] 冯玉军：《俄乌冲突的地区及全球影响》，《外交评论》2022年第6期。
[2] IEA, "Net Zero by 2050: A Roadmap for the Global Energy Sector", May 2021, https://www.iea.org/reports/net-zero-by-2050.

倍，这造成了一种印象，即石油将确保沙特阿拉伯王国的所有需求"，而"未来四五十年，石油面临诸多挑战，包括有限利用率、价格可能持续走低，及产业上的功能失调和由此导致的消极的金融、经济影响，这是国家面临的第一要务"。他谈及政府改革的决心，指出："我们是石油国，但不是富国……在1970年代和1980年代，我们非常富有，那时人少油多，但现在我们有2000万人口，而且还在快速增长，如果沙特不能维持国家资产，还一直分发，将被迫成为一个更贫困的国家。"[1]

忧患不仅来自市场萎缩，还来自随之而来的内部竞争。随着全球能源转型的加速，产油国很可能采取"可采尽采、能销尽销"的走量策略，避免本国资源永埋地下。"一些石油生产商——尤其那些成本相对较高的生产商，可能决定以比最初计划更快的速度出售石油，那些倚赖石油收入支撑国家社会福利、民众养老金的国家也将更有动力开采石油。"[2] 在这种情况下，OPEC主导的协调机制越来越乏力，没有国家愿意通过控制产量来实现收入最大化，产油国之间容易发生恶性竞争。俄乌冲突的前几年，无论油价处于低位或高位，产油国的"合作破局"频繁出现。2020年3月，受疫情影响，国际石油市场供大于求，"OPEC＋"新一轮减产谈判破裂，俄罗斯拒绝承担50万桶/日的减产份额，随后

---

[1] Arab News, "Full Transcript: Crown Prince Mohammed bin Salman interview with Saudi journalist Abdullah Al-Mudaifer", April 28, 2021, https://www.arabnews.com/node/1850146/media.

[2] Joachim Klement, "The Geopolitics of Renewable Energy", February 24, 2021, https://www.cfainstitute.org/en/research/foundation/2021/geo-economics-ch-8.

沙特迅速启动价格战，向其所有原油买家开出史无前例的折扣，当日国际油价应声暴跌30%，降至30美元/桶附近。2021年7月，由于全球经济和能源需求复苏，油价上升到75美元/桶。沙特在"OPEC＋"会议上提出2021年8~12月期间将日均总产量"谨慎"上调40万桶。其他国家普遍支持这一提议，唯独阿联酋却抵制这一方案，认为自己此前承担了过多减产比例，因此用于计算阿联酋生产配额的基准需要调整，使其能够释放更多产能。阿联酋诉求的核心是希望生产比"OPEC＋"分配的更多的原油，不愿追随沙特的"控量保价"策略。"阿联酋的石油政策越来越寻求在需求见顶之前实现产量最大化，他们没有多少意愿与这个控制产量的集团'穿一条裤子'。"[1]

中东产油国的激烈博弈已经延伸到能源之外，争夺经济、金融、贸易、娱乐中心的竞争日益激烈。2021年2月，沙特宣布2024年前未将中东地区总部迁往沙特的跨国公司，不再能够获得沙特政府的合约——其从阿联酋、卡塔尔等国手中争夺投资机会的意图不言自明——而那些将总部设在利雅得（沙特首都）的跨国公司将获得金融等方面的支持。同年7月，沙特再度加码，宣布海湾国家的企业雇用本国劳工不足10%~25%，沙特将征收3%~15%的进口税，因为阿联酋、卡塔尔大量经济自由区对雇用外籍员工没有限制，阿联酋本国人甚至仅占全国居住人口的10%，

---

[1]《欧佩克会议上的沙特与阿联酋：殊途同归的贪婪》，2021年7月5日，见https://finance.sina.com.cn/stock/usstock/c/2021-07-05/doc-ikqcfnca5110225.shtml。

此举就是公开向阿联酋经济自由区"宣战"，把区域工作机会争取回本国。沙特是阿联酋最大的出口市场，新政策宣布后，阿联酋对沙特出口在一个月内下降1/3。面对复杂的形势，阿联酋积极布局，对标世界先进水平。2021年9月，阿联酋领导人宣布面向未来50年的10项原则，其中关于经济多元化的内容包括：国家的最高目标是专注于建设世界上最好和最有活力的经济体；和全球企业建立良好的合作伙伴关系；将在数字、技术和科学方面扶持创新和前沿领域。2022年4月，阿联酋内阁批准了一项包含30多项举措和计划的数字经济战略，成立数字经济委员会，计划在未来10年内将数字经济对国内生产总值的贡献率提高到20%。目前，沙特与阿联酋的关系仍以合作为主流，经济竞争同意识形

图4.3 阿联酋迪拜市景

态、教派、霸权争夺相比，破坏性影响相对较轻，但未来如果油气资源收入减少，国家转型压力加大，"若海合会最大的两个国家沙特与阿联酋的经济竞争白热化，不能排除海合会名存实亡的可能性，军事冲突的可能性也是存在的"[1]。

不同油气国面临的发展压力存在云泥之别。中东国家在全球市场上的成本优势、技术优势更明显，有望在更长时间段内维持一定水平的油气收入，而有些国家因生产成本高或产品碳强度大面临"提前出局"的困境。除此以外，对油气国的压力考察还应纳入这些国家经济水平、治理水平、人口结构等诸多因素，才能看出它们身处"忧患时代"的压力水平。以一国油气收入占该国GDP的比重、一国人均GDP为指标进行考核[2]，前者可以代表一国面对全球能源转型的受影响度，后者代表一国目前具备的抗风险韧性。产油国群体大致可以分为四类国家（见图4.4）：

第一类国家是相对低压力的国家，如挪威、巴林、墨西哥等。此类国家的经济多元化程度较高，油气收入在GDP中的占比较小。

第二类国家是较高压力、一般发展韧性的国家，如伊朗、俄罗斯、哈萨克斯坦、尼日利亚等国。油气产业是这类国家的经济支柱，但收入占GDP的比例一般在25%以内，国家经济具有一定

---

[1] 牛新春、陈晋文：《全球能源转型对中东政治的影响》，《现代国际关系》2021年第12期。
[2] 参见IRENA：《新世界——全球能源转型与地缘政治》，2019年1月，见https://www.irena.org/~/media/Files/IRENA/Agency/Publication/2019/Jan/Global_commission_geopolitics_new_world_2019_CN.pdf? la=en&hash=76C99B69705D4337868871236F19F4EF7DAB2FE6。

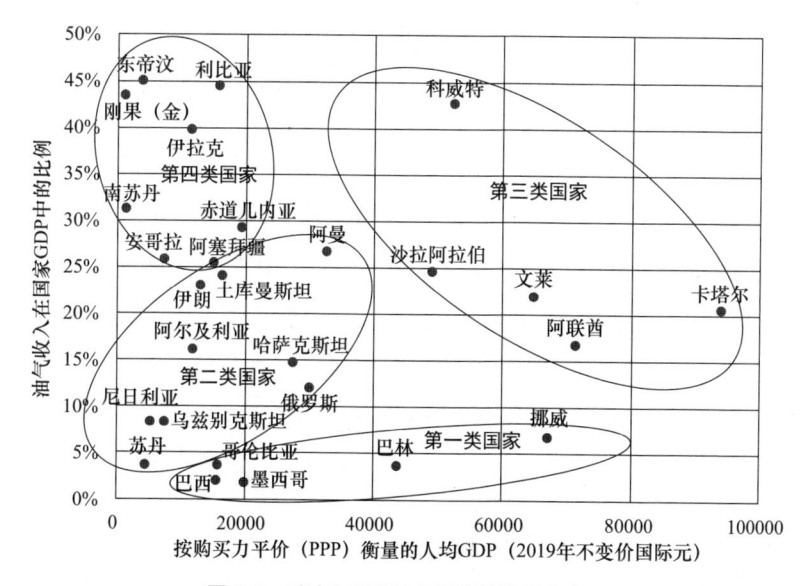

图4.4 碳中和时代油气国群体的压力水平

资料来源：根据世界银行数据库整理

的抗波动能力。另外，这类国家人均经济总量仍处于世界中下水平，驱动经济体系加速变革的动力不够充分，在油价大幅下跌且持续处于低位的状态下，一些国家容易出现经济乃至政治危机。有观点认为："虽然俄罗斯对石油收入的依赖比一些海湾国家轻，但由于缺乏具有全球竞争力的工业基础，当石油收入枯竭时，俄罗斯经济将处于高度不稳定的状态。"[1]尼日利亚是非洲最大产油国，但其石油财富长期未能转化为国家发展的强劲动力，甚至不能实现充足的炼油能力和国内全面通电。该国的原油大量出口欧

---

[1] Thijs Van de Graaf, Benjamin Sovacool, *Global Energy Politics*, Cambridge UK: Polity Press, p.93.

洲，再从欧洲进口成品油，石油产品的巨额进口账单几乎抵销了该国从外部市场获得的收益。未来如果原油收入减少、替代产业未能建立，尼日利亚将身陷更加捉襟见肘的困境。

第三类国家是较高压力、高发展韧性的国家，如沙特阿拉伯、卡塔尔、科威特、阿联酋、文莱等国。这类国家高度依赖油气收入，但拥有足够的收入和能力重塑国家经济，适应碳中和时代的全球经济变革。如果能够充分把握新能源发展契机，它们还有望继续成为全球重要的清洁能源供给大国。

第四类国家是高压力、低发展韧性的国家，如利比亚、东帝汶、刚果（金）、伊拉克、南苏丹、赤道几内亚等国。这类国家高度依赖油气收入，由于人均GDP较低、财政缓冲能力有限，适应或抵御全球油气市场波动的能力较弱。而且，这类国家大多还深陷战争或冲突泥淖，饱受普遍贫困的困扰，很难获得国际投资、培育更多现代产业。当下但凡油价走低，这类国家就会叫苦不迭。例如，伊拉克财政收入的90%来自原油销售，政府预算的45%要用于支付公务人员的工资和养老金，2020年全球油价受到疫情冲击、全年处于低位，该国GDP缩水11%，政府根本无法维持公共部门的运转，国家陷入广泛的治理危机之中。[1]因此，第四类国家面临一个难以化解的发展悖论，即如果不加大对油气的开发力度，国家现在就会出现系统性危机，而对油气收入的依赖

---

〔1〕 Anjli Raval, Chloe Cornish, Neil Munshi, "Oil Producers Face Costly Transition as World Looks to Net-zero Future," May 26, 2021, https://www.ft.com/content/27b4b7f1-9b08-4406-8119-03a73fb6ce19.

加深又会使它们在未来存在更多脆弱性。

油气国的忧患也是世界的忧患。油气国在世界权力格局中长期占据重要位置，1970年代，中东产油国的崛起与反制是对二战后美国霸权的一次重大冲击，也巩固了发展中国家群体作为世界一极的实力基础；在碳中和时代，油气国的实力衰弱风险具有很强的外溢影响，中东北非国家本就长期处于地缘政治冲突的风暴中心，如果化石能源收入锐减，造成大范围的社会崩溃和政治不稳，区域内部的国际矛盾将更加不受制约、暴力冲突加剧，各种恐怖主义势力可能获得更多滋生的"土壤"。在这种状况下，欧洲首当其冲，势必面临更多非法移民或难民的涌入，周边环境将更加恶劣；印度、巴基斯坦、印度尼西亚、埃塞俄比亚、肯尼亚等多国也会遭受波及，因为它们拥有大量在中东地区赚取外汇收入的劳工，如印度西南部的喀拉拉邦3100多万人口中，有400万人在海湾国家工作，2020年寄回国内的外汇占到该邦GDP的13%。总之，中东局势不稳会对一些亚非国家的经济稳定产生负面作用，可能传导为具有负面乘数效应的社会危机。

四、欧洲：冲突下的反击

2022年俄乌冲突爆发以来，全球始终关注两个战场：一个是俄乌兵戎相见的军事战场，另一个是俄罗斯与西方世界频频过招、诡谲变幻的能源战场。能源构成了这场冲突的显著要素，既由于其是国际权力竞争中诱人的"胡萝卜"或令人生畏的"大棒",也由于俄罗斯与欧洲之间存在紧密的、相互依赖的能源联系。2021年,欧盟成员国进口的45%的天然气、25%的石油、45%的煤炭都来自俄罗斯,欧盟从俄罗斯进口的能源资源价值高达990亿欧元,为后者创造了巨额收入。[1]不管彼此和外界如何定义,俄欧在事实上组成了一荣俱荣、一损俱损的能源利益共同体,而当前冲突及背后的大国激烈博弈正在对这一合作关系造成前所未有的剧烈冲击,促使欧洲能源政治迅速开展"悔不当初"的深刻反省、启动"大破大立"的自我革命,欧洲能源体系的一系列震荡也必将对全球能源市场产生诸多外溢影响,在很多层面加速碳中和时代的权力转移进程。[2]

(一)欧洲的"能源战"

说起国家之间的"能源战",人们的第一印象往往是能源出口国对能源进口国的打压,但在俄乌冲突的背景之下,将能源主动武器化的是欧洲人,能源领域成了他们回避军事战场,但仍试图展现"威胁"力道和"强硬"姿态的舞台。具体举措包括:

---

[1] 数据来源:European Commission, "REPowerEU: Joint European Action for More Affordable, Secure and Sustainable Energy", March 8, 2022, https://ec.europa.eu/commission/presscorner/detail/en/ip_22_1511; European Commission, "Energy Represented 62% of EU Imports from Russia", March 7, 2022, https://ec.europa.eu/eurostat/web/products-eurostat-news/-/ddn-20220307-1。
[2] 这里的欧洲指欧盟加英国。

1. 安全化对俄能源合作

安全化不是能源政治的固有特征，其出现或深化取决于能源议题与各国更广泛的安全利益和战略诉求的交叉程度。[1]

俄乌冲突爆发前，欧盟及成员国的各种政策文件都会明示或暗示"对俄依赖的风险"，但欧盟和大多数成员国都不会将俄罗斯直接称作能源体系的威胁，避免激怒后者，产生自我应验的预言。而冲突爆发后，虽然很长一段时间内俄罗斯仍按既定合约维持对欧洲的油气供应，欧洲并未出现因冲突导致的能源断供或短缺，但欧洲政界不约而同地选择"安全化"对俄能源合作，以非黑即白的政治定性取代对俄罗斯供给角色的公允评价。欧盟委员会主席冯德莱恩把俄罗斯称作"威胁欧盟的能源供应者"；欧盟经济事务专员保罗·真蒂洛尼（Paolo Gentiloni）表示俄罗斯已经"把能源作为武器"，俄欧能源关系"已经无法延续，必须彻底改变"。欧盟成员国一些政治人物的发言甚至带有强烈敌意，如德国经济和气候行动部长表示"战争贩子不会是一个可靠的伙伴"，波兰总理指出北溪2号项目将承载"无辜者的鲜血"，"我们的西方邻国需要停止资助俄罗斯的战争机器"。

2. 启动能源脱钩

俄乌冲突爆发前，除了个别能源需求有限的小国，大多数

---

[1] 根据国际关系理论，安全化指国际关系行为体将常规政治议题转化为安全议题的过程，其行动的关键是施动者通过言语行为对威胁进行渲染，将其贴上"安全问题"的标签，塑造受众对该威胁的认知。

欧盟成员国至多提出"减少对俄依赖"的愿景，终结依赖对各国决策者而言还是一个不切实际的幻想。但为了展现反制俄罗斯的战略魄力、响应公众对俄的敌对情绪，欧盟迅速确定了与俄能源"脱钩"的整体目标。2022年3月12日，由欧盟27国领导人通过的《凡尔赛宣言》表示："我们同意尽快结束对俄罗斯天然气、石油和煤炭进口的依赖。"[1]欧盟委员会于同年5月发布了"REPowerEU"计划，提出"欧洲可以在2030年前从俄罗斯的化石燃料中独立出来"[2]。冯德莱恩表示欧盟停用俄国油气的时间可以提早到2027年。这种不断加码的仓促表态缺乏起码的客观评估。欧盟于4月启动对俄能源制裁，制定了2022年内将俄天然气进口量削减2/3的目标，从8月开始禁止进口俄煤炭，从12月开始实施对俄原油海运进口禁令，从2023年2月起禁止海运进口俄成品油。欧盟还联合七国集团成员国以及澳大利亚对俄原油和各类石油产品实施限价制裁，对俄海运原油实施了每桶60美元的价格上限，对俄生产的成品油设定每桶100美元的上限。[3]"限价联盟"国家司法管辖区内的公司，今后只被允许在最高定价内提供运输俄罗斯石油的全球航运服务、航运保险和融资等服务。

---

[1] European Council, "Informal Meeting of the Heads of State or Government: Versailles Declaration", March 11, 2022, https://www.consilium.europa.eu/media/54773/20220311-versailles-declaration-en.pdf.

[2] European Commission, "REPowerEU: Joint European Action for More Affordable, Secure and Sustainable Energy", May 18, 2022, https://ec.europa.eu/info/strategy/priorities-2019-2024/european-green-deal/repowereu-affordable-secure-and-sustainable-energy-europe_en.

[3] 两项限价制裁都是与2022年12月、2023年3月的两个禁运制裁同时做出，按照欧盟政策，欧盟与合作伙伴将每两个月审视和调整限价水平，使俄罗斯石油产品定价至少低于全球水平的5%。

欧洲多国政府提出各自的、具体的"脱钩"目标，寻求在资源和能力允许的范围内尽量削弱对俄依赖。德国、英国于2022年底都实现了对俄煤油气的零进口；英国于2022年8月停止进口俄罗斯煤炭，同年12月停止进口俄罗斯石油和石油产品，2023年2月停止从俄罗斯进口LNG；历史上最依赖俄罗斯天然气的波兰也于2023年1季度停止从俄进口天然气。欧盟27国和英国在2022年第9周从俄罗斯进口了26.21亿立方米天然气，而2023年第36周的进口规模已降到3.29亿立方米。

欧洲大型能源企业纷纷设置商业领域的"脱钩"目标。BP决定退出在俄罗斯石油公司（Rosneft）约20%的股权，导致其250亿美元的直接损失。挪威国家石油公司（Equinor）停止对俄罗斯业务的新投资，并退出在俄的合资企业，该公司在俄的非流动资产价值约12亿美元。壳牌公司停止所有俄罗斯原油现货采购，关闭在俄的所有加油站、航空燃料和润滑油业务，退出与俄罗斯天然气工业股份有限公司（Gazprom）有关的合资企业，撤销此前在俄罗斯已规划的30亿美元的投资项目。道达尔公司宣布在2022年内停止采购俄罗斯所有石油产品，逐步暂停其在俄罗斯的电池和润滑油业务，不再为俄罗斯的项目开发提供更多资金，包括曾被寄予厚望的北极LNG 2号项目。[1] 欧洲能源巨头的"撤出计划"普遍早于、强于各国政府的制裁决策，有观点认为企业的这种

---

[1] 北极LNG 2是位于俄罗斯格达半岛的大型LNG项目，预计年产能为1980万吨，其首条生产线计划2023年前投产。俄罗斯诺瓦泰克公司掌握该项目60%的权益，道达尔、中石油、中海油、日本企业等掌握40%的权益。

"自我制裁"是欧洲能源政治中未曾预见的一个维度，主要由公众舆论和其他利益相关者驱动，而非由政府驱动。

3. 能源进口多元化、生产本土化

能源进口多元化、生产本土化是欧洲能源应对政策的主轴。俄乌冲突爆发前，欧盟和成员国的各种能源战略业已追求上述两点，但当时的规划普遍基于俄罗斯油气稳定供给、能源安全得到保障的场景，并将能源体系低碳化放在首要位置。俄乌冲突爆发后，摆脱俄罗斯能源的任务重于摆脱化石能源的任务，能源保供的压力重于能源转型的责任，两个政策展现出近乎"洗心革面"般的雄心与躁进。

在进口方面，天然气供应多元化是区域和各国的首要任务。根据"REPowerEU"计划，欧盟将充分挖掘既有贸易伙伴的出口潜力，每年有望通过管道从阿塞拜疆、阿尔及利亚、挪威多进口100亿立方米天然气，从卡塔尔、美国、埃及以及西非区域多进口500亿立方米LNG，这些增量规模可以占到欧盟2021年从俄罗斯进口天然气的总量（1550立方米）的近四成。欧盟决定推进过去长期处于"纸上谈兵"状态的氢能贸易，首次提出贸易目标，即到2030年实现每年进口1000万吨绿氢，欧盟委员会将制定具体的监管框架，投资与氢能进口相关的基础设施，智利、挪威、冰岛、沙特、卡塔尔等国有望成为首批绿氢供应国，一个全新的全球能源网络正在成形。成员国层面，各国积极拉拢主要的天然气生产国。2022年3月上旬，意大利、奥地利、英国、德国等国分别派出高级别代表团前往卡塔尔，一改此前对该国的冷淡态度。[1]一些国家加速LNG接收站的规划建设，为大规模进口做准备。例如，德国此前的能源战略并不重视LNG进口，这样一个能源进口大国长期没有一个接收站。俄乌冲突爆发后，德国仅用200天左右的时间在北海港口威廉港建成首个LNG接收码头和配套的26公里连接管道，并计划在2023年内再建4个接收站，达到300亿立方米的输送能力，占德国天然气总需求的三分之一。

在生产方面，欧盟提出了多种能源的本土促进计划：一是加速太阳能、风能开发，尤其要推广屋顶光伏系统，将2030年可再生能源的总体目标从之前的40%提高到42.5%。其中，光伏目标装机量要达到600吉瓦，是2022年的3倍；风电目标装机量要达到500吉瓦。2022年，欧盟光伏的新增装机规模达到创纪录的41.4吉瓦，风电新增装机规模为15吉瓦，清洁能源发电量增至总发电量的40%，创历史新高。二是增加生物甲烷产量。欧盟此前设定的2030年产量目标为170亿立方米，现在改为350亿立方米。三是提升绿氢产量，计划2030年区域本土绿氢产能达1000万吨/年。[2]各成员国迅速加码对清洁能源的支持。例如，德国提出将100%可再生能源发电的目标从2040年提前至2035年，政府未来四年将为此追加2000亿欧元的投资；荷兰政府将2030年海上风

---

[1] 由于俄罗斯管道气的经济性、低成本，所以欧洲国家此前并不热衷进口中东地区LNG。2020年，卡塔尔出口天然气的68%流向了亚洲市场。
[2] European Commission, "REPowerEU: Joint European Action for More Affordable, Secure and Sustainable Energy", May 18, 2022, https://ec.europa.eu/info/strategy/priorities-2019-2024/european-green-deal/repowereu-affordable-secure-and-sustainable-energy-europe_en.

图4.5 欧洲海上风电项目

电装机目标从此前的10吉瓦提升到近21吉瓦，该国2022年仅有3吉瓦在运和在建的海上风电项目。

生产本土化的另一趋势是一些国家延缓弃煤、弃核的进程。俄乌冲突爆发前，煤电在欧洲已被定义为一种亟须退出历史舞台的"肮脏能源"，倚赖煤电的一些东欧国家更是长期招致西欧、北欧的尖锐批评；俄乌冲突爆发后，欧洲则认为本土煤电还是比俄罗斯的能源"更可靠"。欧盟委员会执行副主席蒂默曼斯表示："欧盟各国在转向可再生能源前，可以在煤炭上停留更长时间，以避免对天然气的依赖。"捷克、保加利亚、罗马尼亚等国搁置了此前制定的淘汰煤电计划，宣布维持或扩大本国煤电装机规模；德国、意大利多个煤电机组重新启用。英国批准建设30多年来首个地下深井煤矿，致使煤炭时隔7年重登英国能源舞台。同样，此前试图压缩核电规模的国家转向保供优先、暂缓退出的政策，比利时宣布将2025年弃用核电的目标推迟到2035年，芬兰政府开始讨论是否将该国唯一核电站的关停时间从2030年推迟到2050年。未来能源保供压力如不断增大，欧洲围绕煤电、核电的"急转弯"式政策可能层出不穷。

4. 以阵营政治助力能源安全

俄乌冲突爆发前，欧洲内部对于是否加强与美能源贸易存在争议，虽然欧洲国家在言辞上都表示"期盼已久"，但以德国为代表的部分国家还是希望"敬而远之"，它们认为美国只是希望推销其高价的LNG、抢占俄罗斯海外市场，徒增欧洲能源成本，并存在"以限制他国进口自由为代价实现自身出口自由"的霸权倾向，使本来正常的能源贸易变得日益敏感。[1]

在冲突临近和爆发之后的时间里，自由市场逻辑下的利益权衡迅速烟消云散，美国一举成为欧洲对外寻求合作的首要对象，双方都希望在政治阵营的基础上组建更加紧密的能源阵营。2022年1月28日，冯德莱恩与拜登联合发布了《关于美欧能源安全合作的联合声明》，表示双方将"共同努力，从全球不同来源向欧盟持续、充足、及时地供应天然气，以避免供应冲击"[2]。2月7日，双方召开了由美国国务卿和欧盟委员会副主席领衔的美欧能源委员会会议，这是该机制时隔近四年的再次启动。俄乌冲突

---

[1] 张锐、寇静娜：《特朗普政府的"能源主导"政策：形成机理及其国内外影响》，《区域与全球发展》2020年第6期。
[2] European Commission, "Joint Statement by President von der Leyen and President Biden on U.S.–EU Cooperation on Energy Security", January 28, 2022, https://ec.europa.eu/commission/presscorner/detail/en/STATEMENT_22_664.

爆发后，美欧在对俄能源制裁、增强对欧能源供给上保持密切磋商。对欧洲而言，美国需要在制裁方面发挥表率作用，在对欧能源供给方面发挥近乎"马歇尔计划"的支撑作用。3月8日，美国宣布禁止进口俄罗斯的油气和煤炭[1]，拜登还"体贴"地表示："理解多数欧洲盟友无法加入到目前的能源禁运"。3月25日，拜登与冯德莱恩发布了一份关于能源安全的联合声明，美欧向彼此作出了一系列捆绑性的承诺，重点包括：美国将在与国际伙伴合作的基础上努力确保2022年内为欧盟市场额外供应150亿立方米LNG，2030年前保证欧洲每年可以得到500亿立方米的LNG；欧盟和成员国政府将加快LNG进口设施的审批和建设，支持欧洲运营商与美国供应商签署更多长期合同等。[2]

综上所述，对俄反制的现实主义逻辑成为欧洲能源政治的主轴，很多政策不以经济效益、环境效益为优先，而是把国家能源安全及其衍生的政治安全利益放在首位，大量重塑能源联系和能源系统的新政策在政治喧嚣中都缺乏基本的可行性论证和风险评估。

欧洲能源政治将持续面临两个显著的两难困境：其一，与俄罗斯进行能源切割是出于欧洲民众的愤怒、是政治压倒经济的抉择，但由此而造成的能源短缺、民生艰难也会引发民众的广泛愤

---

[1] 2021年，美国石油进口总量的约8%来自俄罗斯，从俄进口煤炭不足30万吨，未进口任何LNG，美国对俄能源禁运的象征意义大于实质冲击。

[2] European Commission, "Joint Statement between the European Commission and the United States on European Energy Security", March 25, 2022, https://ec.europa.eu/commission/presscorner/detail/en/statement_22_2041.

怒，一些国家的执政者很难同时回应或平息这两股愤怒。其二，抛弃高碳能源是欧洲的"政治正确"，在有些国家还要加上"弃核"目标，但如今抛弃俄罗斯能源也是一种"政治正确"，各国为了后者不得不重新倚重煤炭和核电，从而背离前者。两种"政治正确"的碰撞势必使决策者顾此失彼，并引发更多关于能源转型方向和进度的社会矛盾。

（二）世界能源格局大洗牌

俄乌冲突下的世界能源安全处于高度不稳定的状态，能源转型压力与大国激烈博弈相互叠加，国际能源供应链加速断裂重组。

1. 国际能源市场出现"阵营式分化"

全球能源市场将在一段时间内出现以俄罗斯出口油气重新定向为特征的系统性紊乱。在乌克兰危机背景下，地缘政治诉求将在未来一段时间对全球能源市场形成强势干扰，对市场供需关系这一决定性因素构成相应冲击。随着俄罗斯被排斥于美欧能源供应体系之外，俄罗斯的化石能源不得不寻求新的出口市场，国际能源市场将一定程度出现"拒俄能源阵营"和"用俄能源阵营"并存的"阵营式分化"，世界化石能源资源出现大幅度重新配置。

美欧组建以发达国家为主体的"拒俄能源阵营"，这一阵营本身构成了西方以孤立、制裁迫使俄改变行为的重要依托。美国能源部长格兰霍姆点出美欧行动的核心："西方国家必须摆脱对俄罗斯燃料的依赖，或者说是在总体上摆脱价值观与我们不同的国家的燃料的依赖。"[1]俄罗斯则试图以廉价能源产品为基础，以新兴市场国家、发展中国家为主要对象，催生一个全新的、规避西方中长期打压的能源出口网络。2023年3月，俄罗斯副总理亚历山大·诺瓦克表示，俄罗斯计划将80%的原油和凝析油出口以及75%的精炼产品出口到"友好国家"。[2]

当然，两个阵营存在关系紧密度上的明显区别："拒俄能源阵营"突出价值观取向，具有协调一致的浓厚联盟色彩，参与其中的国家对俄罗斯势必采取敌对态度和支持对俄制裁举措；"用俄能源阵营"的情形则较为复杂，不排除有出于价值观和地缘政治考虑而对俄给予同情的成分，但更多的是因价格差等现实利益而采取的投机性行为。实际上，这些国家在享受俄罗斯限价能源红利的同时，它们从其他国家的油气进口就会相应减少，而这在总体上符合"拒俄能源阵营"既要压缩俄罗斯能源出口收入，又要保持国际能源市场基本稳定、避免因对俄制裁而导致国际能源价格大幅飙升的初衷。[3]

"阵营式分化"将在一定时期内加剧全球油气市场的脆弱性

---

〔1〕 VOA, *VOA Interview: US Energy Secretary Jennifer Granholm*, August 19, 2022, https://www.voanews.com/a/voa-interview-us-energy-secretary-jennifer-granholm/6707924.html.

〔2〕 Rosemary Griffin, Herman Wang, "Russia to Send Most 2023 Oil Exports to Friendly Countries after Output Cut Announcement", *S&P Global Commodity Insights*, February 13, 2023, https://www.spglobal.com/commodityinsights/en/market-insights/latest-news/oil/021323-russia-to-send-most-2023-oil-exports-to-friendly-countries-after-output-cut-announcement.

〔3〕 冯玉军、张锐：《乌克兰危机下国际能源供应链断裂重组及其战略影响》，《亚太安全与海洋研究》2023年第3期。

和波动性。一是油气市场将经历一个紊乱过程，容易出现混沌难料的走势。遭受制裁和未受制裁的油气之间存在巨大的价格差异，国际能源价格形成机制高度紊乱，市场炒作风险高企。分割的区域性市场导致全球油气市场抗冲击的韧性下降，既有的协同互补优势大幅降低，突发事件对国际油气市场的扰动更加明显。二是油气资源的供应链被地缘政治冲突拉长，大量油气资源需要"舍近求远"才能实现交易。俄罗斯油气出口从短途运输为主转向长途运输为主，从拥有现成的管道运输系统转向需要投资兴建新的运输管网。国际社会共同承担的运输压力和物流成本相应增长，各条陆上、海上能源通道的政治敏感性也随之攀升。三是俄罗斯在缺技术、缺资金的压力下面临油气产能急剧下滑的风险，这种态势将最终反映到全球总体的供应能力上，威胁世界能源体系的稳定。

需要指出的是，两个阵营绝非完全割裂，也无法做到壁垒分明。一些国家积极游走在两个阵营之间，利用分化局面赚取利益。俄罗斯油气产品仍以各种间接的形式流向欧洲：一是大量俄产原油、成品油在第三地（尤其是阿联酋）进行规避制裁的转运；二是印度、土耳其、中东产油国通过大量进口俄罗斯原油进行柴油生产，然后出口到欧洲。美欧可以切割与俄的直接贸易联系，但无法切割俄罗斯对全球市场的影响。例如，欧洲在2022年的LNG保供成功，很大程度上源于"用俄能源阵营"国家的助力。正因为包括中国在内的国家从俄罗斯进口到更多天然气，才能将其获得的澳大利亚、美国、卡塔尔的LNG转卖给欧洲国家。

2. 美国、中东油气国和印度成为供应链重构的获益者

在乌克兰危机爆发前，美国虽然凭借"页岩革命"实现了能源独立，但很难靠油气资源在欧洲拓展国际权力，因为当时欧洲国家不愿对其形成能源上的单向依赖。同时，相比俄罗斯资源，美国石油和LNG出口到欧洲的价格偏贵。在特朗普任内，美国虽然干扰"北溪2号"项目落地、强推欧洲国家采购美国LNG，但美欧之间的能源贸易和联系仍然比较薄弱，远未达到美国预期。

美国成为俄欧"能源战"中最大的获益者：一方面，美国大举扩张市场、赚取巨额财富。2022年，美国原油出口量达到创纪录的360万桶/日，同比增长22%。不仅如此，美国还跃升为与卡塔尔并列的全球第一大LNG出口国，出口量达到8120万吨。这一进步可谓历史性飞跃，因为美国2016年LNG的出口量仅为350万吨。[1] 2022年二、三季度，美国上市油气公司的净利润总额达到2002.4亿美元，可以说，乌克兰危机爆发后的半年成为美国能源行业有史以来最赚钱的时间段。[2] 另一方面，美国进一步强化了欧洲对其能源与战略依赖。美国领导人已经无须再费唇舌去说服欧洲人采购其能源，美国已被欧洲国家视为替代俄罗斯能源的首

---

[1] Redazione, "U.S. Crude Oil Exports Increased to A New Record of 3.6 Million Barrels per Day in 2022", March 15, 2023, https://agenparl.eu/2023/03/15/u-s-crude-oil-exports-increased-to-a-new-record-of-3-6-million-barrels-per-day-in-2022-3-15-2023/; Stephen Stapczynski, "US Surges to Top of LNG Exporter Ranks on Breakneck Growth", January 3, 2023, https://www.bloomberg.com/news/articles/2023-01-03/us-surges-to-top-of-lng-exporter-ranks-on-breakneck-growth.

[2] Myles McCormick, "US Oil Producers Reap $200bn Windfall from Ukraine War Price Surge", November 6, 2022, https://www.ft.com/content/0d84255c-84ba-4462-b80a-8593352852e2.

选。不仅如此，欧洲还需要持续依靠美国在全球争取更多油气资源，依靠美国通过扩大油气产能、释放原油储备等手段压抑能源价格，依靠美国保持对俄能源制裁的高压态势和有效性，依靠美国在欧洲周边地带开辟和维持安全可靠的能源通道（包括跨国油气管道、跨国电网等）。美欧新型能源关系将提升美国作为"能源超级大国"的霸主性地位，也将使欧洲追求"战略自主"的努力受到更多来自美国的掣肘。

俄罗斯被排除在美欧能源供应链之外也给中东油气生产国带来了额外收益。2020年新冠肺炎疫情在全球暴发后，全球油气需求出现大幅下降，中东油气生产国经济面临较大转型压力；同时，部分国家因巨大的油气开采量、自身超高的碳排放强度，在全球气候治理场合承受着巨大的国际舆论压力。乌克兰危机导致的全球能源紧张状况改善了它们的国际处境。

一则，中东能源国从高油价、高气价中获益匪浅。沙特国家石油公司2022年净收入为创纪录的1611亿美元，较上年增长46.5%。卡塔尔2022年前9个月的油气出口收入已达1000亿美元，自2014年以来该国年度出口收入首次突破这一数额。[1]能源价格高企也推动了中东地区经济强势复苏。2022年，海湾阿拉伯国家合作委员会成员国实现了6%的国内生产总值增长。其中，沙特实现了8.9%的增长，预计海合会成员国财政余额平均将达到国内

---

[1] Kudakwashe Muzoriwa, "Saudi Aramco Profit Surges to \$161.1bn in 2022, Raises Dividend", March 13, 2023, https://gulf business.com/aramco-posts-161-1bn-in-fy2022-net-profit/.

生产总值的5.3%，实现1000亿美元的总体财政盈余[1]。它们还从俄罗斯能源出口困境中谋利，包括进口廉价俄油用于本国消费、在海湾地区港口对俄罗斯石油产品进行"本土化"转运等，阿联酋的富查伊拉港已成为俄罗斯能源向欧洲"中转"流动的一个枢纽。从中期看，西方对俄罗斯的打压变相为中东资源国维持和拓展了市场空间。

二则，中东国家在平衡供需关系和管理市场周期方面获得了更多优势。2022年10月，沙特不顾拜登政府一再劝阻，与俄罗斯共同推动"欧佩克＋"集团实施了两年来最大力度的减产。2023年4月，"欧佩克＋"决定5月至年底将在目前减产200万桶/日的基础上进一步减产。与此前"欧佩克＋"集团的应对举措往往滞后、被动相比，高效、频繁的集体行动是在市场走势尚不明晰的状况下的主动作为，显示了产油国集团的凝聚力和对原油定价权更为积极的掌控。同时，中东资源国对西方目前实施的制裁有趋于一致的负面看法，即美国通过不时释放原油储备对冲它们的影响力，西方国家组建的"限价联盟"是依托其在航运、保险、金融等方面优势所组建的"服务商垄断集团"，这种合作形态未来也可以用于压制中东国家的利益。所以，资源国在保护油气收入、抵制消费国强势干预上将采取更多不符美欧利益的举措。

---

[1] Jamie Ingram, "Qatar's 2022 Export Revenues Top $100bn With Three Months To Spare", November 11, 2022, https://www.mees.com/2022/11/11/economics-finance/qatars-2022-export-revenues-top-100bn-with-three-months-to-spare/132723b0-61c6-11ed-8790-c90dd6f1ee07.

三则，中东油气国在气候治理上面临的国际压力大为缓解。美欧都在说服它们提高油气产量，沙特、卡塔尔、阿联酋各种规模庞大的油气增产计划一时间成为维护全球安全的"政治正确"，西方主导的国际舆论不再谴责或追究这些计划是否会抵消全球应对气候变化的努力。2022年7月，阿联酋气候变化与环境部长如此描述西方国家的态度转向："几个月前，人们还在责备我们——为什么还在生产油气。现在，他们都改说'请生产，请生产，'。"[1]

由于全球能源供应链的剧烈变动，作为全球第三大原油进口国的印度，成为在两个阵营之间游走、谋利、发挥关键影响的行为体。一方面，印度迅速取代欧洲成为俄罗斯海运石油的最大客户，对俄罗斯维持能源出口收入起到了重要作用。随着俄罗斯对其市场的依赖逐渐提升，印度可以利用买家身份深度影响俄罗斯石油定价权。另一方面，美欧乐见印度采购俄罗斯廉价能源。印度的进口转向有利于中东、非洲能源国出口更多产品给欧洲，解决欧洲的燃眉之急。2022年11月，美国财政部长耶伦在访印期间表示，美国乐见印度"尽情"购买俄罗斯石油，包括以高于限价机制的价格购买。印度炼油厂自乌克兰危机后一直保持超负荷运行，将俄罗斯原油炼制为柴油、汽油等产品后向欧洲大量出口，一跃成为欧洲成品油供应中心，从极高的裂解价差中获得巨大的加工利润。从长远看，印度炼油厂抢占俄罗斯退出欧洲的市场份

---

[1] Kuwait Times, "UAE Pushes for a Fair Clean Energy Transition", July 7, 2022, https://www.kuwaittimes.com/uae-pushes-for-a-fair-clean-energy-transition/.

额，俄罗斯的炼油产能已经开始被迫压缩。

3. 全球能源转型再提速

由于全球能源市场波动、能源地缘政治冲突，化石燃料价格不断上涨，因此更加凸显可再生能源技术的经济性和立足本土绿色资源开发的可靠性，乌克兰危机在很大程度上在加速全球能源转型。欧盟大力投资清洁能源的举措，也激励各国（尤其是各区域的主要经济体）在新一轮能源革命中抢占先机。2022年全球对能源转型的投资总额达到1.11万亿美元，创下新纪录，首次与全球化石能源领域的投资规模相当。[1]基于目前趋势，国际能源署预测2022~2027年全球可再生能源新增装机容量将达到2400吉瓦，相当于全球第一大电力国家——中国当前的全部装机容量，这比五年前的预测增长了85%，也是该机构有史以来对预测数据的最大幅度上调。[2]

这场冲突从侧面展现了传统化石能源政治的威力，欧洲乃至全球不少国家都面临能源供应上的压力及由此导致的"战略局促"。欧洲人明白廉价的俄罗斯油气为他们的工业和民生系统提供了强大动能，维持了欧洲优越的经济竞争力和生活标准，如今却要一肩扛起能源"去俄化"和"去碳化"的重担。尽管欧洲的

---

[1] BloomberNEF, "Global Low-Carbon Energy Technology Investment Surges Past $1 Trillion for the First Time", January, 2023, https://about.bnef.com/blog/global-low-carbon-energy-technology-investment-surges-past-1-trillion-for-the-first-time/.

[2] IEA, "Renewables 2022", December, 2022, https://www.iea.org/reports/renewables-2022/renewable-electricity.

前路充满波折，民众难免要"吃点苦""受点罪"，但我们必须看到这样的趋势，即这场冲突正在进一步加速区域能源转型，油气价格的高企、油气市场的波动更加凸显了扩大开发清洁能源的价值和必要性。在俄乌冲突不演变为欧陆大战的前提下，在能源领域，欧洲人仍然拥有化危为机、借由新能源把能源"饭碗"重新端牢端稳的机遇和能力，他们在能源转型上的更快进展将对世界上的化石能源资源国、消费大国造成更具变革性的冲击和启示。面对欧洲的"反击"、大国的博弈，中国不能只"看个热闹"，更要从技术和地缘政治层面关注、分析欧洲人如何在短时间内缓解供给压力，积极"另起炉灶"，以转型促安全，他们无论成功或失败，对于未来我国可能面临的战略险境都具有重大借鉴意义。另外，从在商言商的角度而言，要支持中国能源企业把握、开拓大变局中的海外商机[1]，提升"走出去"（尤其是面向发达国家市场）的规模与质量，持续壮大我国新能源产业。

五、全球政治遭遇地方政治

在过去，地方层面的行为体（主要指地方政府、各类非政府组织或居民群体）在全球能源政治中无足轻重，全球市场稳定、

---

[1] 据市场信息公司InfoLink Consulting的数据，2022年中国向世界各国出口了154.8吉瓦的太阳能光伏组件，比2021年（88.8吉瓦）增长了74%；其中欧洲是最大的出口目的地，达到86.6吉瓦，比2021年增长了112%。数据引自：InfoLink Consulting, "China's Module Exports Hit High in 2022", February 3, 2023, https://www.infolink-group.com/energy-article/solar-topic-Chinas-module-exports-hit-high-in-2022.

油气贸易联系、能源通道的维护似乎与它们并无太大关系，更多属于一国中央政府的权责。在碳中和时代，各国地方政府和非政府组织正在成为重要的行动主体，其权力诉求和实际影响都处于上升态势。而且，清洁能源体系具有的能源生产本土化或"去中心化"的特点也使某些地方行为体具有独立开展对外行动、建立跨国治理网络的动力。总的来看，地方政治与全球政治的联动可能呈现以下图景："清洁能源的出现将全球焦点放在越来越多参与者身上。随着全球能源市场与各层级政治的交织日益紧密，政策制定者面临更加复杂的挑战。个人、政府和国际组织的影响，以及地方、国家和国际政治所扮演的角色变得越来越模糊。地方政府可以阻止一项跨国电力贸易协议，社交媒体活动可以改变一国能源投资重点，一个省的政策和消费者偏好的变化可能通过联系向全球迅速蔓延。"[1]

一些国家的地方政府积极向外联络，加速自身与世界的碳中和进程。例如，加利福尼亚州是美国低碳发展的先锋，早在2005年，时任州长施瓦辛格签署行政令，正式制定全面温室气体减排计划，并出台能源转型的激励政策，其清洁能源开发规模和消费比例一直位居美国前列。该州高度重视与中国的转型合作，2013年与我国发改委签署推动低碳发展的谅解备忘录，这是发改委第一次与美国州级政府签署合作文件，促成了加州科研机构、企业与中

---

[1] Emre Hatipoglu, Saleh Al Muhanna, Brian Efird, "Renewables and the Future of Geopolitics: Revisiting Main Concepts of International Relations from the Lens of Renewables", *Russian Journal of Economics*, Vol. 6, 2020.

国机构开展战略规划、技术研发等方面的务实合作。即使在特朗普执政时期，加州与我国的合作也未曾中断、不断深入，"加州州一级政府与大学研究人员拥有与中国合作的专门路径，不太受中美政治和双边关系中紧张态势的影响"[1]。2022年4月，加州与我国生态环保部签署合作谅解备忘录，提出将在清洁能源研发与创新、零排放车辆的推广、绿色金融等领域开展持续合作。再如，全球多个大城市通过C40城市气候领导联盟（C40 Cities Climate Leadership Group）、国际地方政府环境行动理事会（ICLEI）、气候雄心联盟（Climate Ambition Alliance）等机制，就城市范围的能源转型进行经验交流、技术共享、项目对接。诸多跨国城市网络的广泛兴起为城市加速能源转型、参与气候治理提供了新动能，城市成为碳中和理念传播、行动落实的重要场域。[2]

大量在地方层面活跃的非政府组织可以发挥更大作用。因为相比全球层次的规范倡导者，本土行为体往往具有更强的影响力，尤其"本土的规范倡导者被其受众视为本土价值观和认同的支持者，而非只是外来力量或行为体的'代理人'"，其行动或话语将更具可信度和传播力。[3]

需要指出的是，地方行为体的影响是复杂且多元的，使碳中

---

[1] Jeremy Wallace, "California—not Biden—Is Leading Climate Cooperation with China", The Washington Post website, June 3, 2022, https://www.washingtonpost.com/politics/2022/06/03/california-china-climate-agreement-mou/.

[2] 汪万发：《碳中和趋势下城市参与全球气候治理探析》，《全球能源互联网》2022年第1期。

[3] [加拿大]阿米塔·阿查亚：《重新思考世界政治中的权力、制度与观念》，白云真、宋亦明译，上海人民出版社2019年版，第202页。

和时代的能源转型、国际政治成为一项更加复杂、不易平衡的社会工程。

在北欧三国（即挪威、瑞典和芬兰），萨米人[1]社区普遍因驯鹿权益反对大型风电项目。牧民反映的问题包括：风力涡轮机的噪音影响了驯鹿生长与繁殖，涡轮机掉下的冰块砸伤了驯鹿；风电场占据了一些草场空间，改变了驯鹿迁徙路线，大幅增加牧民的饲养成本和工作量；风电场的设置破坏了原始自然景观，影响牧民在观光旅游方面的收益，等等。[2]近年来，三国萨米人社区屡屡组建跨国行动网络，成功中止风电项目的案例持续增多。在非原住民聚居的北极城市或村落，风电开发往往引发社区发起的"邻避运动"。民众通常认为他们成为风电不利影响的承担者，还不能获得项目创造的经济价值和环境效益。挪威芬马克郡的一些社区认为当地的电力供给已经充足，无须发展风电满足外地需求或出口芬兰。在瑞典，反对风电扩张成为当前中右翼政党"温和党"的核心政见，该党认为风电开发已严重干扰各地民众的生活质量。

东南亚国家水电开发容易遭遇非政府组织的反对或抵制。反

---

[1] 萨米人是居住在萨米地区（该地区包括挪威最北部、瑞典、芬兰和俄罗斯摩尔曼斯克地区的部分地区）的芬兰-乌戈尔语族原住民，也是欧洲最北端的原住民。本段论述参考张锐、于宏源：《碳中和背景下的北极能源开发：进展、阻碍与影响》，《中国软科学》2023年第7期。

[2] Soili Nysten-Haarala, Tanja Joona, Ilari Hovila, "Wind Energy Projects and Reindeer Herders' Rights in Finnish Lapland: A Legal Framework", *Science of the Anthropocene*, Vol. 9, No. 1, 2021.

水电的诉求往往针对水电项目的环境影响、移民安置过程中的行为不当或补偿不足、水电选址对原住民传统活动领域的侵占等。公允地说，一些非政府组织的行动具有道义上的必要性和效果上的建设性，表达了基层民众的迫切诉求，帮助各国政府、开发商进行更具公平性和可持续性的开发。近年来，非政府组织反对水电的态势更加强硬，具体表现为：一是立场更加激进。有些组织不再只是针对个案，而是彻底排斥大型水电开发。泰国的清孔保护协会、菲律宾的东亚和东南亚河流观察组织的立场基本倒向"禁建一切水电"，还河流以完全自然的形态。二是对话很难进行。非政府组织普遍不信任政府，也不信任参与水电开发的国内外企业，导致各方无法沟通和寻求共识。老挝政府为了开发沙耶武里水电站项目，曾两次向湄公河委员会提交由法国、芬兰专业机构分别做出的环境影响评估报告，但当时反对该项目的非政府组织大多都未阅读过这些文件，认为这只是老挝政府的合法化手段，内容不具备参考价值。[1]柬埔寨桑河二级水电站配套建设了3个移民新村，受项目影响的3690名村民均住上了新修建的村舍，柬国政府和一些民间组织都对安置工作给予高度肯定。即使如此，一些民间组织在未给出任何证据的情况下，谬称该项目造成了5000余人"流离失所，无家可归"，在项目建设过程中不断发起舆论攻击。三是参与治理力度更强。域内的不少非政府组织更踊跃地参与东盟、湄公河委员会及各国的能源电力决策活动，

---

[1] Kathryn Olson and Brain Gareau, "Hydro/Power? Politics, Discourse and Neoliberalization in Laos's Hydroelectric Development", *Sociology of Development*, Vol. 4, No. 1, 2018.

它们不满足于成为"国家水电发展的决策参与者",而是寻求输出水电治理规范、改变区域水资源治理的结构。[1]这些组织高度依赖一些外国政府和国际非政府组织的支持,经常组建跨国协作的行动网络。例如,为了反对中国企业参与投资的印尼巴丹托鲁水电站,2019年3月,多国环保组织在中国驻雅加达、纽约、约翰内斯堡等地的使领馆前进行了持续多日的抗议,并通过社交媒体进行广泛报道。

拉美社会群体往往基于公平性、环保、原住民权益等方面的诉求反对国际能源合作。[2]譬如,建设在阿根廷和巴拉圭界河上的亚西雷塔水电站把电力输送到布宜诺斯艾利斯,而水坝所处的阿根廷东北部却因疏于电网建设,只获得全国最低水平的电力服务,在当地民众看来,能源生产地都不能获得起码的能源供应,那就没有必要发展跨国电力互联。[3]再如,秘鲁阿沙宁卡(Asháninka)印第安人社团的主席在反对秘鲁和巴西联合开发的水电项目时表示:"对我们而言,河流并不产生钱,但给予民众食物和生活。水坝的建造者和石油开发、采矿及伐木公司都在觊觎我们的资源,但我们想要的是与本土文化相协调的发展,大坝不

---

[1] 韩叶:《非政府组织、地方治理与海外投资风险——以湄公河下游水电开发为例》,《外交评论》2019年第1期。
[2] 张锐:《拉美能源一体化的发展困境:以电力一体化为例》,《拉丁美洲研究》2018年第6期。
[3] Dorel Soares, "Electricity Markets Regional Integration: Conceptual Basis, Potential Benefits and Opportunities for the Southern Cone", *Integration and Electrical Security in Latin America*, Rio de Janeiro, 2016, p.91.

是我们发展的一部分。"[1]有些本土社团带有资源民族主义的偏见，认为跨国电力互联都是"新殖民主义倡议"，只会让大财团或区域内大国获益，而不能为小国或开发地所在地区的民众创造就业机会或带来更多福利。[2]厄瓜多尔前能源部长卡德纳曾向笔者表示，在南美地区建设跨国电网最需要重视的是"community"（社区），一个巨大的互联项目很可能因为少数几个途经的市镇、居民区的反对而功亏一篑。

在北非，旨在电力出口的光伏项目常被质疑是"绿色新殖民主义"（green neocolonialism）。例如，2009年10月，意昂集团、西门子公司、德意志银行等几家德国企业巨头创立了DII计划，通过组建企业联盟，计划在西亚北非建造多个大型太阳能项目，并通过新建跨国电网将清洁电力输送至欧洲，满足欧洲地区15%的电力需求。[3]对于这一项目，非政府组织"非洲太阳能网络"的负责人丹尼尔·麦贝曾表示："许多非洲人对DII计划心存疑虑，欧洲人带来了他们的工程师和设备，这和过去的资源剥削并无区

---

[1] International Rivers Website, "Brazil Eyes the Peruvian Amazon", February, 2011. https://www.internationalrivers.org/resources/ brazil-eyes-the-peruvian-amazon-2633.

[2] Raúl Zibechi, "Interconnection without Integration in South America: 15 Years of IIRSA", October 8, 2015, http://upsidedownworld.org/archives/international/interconnection-without-integration-in-south-america-15-years-of-iirsa/.

[3] 该计划生不逢时，2010年发生的"阿拉伯之春"使地区局势持续动荡，多数参与企业观望两三年后发现政治风险仍然较高，选择退出该计划，一个本来大有可为的项目很快无果而终。到2014年底，DII计划仅剩3家企业参与，因此该计划只能放弃开发基础设施的初衷，转为倡导区域能源转型的合作机制。

别。"[1]再如，摩洛哥在开发瓦尔札札特－努尔太阳能发电站三期工程时，项目涉及的几个位于撒哈拉沙漠边缘地带的村镇持续阻扰征地、建设流程，主要理由是政府运用巨大投资建设了一个"向欧洲送电"的发电站，但却未改变该地区长期被边缘化的困境，当地民众既不能与政府协商征地款的金额与分配，也不能通过这一项目获得稳定工作。类似的情况反映了社会行为体对清洁能源开发与大规模出口的高度敏感，能源转型背景下的电力贸易需要重视公平、普惠问题，起码要减少油气时代能源贸易存在的消极影响。[2]

地方政治与全球政治的互动出现了两个较为负面的倾向：一是地方行为体被国际层面的行为体所"俘获"，不能维护自身行动的独立性。在非洲，西方一些非政府组织以所谓"非洲民众缺乏国际交流能力"为由，积极充当政治掮客，表面上为非洲国家能源转型四处奔走、争取援助，实则只为抽取提成、赚取利益。一篇文章揭示了这类组织在塞内加尔如何制造"雷声大、雨点小"的治理局面，文章写道：非洲当地居民表示，西方非政府组织虽熟悉申请国际援助、策划项目的流程，行动效率比政府更快，但他们"只会把很少的钱留在项目实施上"[3]。二是有些不怀好意的

---

[1] Hamza Hamouchene, "Desertec: What Went Wrong?", July 23, 2020, https://www.ecomena.org/desertec/.
[2] 张锐、岳锋利：《能源转型背景下阿拉伯电力一体化的进展与阻碍》，《阿拉伯世界研究》2022年第2期。
[3] Hilton Simmet, "Lighting a Dark Continent: Imaginaries of Energy Transition in Senegal", *Energy Research & Social Science*, No. 40, 2018.

行为体故意夸大地方行为体的抵制行动，将它们的意图渲染成"地缘政治层面对某一国家的抵抗"，我国在海外的能源电力投资不时面临这样的困境。例如，我国在缅甸投资的密松水电站项目因在当地遭遇很大社会阻力而被搁置。事情发生后，国际舆论不断"上纲上线"，唱衰中缅关系，但参与抵制活动的缅甸民众大多表示，他们只是反对这一项目的选址，并不是反对水电站，也欢迎中国企业的水电投资。

第五章

失衡：责任与利益的分配困境

从2018年底开始，欧洲、北美多国相继出现"星期五为未来"（Friday for Future）气候变化抗议活动。各国中小学生、大学生频繁进行罢课游行，要求政府采取有效措施应对气候变化，呼吁公众重视这一迫在眉睫的生态危机。这一活动的发起者是瑞典女孩格蕾塔·通贝里（Greta Thunberg），成名以后，她也频频出现在全球气候治理的活动中。青少年的呼吁推动国际社会更加关注气候危机并采取积极行动，但同时也出现了一些有争议的激进主张，包括号召成为彻底的素食主义者、全球立即停止煤炭开采和使用、拒绝乘坐飞机等。通贝里在演讲中曾表示："人类已经掌握了所有关于气候危机的事实和解决办法，我们需要做的就是觉醒和改变。"对此，俄罗斯总统普京在2019年莫斯科的一个能源论坛上评论道："我可能要让你们失望了，我并不和你们一样对通贝里的演讲感到兴奋。没有人向通贝里解释，现在这个世界是复杂而多样的，非洲和其他国家的人们也想和瑞典人一样富有。我可以肯定，通贝里是一个善良且真诚的女孩，但是成人不应该做任何事时都把青少年和儿童带入极端的境地。"[1]

"星期五为未来"运动及其产生的争议涉及全球能源政治中常被忽略的面向——世界应该如何实现公正转型？国家之间、群体之间如何公平地分担责任、分配收益？如何照顾弱势群体的发展权益？在碳中和时代，各国面对气候危机总有情感共振，谈起"公正转型"总能滔滔不绝，很容易达成那些冠冕堂皇的、"你好我好大家好"的共识，但知易行难，当需要采取切实行动时，总会出现势不两立的原则、南辕北辙的做法、锱铢必较的算计，利益的碰撞、规范的歧异很可能导致团结走向分裂、合作沦为斗争，共同的集体行动经常变成遥不可及的幻梦。

本章节聚焦几个事关公正的能源议题，试图揭示在全球转型的过程中"谁被赋予了定义'资源'的权力、各方的动机是什么及转型到底为了谁的利益"[2]。

一、"化石燃料撤资"运动：滑向"运动式减碳"

减少对化石能源的依赖是碳中和时代的首要任务。最近几年，发达国家掀起了轰轰烈烈的"化石燃料撤资"（Fossil Fuel Divestment）运动，这股风潮让很多气候治理的参与者倍受鼓舞；

---

[1] 陈沁涵：《普京评论瑞典环保少女通贝里：避免情绪化，保持专业性》，2019年10月3日，见 https://www.bjnews.com.cn/detail/1570066659615109.html。

[2] Benjamin Brown, Samuel Spiegel, "Coal, Climate Justice, and the Cultural Politics of Energy Transition", *Global Environmental Politics*, Vol. 19, No. 2, 2019.

与此同时，不少发展中国家对此却颇有微词，它们并不反对低碳转型的大目标，但表示新的南北发展鸿沟正在因"运动式减碳"不断加深，南方世界合理的发展诉求被有意忽略。

（一）撤资潮

从2009年哥本哈根世界气候大会以后，"化石燃料撤资"被很多环保组织视为一个倡议重点，即说服机构减少手中持有的石油、天然气和煤炭产业股票，通过资本市场各路资金"以脚投票"的方式，向传统化石燃料开采企业施压，迫使高碳产业向低碳转型；另外还通过宣传手段呼吁政府采取行动，以立法或征收碳税等形式阻止企业进一步开采化石燃料。有西方学者认为目前这轮撤资运动肇始于美国的斯沃斯莫尔学院。[1] 2011年10月，这所大学的学生发起了针对煤炭产业的请愿运动，要求学校冻结煤矿投资，转让持有的化石燃料行业的股票，转而投资清洁能源。随后，欧美不少大学起而效法，2012年，哈佛、耶鲁等诸多名校都出现了类似的学生运动，一些师生甚至用罢课、到校长办公室静坐等方式要求学校撤资。[2] 美国大学在化石能源产业上的投资

---

[1] Mathieu Blondeel, Jeff Colgan, and Thijs Van de Graaf, "What Drives Norm Success? Evidence from Anti-fossil Fuel Campaigns", *Global Environmental Politics*, Vol. 19, No. 4, 2019.

[2] 学生们的行动大多得到了校方回应，多数学校虽然没有立即完全退出化石燃料行业，但都大幅减少了投资规模，如哈佛大学2021财年持有419亿美元的捐赠基金，其中只有不到2%的资金投向化石燃料行业，比2008财年减少80%。相关报道参见：Maria Cometto, "Letter from US: University Endowments Setting the Pace on Fossil Fuel Divestment", November 2021, https://www.ipe.com/north-america/letter-from-us-university-endowments-setting-the-pace-on-fossil-fuel-divestment/10055879.article。

总额是一个无从查证的事情，但全美大学控制的捐赠基金规模超过6000亿美元，即使很小比例流向化石燃料行业，那也是一笔巨额资金。

大致从2012年开始，全球一些投资机构、金融机构、大型跨国企业、多边开发银行陆续做出"不投资化石燃料（或高碳能源）"的承诺。根据美国咨询公司Arabella Advisors于2018年发布的报告，管理6.24万亿美元资产的近1000家机构投资者承诺剥离化石燃料资产，而4年前的规模仅为520亿美元。2022年初，据环保组织Stand.earth的评估，全球已有1500家，总计管理40万亿美元资产的机构宣布"一定程度的化石燃料撤资"，环保人士表示："这个里程碑是全民力量和环保运动的巨大证明，40万亿美元代表了全球GDP总量的一半以上……投资者越来越意识到化石燃料投资对我们的财政和地球都是一种风险。"[1]

国际发展融资体系的撤资行动引人注目，代表了跨国基础设施投资的重要风向。2013年，世界银行、欧洲投资银行先后宣布今后不再为燃煤发电项目提供贷款。世界银行在2019年后不再向油气勘探和开采项目提供贷款，2020、2021两个财年都未实施任何新的化石燃料融资。[2] 欧洲投资银行于2019年12月宣布，将在2021年底前停止为一切化石能源项目提供贷款。亚洲开发银行于

---

[1] Stand.earth, "Fossil Fuel Divestment Movement Hits $40 Trillion in Represented Assets", February 22, 2022, https://www.stand.earth/advisory/divestment-40-trillion.

[2] 世界银行：《关于世界银行集团气候工作你不知道的十件事》，2021年10月30日，见 https://www.shihang.org/zh/news/factsheet/2021/10/29/10-things-you-didn-t-know-about-the-world-bank-group-s-work-on-climate.

第五章 失衡：责任与利益的分配困境

2021年完成能源政策修订，首次将燃煤发电和供热项目融资排除在外。亚洲基础设施投资银行行长金立群于2020年表示："我不会给任何燃煤发电厂融资……不仅如此，亚投行也不会资助任何与煤炭相关的项目，例如通往电厂的道路或燃煤发电厂的输电线路。"[1]

最近几年，发达国家阵营还掀起一波"化石燃料撤资"的承诺行动，其重点并非"自己国内撤资"，而是"从外部世界的化石燃料领域撤资"。2021年1月，欧盟理事会通过决议，表示"欧盟能源外交将阻止对第三国以化石燃料为基础的能源基础设施项目的所有进一步投资"，除非这一投资符合碳中和与《巴黎协定》的长期目标，"欧盟呼吁按照明确的时间表在全球范围内逐步取消对环境有害的化石燃料补贴……立即停止对第三国新的煤炭基础设施的所有融资"[2]。2021年8月，美国财政部向多边开发银行发布新能源融资指引，称美国将反对它们参与化石燃料项目，但贫穷国家的一些下游天然气设施除外。由于美国财政部是包括世界银行集团和非洲开发银行在内的主要开发银行的最大股东，其指导方针将对世界产生显著影响。2021年11月，在COP26大会上，美国、加拿大、英国、德国、法国、瑞士、埃塞俄比亚等39个国家和机构承诺"将在2022年底前停止对国际化石燃料能源部门的新的直接公共支持，有限定且明确的、与1.5℃升温上限和《巴黎协

---

[1] 石毅：《亚投行再提弃煤，令中国海外能源投资再受关注》，2020年11月28日，见https://chinadialogue.net/zh/1/68652/。

[2] European Council, "Council conclusions on Climate and Energy Diplomacy-Delivering on the External Dimension of the European Green Deal", January 21, 2021, https://www.consilium.europa.eu/media/48057/st05263-en21.pdf.

定》目标相一致的情况除外"。2022年5月,G7能源、气候和环境部长会议发布的联合公报表示,到2022年底,除个别情况外,成员国停止向国际化石燃料项目提供公共融资,这也是日本首次在国际场合做出这一承诺。

欧盟对域外化石能源项目的干涉举动日益高调和频繁。2022年9月,欧洲议会通过一项决议,以控制碳排放、保护环境为由,呼吁乌干达和坦桑尼亚立即停止东非原油管道项目的建设,表示欧盟可能采取"适当措施"影响各类投资机构,阻止这项"不被整体环境允许"的石油项目。该项目全长1443公里,把石油从乌干达的艾伯特湖油田运到坦桑尼亚的坦噶港,打通东非内陆至印度洋的能源输送通道。乌干达评估该项目带来的外国投资总计将使该国的国内生产总值增长22%,坦桑尼亚也期待每桶油12.7美元的可观过境收入。面对外部压力,两个非洲国家的高级官员都表示欧洲人在推行"经济种族主义",两国有权像工业化国家那样为人民利用本土资源,将尽最大努力推进项目的落地。

(二)"绿色"傲慢

在追求碳中和的过程中,"化石燃料撤资"是一个必要环节,全球的确需要逐步减少对化石能源的资金支持,将资金更多用于能源转型、气候适应等领域,但是西方国家对外推动的撤资呈现鲜明的、躁进的"运动式减碳"特征。

第一,不管不顾的狭隘。西方一些机构和政治人物在推动

"化石燃料撤资"时，仅将其简化为一个简单的投资转向问题，完全不探讨、不防范激进撤资所产生的各类风险。首先，全球的过快撤资容易引发能源供应的紧张，不加选择的"化石燃料撤资"将导致能源价格飙升，强加的能源转型很可能导致穷国、弱国能源供应上的青黄不接以及能源贫困的不降反增。其次，过快撤资也可能抬高能源转型的成本和难度。风力涡轮机、太阳能电池板和电动汽车的供应链中都交织着化石燃料的使用，撤资运动导致的高燃料价格会使清洁能源消费变得更加昂贵，滞缓整个转型过程，而发展中国家对成本更加敏感。

第二，"宽以待己"的虚伪。西方国家为维护能源安全，对自身化石燃料项目仍然投入巨资，当前的撤资运动更多是"从海外撤资"，迫使发展中国家加快转型来换取全球气候治理进展。根据国际可持续发展研究所（IISD）等机构研究，自新冠肺炎疫情暴发后的2020年1月到2021年3月，尽管G7国家的领导人宣称"绿色复苏"，但他们在化石能源上的花费超过清洁能源，煤炭、石油和天然气产业获得了1890亿美元的公共资金支持，清洁能源部门获得1470亿美元。而且，在用于化石燃料的资金中，83%都流向没有附加任何"绿色条件"或减排措施的项目。如果考察G7各国绿色复苏计划所承诺的资金总额，至多只有10%的资金流向清洁能源和能效提升。[1]

---

[1] Lucile Dufour, Tom Moerenhout, Angela Picciariello, "Cleaning Up Their Act? G7 Fossil Fuel Investments in a Time of Green Recovery", June 2, 2021, https://www.iisd.org/publications/cleaning-up-g7-fossil-fuel-investments-green-recovery.

美国有线电视新闻网（CNN）网站上有篇题为《挪威、英国和加拿大并非气候冠军，而是气候伪君子》的评论，指出这三个西方国家尽管在国际舞台塑造它们重视气候议题、引领能源转型的形象，但依然不遗余力地扩大油气的生产和出口，它们很多引以为傲的环境成果都源于石油资金的支持。而且，没有国家认为自己应该最早从油气行业中撤出，"每个国家都有理由认为它们应该继续生产，加拿大强调其能源产业尊重人权，挪威表示它们生产的油气有更低的碳强度，英国则宣扬拥有成熟的油田基础设施"[1]。

2022年俄乌冲突爆发后，欧洲国家在全球疯狂采购油气，持续加大对本土油气部门的投资和化石燃料补贴，包括尝试开发更多域内油气资源、建设更多LNG接收站和天然气管线、为高耗能产业提供资助等，也通过各种财政手段延迟一些煤电厂的关停，保障能源安全的底线。美国利用俄乌冲突抢占欧洲油气市场份额，面对来自欧洲和亚洲源源不断的订单，美国多家LNG企业迅速做出扩大产能的投资决定。西方世界正在迎来化石燃料的"淘金热"，"如果所有这些（投资化石燃料）的新计划都成为现实，它们要么会成为大量闲置资产，要么会让世界陷入不可逆转的变暖"[2]。

---

[1] Ivana Kottasová, "Norway, the UK and Canada are not Climate Champions. They are Climate Hypocrites", February 17, 2021, https://edition.cnn.com/2021/02/17/world/climate-hypocrites-uk-canada-norway-intl/index.html.

[2] Jonah Fisher, "Climate Change: Ukraine War Prompts Fossil Fuel 'Gold Rush'–Report", June 8, 2022, https://www.bbc.com/news/science-environment-61723252.

第五章　失衡：责任与利益的分配困境

第三，"严以律人"的残忍。对发展中国家而言，西方国家的撤资"过快、过猛"，尤其是撤出相对低碳的天然气产业。

近年来，挪威联合7个北欧和波罗的海国家一直游说世界银行于2025年前停止对发展中国家天然气项目的融资，将资金转移到贫困国家的"清洁能源解决方案"，包括绿氢和微电网的推广。"饱汉不知饿汉饥"未必是罪过，但"饱汉逼着饿汉节食"就是很残忍的事情。从经济性、可行性上看，"让地球上最贫穷的人群使用绿氢这一目前最复杂、最昂贵的能源技术，还要在短短几年时间里试图建设所有人受益的'智能微电网'，这样的想法是荒谬的"[1]。无论绿氢还是微电网，在目前技术条件下根本无法支撑非洲国家城市化、工业化快速增长的用能需求。在撒哈拉以南非洲，大量已经探明、有待开发的陆上或近海天然气田能为民众提供低碳、充足、廉价、便利的能源。从道义性上看，2022年，挪威油气出口收入高达1130亿美元，自己还在化石燃料的开发路径上"肆意狂奔"，尽享财富，支持欧盟将天然气设定为"绿色能源"，现在却以"气候治理"为名尝试剥夺一群最弱势国家自给自足的希望。

专门从事发展中国家经济研究的美国学者维贾亚·拉马钱德兰（Vijaya Ramachandran）这样评论："让我们直言不讳：挪威正在推进绿色殖民主义，问题不仅出自挪威，这是富裕世界告诉

---

[1] Vijaya Ramachandran, "Rich Countries' Climate Policies Are Colonialism in Green", November 3, 2021, https://foreignpolicy.com/2021/11/03/cop26-climate-colonialism-africa-norway-world-bank-oil-gas/.

193

全球南方国家保持贫穷并停止发展。发展援助正在被重新包装为气候责任的转移，使全球南方国家保持对外依赖……面对发展中国家的能源需求，发达国家不诚实、不人道、没有同情心且不道德。"[1]

面对西方国家及其主导的多边银行逐渐中止对海外化石能源项目的公共融资，乌干达总统约韦里·穆塞韦尼（Yoweri Museveni）在《华尔街日报》发文批评道：许多发达国家在推动非洲加速向可再生能源过渡，为非洲清洁能源项目投入了大量资金，真实意图是担心非洲拖累了西方的气候目标，但是，这样的行为阻止了非洲人民摆脱贫困的努力，"在阴天或无风的时候，非洲人只能依靠柴油发电机或蓄电池维持不可靠且昂贵的电力"，"没有稳定的能源，非洲制造业难以吸引投资、难以创造就业机会，如果非洲大陆不能利用天然气制造合成肥料或为高效货运提供动力，农业也将受到影响"。[2]穆塞韦尼呼吁西方应该秉持内外一致的标准："天然气是更绿色的选择，它能帮助非洲实现增长的同时减少排放，正像发达国家自己所做的那样。"换言之，即使非洲想停止使用化石燃料，很多国家也需要通过化石燃料及其创造的财富，为能源转型筹集资金和创造产业基础。同样，一些非洲国家领导人直言他们"不能为了满足富裕的欧洲人的突发奇想和

---

[1] Vijaya Ramachandran, "Rich Countries' Climate Policies Are Colonialism in Green", November 3, 2021, https://foreignpolicy.com/2021/11/03/cop26-climate-colonialism-africa-norway-world-bank-oil-gas/.

[2] Yoweri Museveni, "Solar and Wind Force Poverty on Africa", October 24, 2021, https://www.wsj.com/articles/solar-wind-force-poverty-on-africa-climate-change-uganda-11635092219.

第五章 失衡：责任与利益的分配困境

要求而放弃自身实现经济增长、充分就业、基础设施发展和现代生活水平的最佳机会"[1]。

综上所述，西方国家的"绿色傲慢"就是一种不加掩饰、自私霸道的"生态帝国主义"。当代世界所呈现出的"生态帝国主义"，不仅表现为"基于超强军事力量与经济实力的国际环境治理秩序与交往中的帝国式肆意妄为或唯我独尊，还是同时包含着政策议题设定、理论话语阐释、经济技术路径供给等层面的国际生态霸权性或排斥性话语、制度与力量"[2]。西方的撤资运动单边且强势，在缺乏与发展中国家充分协商、协作的情况下，将他们所偏好的气候治理手段与强度提升为一种不计成本、不加区别的手段与强度，很多看似"壮士断腕"的行动断的是发展中国家的能源供给能力，其实质就是——"看别人饿着，宣称世界开始变好了"，而当自己国家稍有能源供应的不足，总是毫不迟疑地加码化石能源投资。

西方国家在国内能源转型中都热衷强调"公正转型"，具体包含了"两个正义"的落实：程序正义涉及决策者和普罗大众之间能否实现充分交流与协调，决策者能否充分吸纳社会各阶层（尤其中下阶层）的利益诉求；分配正义涉及如何在不同的群体间公平地分担转型成本以及分享收益。在西方政治体制下，"公正

---

[1] Ksenia Kirkham, "The Paradox of the New Great Game: Do Europe and China Need More Pipelines from Eurasia?", *Journal of Balkan and Near Eastern Studies*, Vol. 24, No. 1, 2022.

[2] 贾雷、郇庆治：《资本主义"红绿"批判的三重维度——新陈代谢断裂理论、生态帝国主义与新资源榨取主义》，《国外社会科学》2017年第2期。

转型"尽管掺入了各种利益权衡和选票算计,但在一定程度上照顾到了民生诉求和弱势群体权益。然而,在国际政治层面,西方政治家们都在刻意忽视广大全球南方国家生存和发展上的力有不逮,竭力回避"共同但有区别的责任"原则以及"全球公平分担转型压力"的诉求,这种对公平性的抹杀很可能造成新的南北鸿沟。"1910年或1920年前后,世界分裂成一个少数派阵营和一个多数派阵营,少数派阵营是那些有渠道获得化石能源并为化石能源的利用修建了必要基础设施的国家,多数派阵营是那些即使能源紧缺压力增长也不得不依靠传统能源勉力维持的国家。"[1]一百年前的两个阵营是传统帝国主义形态下的南北世界割裂,而当前西方国家的"绿色傲慢"很可能让历史出现同样不公不义的新版本,一派是继续获取化石能源财富,同时也为清洁能源利用做好准备的富国,一派是既无法开发化石能源,又无力开发清洁能源的穷国。需要指出的是,这个世界的"降温"不应以一大群人的"身处黑暗"和"远离现代文明生活"为代价。

  化石燃料撤资必须为发展中国家(尤其是最不发达国家群体)留出弹性的发展空间。"穷国只为全球变暖做出几近微不足道的排放,它们必须获得发展的机会,哪怕这个过程会在一个十分紧要的时期增加排放。"[2]具体到撤资行动上,西方国家及其主

---

[1] [德]于尔根·奥斯特哈默:《世界的演变:19世纪史》,强朝晖、刘风译,社会科学文献出版社2016年版,第1228页。
[2] [英]安东尼·吉登斯:《气候变化的政治》,曹荣湘译,社会科学文献出版社2009年版,第10页。

导的多边开发银行应避免"一刀切"式的激进撤资，尤其在近中期维持对天然气项目的资金支持，客观评估发展中国家的现实条件，从能源系统全局出发照顾它们的安全需求、发展需求和转型需求，对最不发达国家群体更应该"网开一面"，支持它们因地制宜、经济适用地获得能源。

二、终结煤电：强人所难的"齐步走"

减少、淘汰煤电是碳中和背景下的优先议题，因为煤炭是碳强度最大的化石燃料，燃煤发电是全球温室气体排放的最大单一来源。部分西方国家由于能源转型起步较早、煤电装机存量较少，所以在弃煤运动上态度积极，不断组建跨国倡议网络，催促或迫使发展中国家和它们保持同步的转型进度。

（一）弃煤承诺

2017年，英国和加拿大政府在COP23大会上创建了"电力弃煤联盟"（Powering Past Coal Alliance），截至2022年7月，该组织已吸引48个国家主体参与，主要为欧洲国家、太平洋岛国和部分拉美国家，还吸纳了全球48个地方政府、69家企业作为成员。成员国入盟须认可联盟所追求的目标，即"经合组织和欧盟成员国应在2030年前逐步淘汰煤炭，世界其他区域的国家不迟于2050年淘汰煤炭"，"所有成员国都应暂停新的未采用碳捕集与封存技

图 5.1　德国北威州的露天褐煤矿区

术（CCS）的煤电开发"，"企业和其他非政府成员须承诺在无煤的情况下为它们的运营提供动力"。[1]该组织每年召开一次部长级会议，为成员提供加速弃煤的政策咨询和技术支持。

在 2021 年召开的 COP26 大会上，主席国英国发起了一项不具约束力的《全球煤炭向清洁电力转型声明》，共有 77 个国家或地区签署，其中有 23 个国家首次做出"弃煤"承诺，包括波兰、越南、韩国、埃及和智利等煤电占比较高的国家。为了吸引更多国家（尤其是煤电大国）参与，这份文件的表述留有很大余地："根据我们的气候目标和《巴黎协定》，在最近 10 年内迅速扩大技术和政策规模，以实现主要经济体在 21 世纪 30 年代（或此后尽快）、全球在 21 世纪 40 年代（或此后尽快）摆脱未减排的燃煤发

---

［1］　相关信息引自该机构网站：https://www.poweringpastcoal.org/about/who-we-are。

第五章 失衡：责任与利益的分配困境

电。"[1]"此后尽快"（原文：as soon as possible thereafter）这一表述道出一些国家并不坚定的决心。而且，签署声明的匈牙利、博茨瓦纳、印度尼西亚、哈萨克斯坦、菲律宾等国均表示暂不接受该文件第三条的内容，即"停止为新的未减排的燃煤发电项目发放许可证，停止新的未减排的燃煤发电项目的建设，并停止为国际上此类项目提供直接的政府支持"[2]。在国际舞台积极倡导弃煤的美国并未签署这一声明，根据媒体报道，拜登政府无法做出"弃煤"承诺主要由于国内两项重要法案都有赖于西弗吉尼亚州民主党参议员乔·曼钦（Joe Manchin）的支持，而曼钦所在的州盛产煤炭，其家族甚至拥有多家煤电厂，这名参议员强烈反对任何损害化石燃料产业的政策。

在2022年5月的G7能源、气候和环境部长会议上，成员国承诺到2035年基本实现"零碳"供电目标，还首次承诺逐步淘汰燃煤发电。会议公报草案原本设立了到2030年停止燃煤发电的目标，但由于美国和日本的反对，最终的文件并未承诺具体的时间。按照日本目前的计划，2030年该国仍将有19%的电力来自煤电。

控制海外煤电投资成为2021年全球多边治理、峰会外交的热点，并取得一系列实质进展。6月，G7领导人峰会发表公报表示：

---

[1] "Global Coal to Clean Power Transition Statement", November 4, 2011, https://ukcop26.org/global-coal-to-clean-power-transition-statement/.

[2] "Global Coal to Clean Power Transition Statement", November 4, 2011, https://ukcop26.org/global-coal-to-clean-power-transition-statement/.

"到2021年底彻底停止对无减排措施的国际煤电项目提供新的政府直接支持，包括政府开发援助、出口融资、投资以及金融和贸易促进支持等渠道。"[1]为了促进发展中国家的弃煤进程，加拿大、德国、英国和美国还承诺提供20亿美元资金，用于支持气候投资基金（CIF）的相关项目。9月22日，习近平主席在联合国大会上宣布："中国将大力支持发展中国家能源绿色低碳发展，不再新建境外煤电项目。"作为全球煤电项目的主要出资方，这一表态显示了中国积极应对气候变化、提高绿色投资的决心，也意味着全球44座、装机容量合计42.2吉瓦的拟建煤电项目可能被取消，130亿美元的资金有望流向更加清洁的能源领域，至少减少1100亿吨碳排放。[2]10月30日，G20领导人峰会发表宣言做出类似承诺，成员国表示将在2021年底前，结束投资新的未采用CCS技术的海外煤电项目。上述承诺将主要影响发展中国家能源开发的方向，由于国际公共融资渠道基本向煤电关闭，它们只能放弃这一高碳能源来源、着力可再生能源发电项目。

（二）急躁的西方

弃煤运动的一系列进展是全球气候治理、能源政治的进步，但是，西方国家在这一议题上表现出不利于团结的攻讦倾向。

---

[1] G7, "2021 G7 Leaders' communiqué", June 13, 2021, https://www.g7uk.org/wp-content/uploads/2021/06/Carbis-Bay-G7-Summit-Communique-PDF-430KB-25-pages-3.pdf.

[2] Global Energy Monitor, "China's End to Overseas Coal Finance could Free-up $130 Billion for Clean Energy Investments", September 29, 2021, https://globalenergymonitor.org/press-release/1953/.

第五章　失衡：责任与利益的分配困境

不同国家的资源禀赋不同、发展水平不同，在减煤、弃煤的进度上存在差异实属正常，积极弃煤的国家号召和帮助目前煤电规模较大的国家也是应该。但是，这个议题不应成为政治作秀或污名化的支点。在2021年的COP26大会上，时任英国商务、能源和产业战略部国务大臣夸西·克沃滕（Kwasi Kwarteng）十分活跃，将英国政府"2024年10月1日放弃煤电"和"英国10年间煤电占比下降接近40%"挂在嘴边，号召其他国家向英国看齐，宣扬英国以实际行动彰显了"全球领导力"。但克沃滕并未给听众描述事情的全貌，那就是：由于坐拥北海油气资源，英国是西欧唯一能够实现能源自给的国家，可以将能源供给的压力从煤炭转移到油气，"只放弃煤电却绝口不谈'放弃所有化石能源'，不过是一次扬长避短的精彩戏法，借此既能在国际舞台上'树旗杆'，又可将其他竞争对手一军，可谓一石二鸟"[1]。

同样是在COP26大会上，在会议即将结束、《格拉斯哥气候公约》即将出炉的时刻，印度反对使用"逐步淘汰"（phase out）煤电的表述，要求改为"逐步减少"（phase down），中国、南非、伊朗等多国支持印度的主张。最后大会组织方为了达成协议，接受了这一修订。对此，大会主席、英国官员阿洛克·夏尔马（Alok Sharma）哽咽致歉："想对所有代表团说，我为这个过程道歉，我深感抱歉。"在采访中，他也指出："中国和印度需要向发展中

---

[1] 陶短房:《"煤炭的末日近在眼前"？英国又玩了一个"小把戏"》，2021年11月5日，见https://www.bjnews.com.cn/detail/163608224914739.html。

家解释，为何要在会议上淡化淘汰煤电的措辞。"[1]欧盟一些国家的官员、环保团体纷纷指责印度、中国"破坏了大会""使格拉斯哥大会走向失败"，"群情激愤"的反应使大会在最后关头成了国际舆论焦点。笔者能够理解夏尔马和一些与会者希望国际社会展现出更明确、更积极的"减碳"决心，但一切正如时任英国首相约翰逊所言："不管是'逐步减少'还是'逐步淘汰'在我这个讲英语的人看来似乎没有那么大的区别。"任何人都清楚淘汰煤电不是一蹴而就的过程，"减少"是"淘汰"的前提，一国只有实实在在地减少煤电开发和消费，淘汰煤电的愿景才能得以实现。

COP26大会上的这个波折反映了当今全球气候治理的日常窘境，很多政治人物用官方语言上的精雕细琢、斩钉截铁求得精神上的胜利和对民众的交代，至于治理目标如何实现、发展中国家的困难如何解决，并不在他们的考虑和探讨范围之内。笔者观察近几年的联合国气候大会或气候治理方面的国际峰会，西方普遍陷入"承诺痴迷"之中，似乎一个会议的成败就是看各国（尤其是碳排放大国）是否做出新的承诺，似乎只有领导人"提出一个新目标"，其现身才是有意义的。国际社会一些人就像情窦初开的少男少女，只想沉溺于华而不实的承诺或经不起检验的浮夸言辞。在COP26大会前后，不少西方政治人物及媒体指摘中国"没有做出新承诺"，但他们不去了解也不愿关心中国搭建起了"1＋

---

[1] 路透社：《COP26协议一词之差引人非议　会议主席说中印需解释为何坚持己见》，2021年11月15日，见https://www.reuters.com/article/cop26-wording-china-india-1114-sun-idCNKBS2I003B。

第五章　失衡：责任与利益的分配困境

N"碳中和政策体系，各级政府以及各行各业都制定了细化目标，中国的"减碳"进程远比那些模棱两可、毫无约束性的诺言来得实在、厚重。全球气候治理不应沦为沸沸扬扬的"唱大戏"，不是比谁的音量大、谁的花样多、谁总能带来新鲜感，"一步一个脚印"的改变才是碳中和行动的实质与真谛。

霸权国的"甩锅"冲动从来不会缺席国际政治热点。在总统竞选时，拜登团队指责中国的"一带一路"倡议是一个"为亚洲及其他地区数十亿美元的肮脏化石燃料能源项目提供资金"的计划，表示将组建国际统一战线，抵制中国"把污染外包给他国的行为"，甚至编造"一带一路"将世界上最肮脏的煤炭从蒙古开采出来，并将其输送到世界各地。拜登上台后，相比反省和弥补上届政府对全球气候治理造成的伤害，更热衷对他国指手画脚，首要对象就是中国。2021年4月，国务卿布林肯还表示："在应对气候变化上，美国在成为全球领导者方面落后于中国。"可到了同年11月的COP26大会上，拜登的论调与布林肯截然不同，他说："世界其他地区将看向中国，问他们做出了什么贡献，他们已经失去影响全球公众的能力，也失去影响气候大会所有与会者的能力。"[1]从被视为领先者到失去影响力，中国的地位变迁在他们的嘴里只需要半年时间。拜登政府的各级官员谈全球气候治理，总爱捎上中国，谈到中国必会将话题引向煤电议题，这种做法无非

---

[1]　Laura Kelly,"Blinken Says US Falling Behind China as Global Leader on Climate Change", *The Hill*, April 19, 2021, https://thehill.com/policy/international/549099-blinken-says-us-falling-behind-china-as-global-leader-on-climate-change/.

是在搬弄是非、转移焦点、是己非人。气候特使约翰·克里在没有提供数据来源的情况下多次宣称"中国为全球70%的在建煤电厂提供资金",2021年9月又表示"中国的煤电建设热潮可能抵消全球实现环境目标的努力"。一味指责中国、炒作煤电议题、把中国抹黑成"负面典型"是美国执政者打压中国的便利手段,只要中国煤电还占据一定比例,他们就可以在这上面大做文章。印度、印度尼西亚、南非等发展中国家的煤电也遭遇过美国类似的指责或"督导",当然力度远比针对中国的要轻。如2021年4月,克里访问印度,要求印度"淘汰煤炭的速度需要比现在快5倍"[1]。

减少煤电是碳中和时代世界的共同任务,但这项任务应该成为各国合作的着力点,而非口水战的爆发点。面对未来,"风刀霜剑严相逼",中国和其他同样煤电占比较高的发展中国家势必遭遇更大的国际舆论压力,这是难以改变的现实,但我们的对外工作也有必要变被动为主动,开展更有力度的沟通,促进更加良性的合作。

一是要让世界看到我国转型的决心和努力。中国坚决控制化石能源消费,尤其是严格合理控制煤炭消费增长,有序减量替代,截至2022年,我国煤电发电占比从2010年的超过75%降低到58.4%,煤电占发电总装机容量的比重降至43.8%,煤电度电

---

[1] 印度作为全球第二大煤炭消费国,煤电约占电力供给的七成左右,为了应对国内快速上涨的电力需求,印度政府多次表态将继续扩大本土燃煤发电力度,印度中央电力局建议2030年前该国所有发电厂都不应淘汰任何燃煤发电设施。

煤耗优于美国、德国，超临界和超超临界机组占比已经超过50%，转型的方向日益清晰，煤电将逐步由提供电力电量的主体电源转变为电力电量并重的支撑性和调节性电源。面对国际社会的质疑或不解，我们应该更主动做好增信释疑、用数据和事实说话的沟通工作。

二是既代表自己，也代表同样存在能源供应压力的国家发声，反对一步到位、无视转型压力的"弃煤"。截至2019年，美国仅有5.2万煤炭工人，中国有260万煤炭工人，仅这一个指标，就充分显示了中国低碳转型的艰巨性及稳中求进的必要性。中国还应联合发展中国家群体，鼓动发达国家切实率先停止使用煤炭，不要将自己的承诺抛诸脑后，敦促发达国家切实对发展中国家能源转型提供充足的资金、技术和能力建设支持。

三是开展务实的煤电改造升级合作，助力各国对现有燃煤机组实施超低排放和节能改造，使传统燃煤机组更加环保，提高发电效率并降低能耗。

三、"核"去何从：各国的抉择

截至2021年底，全球32个国家437座在运核动力堆的核电装机容量为389.5吉瓦。2021全年，全球核电发电量达到2653.1太瓦时，约占全球总发电量的10%和全球低碳发电量的1/4。中东和南亚的核电产量增幅最大，比2020年增加20%。东欧的核电产

图5.2 比利时一座核电站

量创10年新高,比2020年增加了6%。截至2021年底,19个国家正在建设56座总容量为58.1吉瓦的反应堆。[1]

核电被多国视为重要的无碳能源。2015年1月到2021年7月,有19个国家将核能纳入了其根据《巴黎协定》提交的"国家自主贡献"。据国际原子能机构(IAEA)的评估,另有32个国家不排除将核电作为加强气候行动的一部分,30个国家或地区正在考虑或计划在未来启用核电。核电的潜在市场主要包括"电力需求预计将持续大幅增长的发展中国家以及面临环境压力迫切需要减少

---

[1] 国际原子能机构:《全球危机之际,核电在2021年通过增加发电量提供能源安全》,2022年8月5日,见https://www.iaea.org/zh/newscenter/news/2021nian-tong-guo-zeng-jia-fa-dian-liang-ti-gong-neng-yuan-an-quan。

第五章　失衡：责任与利益的分配困境

二氧化碳排放量的国家，或者是那些资源贫乏、已经开发利用核能但需要升级电能输出功率的国家"[1]。

在转型压力和俄乌冲突的背景下，2022年2月，法国总统马克龙宣布计划从2028年开始新建6台核电机组，并计划之后再新建8台机组，到2050年新增2500万千瓦核电装机容量。4月，英国发布的《能源安全战略》提出到2050年核电机组装机容量达到2400万千瓦，是目前装机容量的3倍，届时可满足25%的电力需求。韩国尹锡悦政府计划使核电份额保持在30%，并在2023～2025年间共将投资超过3万亿韩元，用于自主研发小型模块化反应堆（SMR）的商用化，希望将韩国打造成"核电最强国"。日本政府于2022年底确认新的核能政策，允许开发新的核反应堆，并允许现有反应堆在60年期限到期之后继续运行。我国是世界核电大国，截至2022年底，在运核电机组54台，总装机容量为55.8吉瓦，两个指标持续位居世界第三位；在建核电机组20台，总装机容量为21.6吉瓦，连续16年位居世界第一。

近年来，俄、美、中、日、英、加等十余国掀起了SMR的研发热潮。相较传统核反应堆，SMR具有投资成本小、建设周期短、安全系数高、维护成本低等优势。到2020年，全球至少有72款SMR机型正在开发部署，俄、美、中处在第一梯队。俄罗斯率先实现SMR的商业应用，于2020年5月在远东楚科奇自治区建成

[1]　陈小沁：《核能外交的理论与实践——兼评俄罗斯的国际核能合作》，《欧亚经济》2020年第6期。

全球首个海上浮动式核电站"罗蒙诺索夫院士"号。美国至少有15个正在开发的SMR机型，Nuscale公司的首个示范电厂计划于2026年在爱达荷州投入商运。此外，美国国务院于2021年4月启动"负责任使用小型模块化反应堆技术的基础设施"计划，提出为伙伴国家提供能力建设支持，新兴技术上的政治动作、拉帮结派已经启动。[1]中国在SMR领域不断发力，目前共有18个机型处于研发阶段。2021年7月，中核集团自主研发的全球首个陆上商用SMR"玲龙一号"在海南昌江开工建设，工期为58个月。

多个国际组织推崇核电在世界能源体系中的作用。IAEA一直强调核能"作为一种可调度的低碳电力来源"的作用，认为"未来几十年，核电与风能、太阳能等波动性可再生能源一起，成为电力部门脱碳的关键"[2]。IEA在2019年5月发布的《清洁能源系统中的核电》中警告：核电在发达经济体中的发展前景不明朗，发电量可能出现急剧下降，这将威胁能源安全和气候目标；放弃核电还会提高能源转型的整体成本，如果不延长现有核电站寿命或新建核电站，发达经济体的电力供应总成本每年将平均增加近800亿美元。[3]联合国欧洲经委会于2021年8月发布报告，指出核能目前提供了欧洲经委会区域发电量的20%、低碳发电量的43%，为域内10余个国家提供超过30%的电力，如果将利用核能排除在

---

[1] 参与该计划的国家包括英国、日本、哈萨克斯坦、菲律宾、乌克兰、罗马尼亚、爱沙尼亚、拉脱维亚、加纳等。

[2] IAEA：《2021年国际核电状况与前景》，第2页。

[3] IEA, "Nuclear Power in a Clean Energy System", May, 2019, https://www.iea.org/reports/nuclear-power-in-a-clean-energy-system.

第五章　失衡：责任与利益的分配困境

外，欧洲和世界都将不能实现已经设定的二氧化碳减排目标。[1]

但是，自2011年日本福岛核电站事故之后，一些核电国家选择了"核收缩"策略，这股趋势导致全球核电增长前景并不乐观。德国于2023年4月关停境内最后三个核电站；意大利、比利时、瑞典、瑞士、西班牙等国制定了明确的弃用核电计划；印度、巴西暂缓了核电开发计划；美国自1996年以来没有新的商业核电站投运，拜登政府虽有心扶持核电，但为规避社会争议，重点只能放在延续现有核电厂的发电能力。在不少国家，基于环境和安全理由的社会阻力仍然很大，核电站的规划过程往往耗时耗力，使不少决策者"望核生畏"。

各类反核团体十分活跃，既在发达国家继续宣扬尽早完全弃核，也试图影响一些发展中国家不选择核电作为未来的能源供给手段。例如，全球500多个非政府组织组成了"无核气候联盟"（Don't Nuke The Climate），积极参加全球重要的能源治理、气候治理活动，为各国反核运动提供信息或技术方面的支持，核心主张是"核电并非应对气候危机的解决方案，投资核能的每一美元都应转移到对可再生能源的投资，在一个日益变暖的世界里，核电越来越不安全和不可靠"[2]。

核电开发与否持续构成能源政治的争议焦点。例如，欧盟内

---

[1] 联合国：《欧洲经委会报告：如排除核能利用，国际气候目标将无法实现》，2021年8月11日，见https://news.un.org/zh/story/ 2021/08/1089302。
[2] 相关信息参见该机构网站：https://dont-nuke-the-climate.org/。

部对是否支持核能开发已经分裂为两大阵营。自2021年区域广泛的能源紧张出现之后，法国频频为核电站台，声称没有核电，欧盟就无法按计划在2050年实现碳中和的目标（见图5.3）。目前已有12个欧盟国家明确表示将核能纳入其清洁能源转型计划。[1]但是，准备弃核和没有核电的国家（包括德国、卢森堡、西班牙等）反对区域核电扩张的态势，抵制欧盟层面的财政资金、公共政策对核电产业给予扶持。2021年下半年到2022年初，欧盟成员国围绕核电能否被贴上"绿色标签"展开激烈博弈。最终，支持核电的一方如愿以偿，欧盟委员会在官方声明中将核电表述为"在一定条件下为应对气候变化做出贡献的过渡性能源"，但欧盟也为核电开发设置了限制条件，包括新建核电项目必须要有安全处置放射性核废料的计划、资金和地点，且核电站符合对环境"没有重大危害"的标准，同时需要在2045年之前获得建设许可。实际上，欧盟的"绿色标签"更多只是赋予核电投资合法性的象征，域内国家和金融机构仍会根据自身立场做出选择，如欧洲投资银行总裁沃纳·霍耶（Werner Hoyer）表示该行无意为核能融资。再如，2021年5月，欧盟委员会为应对俄乌冲突背景下的能源供应问题，发布了投资额高达2100亿欧元的"REPowerEU"计划，涉及天然气、太阳能、风能、氢能等能源，但未提及核能。

西方国家在核电开发上的分歧也会严重影响国际融资的流向。

---

[1] 12个国家包括保加利亚、克罗地亚、捷克、芬兰、法国、匈牙利、荷兰、波兰、罗马尼亚、斯洛伐克、斯洛文尼亚和瑞典。

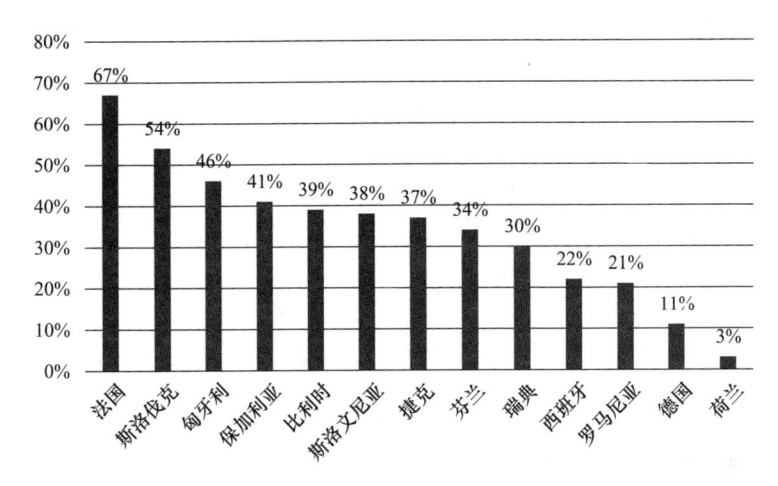

第五章 失衡：责任与利益的分配困境

图5.3 核电在欧洲各国的发电占比（2021年）

法国	67%
斯洛伐克	54%
匈牙利	46%
保加利亚	41%
比利时	39%
斯洛文尼亚	38%
捷克	37%
芬兰	34%
瑞典	30%
西班牙	22%
罗马尼亚	21%
德国	11%
荷兰	3%

资料来源：《欧洲核电重启？》，2022年3月2日，见 https://www.inengyuan.com/yuanchuang/8458.html

目前考虑使用核能的近30个国家中，有1/3是非洲国家。埃及、加纳、肯尼亚、摩洛哥、尼日尔、尼日利亚和苏丹已经与IAEA进行了接触，评估自身是否可以着手启动核电项目。阿尔及利亚、突尼斯、乌干达和赞比亚也正在考虑使用核能的可能性。核电站开发需要大量的前期成本，很多有意愿的国家很难投入足够资金，而西方国家的分歧将限制发展中国家获得这方面的国际融资。

未来，值得观察的走向是弃核国家是否成为国际社会中活跃的反核国家。即使不对别国核电开发决策施加直接影响，它们也可能形成一股强势的国际舆论，与一些非政府组织持续干扰他国的核电开发进程。在公正转型的很多议题上，一些国家总喜欢将自己的选择强加于人，其实很多议题具有高度技术性、专业性，而且需要立足各国各自情况加以研究，但政治层面的很多探讨或决策被自以为是的偏见、情绪化的偏好、道德绑架的游说和权力的胁迫所裹挟。

四、生物燃料争议：谁来定义"可持续"

生物燃料，是从植物或动物的有机物质转化而来的能源，两种最常用的燃料类型是乙醇和生物柴油。生物燃料直接或间接地来源于绿色植物的光合作用，可转化为常规的固态、液态和气态燃料，取之不尽、用之不竭，所以也被视为一种清洁能源。

（一）与粮争地

生物燃料存在与粮争地的问题，一些国家、国际组织和非政府组织持续表达反对态度，核心理由是"我们应当在现有的耕地上多种粮食而非燃料"。长期以来，全球粮食安全十分脆弱，很多地方处于持续的粮食危机之中，近1/3的世界人口（23.7亿人）在2020年无法获得充足食物[1]，1.93亿人在2021年经历了世界粮农组织认定的危机级别或更严重的粮食不安全。[2] 在这样的背景下，

---

[1] FAO, "The State of Food Security and Nutrition in the World 2021", October 13, 2021, https://www.fao.org/3/cb4474en/online/cb4474en.html.

[2] 联合国粮农组织：《〈全球粮食危机报告〉：严重粮食不安全达到新高》，2022年5月4日，见 https://www.fao.org/newsroom/detail/global-report-on-food-crises-acute-food-insecurity-hits-new-highs/zh。

不少观点认为将土地用于生产能源具有道德争议，维护粮食供给的重要性应该大于提升能源的清洁程度乃至能源生产的重要性。

国际局势的恶化正在影响欧洲对生物燃料的态度。俄乌冲突威胁全球粮食安全，直接冲突的双方都是世界的"产粮大户"，截至2022年6月，粮食价格已升至近10年最高水平，用于乙醇生产的小麦和用于生物柴油生产的葵花籽油价格均大幅上涨。有研究显示，如果将欧盟生物燃料中使用的小麦、玉米和葵花籽油全部转为粮食，可以补偿乌克兰小麦出口量的21%、玉米出口量的1/3和葵花籽油出口量的9%，大幅缓解欧洲乃至全球的粮食压力。[1]在这种情况下，欧盟支持成员国减少生物燃料方面的消费，欧盟委员会执行副主席东布罗夫斯基斯（Valdis Dombrovskis）表示："委员会支持成员国利用各种可能性减少生物燃料的混合比例，这可以使生产生物燃料的欧盟农业用地减少，转而用于粮食生产。"[2] 2022年5月，德国政府表示正在考虑暂停从谷物和油籽中生产生物燃料，以确保粮食安全（德国约5%的耕地用于生物燃料生产）。一些成员国呼吁欧盟应取消此前设置的可再生燃料目标，即所有成员国到2030年可再生燃料应占总燃料消耗量的14%，捷克在国内已经暂停有约束力的生物柴油使用指令，克罗

---

[1] John McGarrity, "Green Groups Call for EU Suspension of Crop-based Biofuels", Fastmarkets Agricensus, March 24, 2022, https://www.agricensus.com/Article/Green-groups-call-for-EU-suspension-of-crop-based-biofuels-21332.html.

[2] John McGarrity, "Green Groups Call for EU Suspension of Crop-based Biofuels", Fastmarkets Agricensus, March 24, 2022, https://www.agricensus.com/Article/Green-groups-call-for-EU-suspension-of-crop-based-biofuels-21332.html.

地亚降低了生物燃料的混合要求。

　　生物燃料与粮食安全之间的关系需要深入的、区分时空环境的评判，不能简单地一以概之。巴西是全球最早开发和利用生物燃料的国家之一，从1970年代中期开始，为应对石油危机、降低对外国原油的依赖，实施了以甘蔗制生物乙醇为主的生物燃料开发战略。[1]早在1980年代，巴西政府开始强制推行乙醇汽车，目前该国80%以上的汽车都为"灵活燃料汽车"，即可以使用100%生物乙醇、化石燃料或这两种燃料的混合物。2021年，巴西是全球第二大乙醇生产国，乙醇燃料产量达75亿加仑，占全球产量的27%，其中七成产自甘蔗，余下三成来自玉米、甘蔗秸秆、糖蜜等。[2]面对国际社会关于生物燃料负外部性的批评，巴西方面强调应看到生物燃料的巨大正面效应，巴西只有0.8%的领土被用于生产生物乙醇，但2020年生物乙醇可以取代该国47%的汽油需求，无论算经济账还是环境账，生物燃料都有很高的性价比，也没有威胁自身或世界的粮食供给。另外，有研究调查了2000~2013年期间墨西哥和印度尼西亚的生物燃料生产情况，发现了两种截然不同的倾向：墨西哥的生物乙醇生产降低了该国的粮食安全水平，因为其使用的原料——玉米同时也是墨西哥人的主食；而印度尼西亚在生物柴油上的开发并未损害该国粮食安

---

[1] 当时巴西认为自己缺油，但经过多年的勘探与开发后，巴西目前已成为南美第一大产油国、全球第七大石油生产国和出口国，而且其石油生产地位有望持续提高。2021年，巴西能矿部预测2030年该国可以成为全球第五大产油国。

[2] Bruna Alves, "Ethanol Fuel Production Share in Brazil 2013–2021", March 21, 2022, https://www.statista.com/statistics/968331/ethanol-production-brazil/.

第五章　失衡：责任与利益的分配困境

全，因为使用了与粮食作物不存在土地竞争关系的原料（即油棕），而且生物柴油出口产生的收入可用于食品进口，提升一线农民的生活质量。[1]一篇考察莫桑比克、马拉维、斯威士兰生物燃料种植业的论文显示了同印度尼西亚类似的积极效应，生物燃料的生产使种植园中的农民、工人拥有更多收入，改善了包括获取粮食在内的生活水平。[2]所以，这里存在"让发展中国家自行选择"的必要性，避免西方"反生物燃料"的团体代替发展中国家发声。

中国政府始终高度重视粮食安全问题，奉行的是"确保谷物基本自给、口粮绝对安全"的粮食安全观。为保障粮食安全，我国发展生物能源作物必须坚持"不与人争粮，不与粮争地"的原则，不能走某些欧美国家主要以能源作物为原料的生物质能发展模式。在国际政治场域，我国主张兼顾粮食安全与能源转型，"发达国家为实现能源转型，大规模开发以玉米、大豆为基料的生物燃料，客观上也同粮食需求形成竞争。对这个问题要有更加综合、平衡的战略"[3]。同时，我国积极推进非粮生物燃料技术产业发展，在此领域与相关国家开展密切合作。

---

[1] Mohamed Boly, Aicha Sanou, "Biofuels and Food Security: Evidence from Indonesia and Mexico", *Energy Policy*, Vol. 163, 2022.
[2] Gasparatos, A., Mudombi, S., Balde, B. S., et al., "Local Food Security Impacts of Biofuel Crop Production in Southern Africa", *Renewable and Sustainable Energy Reviews*, Vol. 154, 2022.
[3] 《常驻联合国代表张军大使在安理会冲突与粮食安全问题公开辩论会上的发言》，2022年5月19日，见https://www.mfa.gov.cn/zwbd_673032/wjzs/202205/t20220520_10689745.shtml。

(二)棕榈油争议

棕榈油为一种热带木本植物油,是目前世界上生产量、消费量和国际贸易量最大的植物油品种。棕榈油的用途十分广泛,既可以作为食用油、防腐剂,也可以成为清洁的交通燃料。油棕适宜生长在低洼、炎热和潮湿的地区,如热带雨林和赤道附近的泥炭地。

图5.4 油棕

印度尼西亚和马来西亚是棕榈油的主要产地。2021年全球棕榈油产量为7996万吨,其中印度尼西亚占59%,马来西亚占25%,排在其后的国家为泰国(4%)、哥伦比亚(2%)、尼日利亚(2%)等。其中印度尼西亚和马来西亚两国的棕榈油出口量占全球出口量的88%。棕榈油也构成了两国的重要产业,印度尼西亚棕榈油上下游的从业人口高达300多万人。棕榈油的消费遍布全球，2021年位居前列的进口方包括印度（进口量占全球进口总量的17%）、欧盟（13%）、中国（10%）、巴基斯坦（8%）、美国（4%）等。[1]

棕榈油开发的正面效应、负面效应都十分突出（见表5.1），全球广泛存在支持开发与反对开发的对立意见。

表5.1 棕榈油开发的复杂效应

正面效应	负面效应
环境：油棕是单位面积产油量最高的油料作物。与大豆和油菜等其他油料作物相比，它不仅单位面积产油量最高，并且所需的农药和化肥量更少。[2] 如用其他植物油替代棕榈油，需要4~10倍的土地才能生产相同数量的油，这可能会对自然和野生动物造成更大伤害。 **经济社会**：创造了大量就业机会，为种植油棕榈的农村社区拓展收入来源，目前全球小农户产量占全球产量的四分之一左右。有研究显示，用于生产棕榈油的土地增加10%，贫困率便下降10%。	**自然**：在森林区域的开垦导致热带雨林和泥炭地的广泛破坏 **野生动物**：油棕扩产导致的雨林和栖息地丧失已构成至少193种濒危种的主要威胁，包括猩猩、大象、犀牛和老虎。另外，土地使用的变化导致人类和野生动物争夺空间和资源 **气候**：森林和泥炭地转变为油棕榈种植园的过程会向大气释放大量温室气体，加速气候变化 **社会**：在不少生产地，种植园工人、当地社区和原住民群体的权益未能得到必要保护

资料来源：联合国开发计划署：《中国-印尼棕榈油价值链可持续发展的机遇》，2020年3月，见 https://www.undp.org/zh/china/%E5%87%BA%E7%89%88%E7%89%A9；WWF, *Palm Oil: The World's Most Popular Oil*, 2022, https://palmoilscorecard.panda.org/#/context

近年来，欧盟宣称基于环境理由，试图终结域内棕榈油的消

---

[1] 数据引自美国农业部数据库：https://ipad.fas.usda.gov/cropexplorer/cropview/commodity-View.aspx?cropid=4243000&sel_year=2021&rankby=Production。

[2] 例如，2017年，全球棕榈油产量在全球植物油产量中的占比为33%，而生产棕榈油使用的土地在所有油料作物使用土地中的占比不到10%；大豆用地占全球油料作物用地的40%，但仅生产全球22%的植物油。

费与贸易，引发与印度尼西亚、马来西亚之间的贸易争端。欧洲议会于2017年要求欧盟限制使用棕榈油所制成的生物燃料，并确保进入欧盟的油品符合可持续标准。2018年，欧盟委员会通过了"2030年起逐渐停止使用棕榈油"的决议，这将使棕榈油从欧盟年总值高达90亿欧元的可再生交通燃料市场中被排除，严重挫伤印马两国中长期产业发展前景。2019年8月，欧盟委员会决定向从印度尼西亚进口的生物燃料加征18%的反补贴税。2021年11月，欧盟发布了一项法律草案，计划在欧洲最大限度地减少具有"毁林风险"的产品消费。

一些欧洲国家组成意愿联盟，希望率先摆脱棕榈油。比利时、丹麦、法国、德国、意大利、荷兰、挪威、西班牙和英国9国组成了"阿姆斯特丹宣言伙伴关系"，并发布了两个宣言文件：一是反对森林砍伐的宣言，参与方倡导并推动零毁林的跨国供应链；二是棕榈油宣言，旨在推动公共和私营部门共同打造可持续的棕榈油供应链。目前，该合作网络中的多国（包括比利时、丹麦、法国、荷兰、德国等）已经明确禁止使用棕榈油制造的生物燃料。在欧盟范围内参与该合作网络国家数量持续增加，影响着欧盟的生物燃料贸易政策。

面对欧盟及其成员国不断加码的抵制政策，印度尼西亚、马来西亚多次向世贸组织提起了贸易争端诉讼。印度尼西亚经济统筹部长达尔敏曾指责：欧盟针对印度尼西亚采取此类非关税壁垒措施"缺乏科学依据"，实质是"想保护欧盟的大豆油、菜籽油、葵花籽油等植物油生产商"，是"典型的双重标准、保护主义和歧视行为"。[1]在他们看来，西方人一直无视乃至抹黑发展中国家对行业可持续发展做出的努力，印度尼西亚时任海洋统筹部长胡鲁特表示印尼棕榈油产业自2015年以来实现可持续发展改革，包括对热带雨林砍伐和泥炭地清理实施更加严格的限制。另外，棕榈油产量占全球3/4的4家棕榈油加工贸易商已承诺"不毁林、不开发泥炭地、不剥削"原则，他们的行动也已经影响产业链上游生产环节，特别是日益普及的"溯源到种植园""溯源到农场"的可持续性认证活动。根据可持续性风险分析团体"连锁反应研究"（Chain Reaction Research）的数据，2021年，马来西亚、印度尼西亚和全球第八大棕榈油生产国巴布亚新几内亚为开发油棕种植园共清伐了1.9万公顷的林地，远低于2019年和2020年的9万公顷和3.8万公顷。[2]

棕榈油贸易争端的案例呈现公正转型的复杂性。欧洲人所强调的环保理由有一定的依据和合理性，选择何种清洁能源消费归根到底也是他们的自由。但是，他们摆出一副"高高在上的仲裁者"的姿态，其政策明显掺杂了贸易保护主义的自私算计及推动发展中国家可持续发展转型时的急躁。用欧洲本土和美国效率较低的大豆油、菜籽油替代棕榈油，这种转型很大程度上就是美欧大豆行业卖力游说的结果。另外，发达国家试图推广的可持续性

---

[1] 田原：《印马抗议欧盟生物燃料反补贴税》，2019年8月23日，见http://intl.ce.cn/sjjj/qy/201908/23/ t20190823_32986168.shtml。
[2] Chain Reaction Research, "The Chain: Deforestation Driven by Oil Palm Falls to a Four-Year Low", March 7, 2022, https://chainrea ctionresearch.com/the-chain-deforestation-driven-by-oil-palm-falls-to-a-four-year-low/.

标准看似面面俱到，但实则把多数新增成本和压力都推向了产地生产者。各种可持续性的认证程序缺乏价格发现机制，可持续性产生的溢价通常由大卖家与其客户之间的场外交易确定，大卖家主导市场，获得更多收益，而较小的生产商只能承担更多合规成本，也无力参与议价，看不到向可持续生产转型的经济动机。欧洲人从培育、依赖发展中国家的生产，再到今日的严苛审查与粗暴剥离，都呈现了生态帝国主义一套较为隐蔽的霸权逻辑，即"借助于高物耗、高能耗与污染性产业和资本的跨国转移，环境公害或负担以更加普遍化或霸权性的话语与模式（尤其是'现代化发展'），转向世界范围内的广大发展中国家，尤其是包括中国在内的新兴经济体国家，结果在经济规模或总量上实现了崛起或'翻身'的少数经济体的快速发展，又被套上了沉重的'绿色枷锁'"[1]。当初欧洲人推动东南亚国家大搞棕榈油产业，声称是为了世界的绿色，今天指责它们开发棕榈油、破坏森林，也声称是为了世界的绿色，总之评判产业"可持续"的话语权一直掌握在西方人的手中。

换个角度看，棕榈油生产国确实存在有待改善之处。例如，2009年，印度尼西亚制定了本国的棕榈油可持续性标准体系，原计划在2014年前实现对所有在印度尼西亚经营的棕榈油公司的强制认证，但直到2022年，该国获得认证的油棕种植面积仅占总量的38%。此外，认证流程普遍存在"走过场"的情况，如棕榈油

---

[1] 郇庆治：《"碳政治"的生态帝国主义逻辑批判及其超越》，《中国社会科学》2016年第3期。

第五章　失衡：责任与利益的分配困境

公司只需要在"原住民权益"的表格上打钩，就代表已经征求当地居民意见，认证程序缺乏实质的调查或核实步骤。对于大量的小型种植户，印度尼西亚、马来西亚的各级政府尽量对他们的开发活动不设严格限制，尤其在选举年，从中央到地方的政治人物为了选票，甚至会鼓励他们无序扩张。另外，印度尼西亚目前的治理架构也无助于处理棕榈油的环境问题，"森林管理涉及多个部门，如司法、农林、能源、矿产、环保，而印尼对泥炭沼泽森林的管理和对土地转换的监管往往存在部门权责不清甚至上下级规划矛盾的现象"，而且该国中央政府部门也参与了国家投资和半国营的油棕种植园，并无强烈动机去改变部门之间协调不力的状况。[1]

棕榈油贸易争端是公正转型复杂性的集中体现，是非对错很难给出清晰的判定，清洁能源如何更加"清洁"、更加可持续是国际社会需要携手应对而应避免制造分裂的重要议题。需要指出的是，几乎每一种清洁能源或多或少都存在环境、社会乃至经济层面的负外部性问题，没有完美的能源。[2] 对此，国际能源政治应该发挥更大作用，打通"气候－能源－环境－社会"治理的类别藩篱，纾解"全球生存与地方生计生活"之间的诉求隔阂，形成更具包容性、公平性与可持续性的能源开发与消费标准，碳中和时

---

[1] 韦敏：《气候变化治理中的"系统"与"生活世界"——以棕榈油开发下的印尼泥炭沼泽森林破坏为例》，《自然辩证法通讯》2020年第9期。
[2] 例如，光伏、风电存在"与农争地"问题，光伏的使用产生大量废弃物，很多发展中国家短期内无法形成完善的回收体系，风电不可避免造成噪声污染和威胁鸟类安全，水电更不必说，其环境影响更为显著。在世界很多地方，清洁能源开发与环境保护已经陷入广泛、频繁乃至激烈的"绿色冲突"之中。

代的国际规范建构任重道远。

五、气候援助赤字：口惠而实不至

气候援助是全球气候治理的重要内容，指"有关国家或国际组织为应对和适应气候变化而采取的针对特定国家或地区开展的资金、技术等援助措施"[1]。本书将这一议题放在全球能源政治范畴，主要因为这一措施对于广大发展中国家能源转型十分重要，是它们获取资金支持的重要渠道，但目前存在十分突出的问题。

气候援助在功能上一般分为"减缓"（mitigation）、"适应"（adaptation）两类，前者旨在直接减少温室气体排放，后者为了降低或管控气候相关的灾害风险。1992年通过的《联合国气候变化框架公约》（UNFCCC）指出，发达国家缔约方有义务为发展中国家提供新的、额外的、充足的、可预期的资金；在2009年哥本哈根气候大会上，发达国家群体承诺在2020年之前，每年向发展中国家至少提供1000亿美元资金。气候资金根据不同来源分为官方资金和社会资金：前者是一国政府的财政拨款，表现为双边捐款、开发银行的贷款、优惠贷款的利息补贴、多边融资倡议的注资等；后者是来自私营部门、商业银行的资金，通过投资或贷款

---

[1] 冯存万：《南南合作框架下的中国气候援助》，《国际展望》2015年第1期。

的形式，流向受援国具有商业价值的气候友好型项目。

（一）有限进展

考察气候援助最主要的指标是发达国家提供的气候资金规模。根据经合组织的统计，2020年发达国家为发展中国家提供和动员的资金总额达到833亿美元（见图5.5），其中官方资金达683亿美元，占81%。气候资金的一半以上用于能源、交通领域的基础设施建设，剩余的大部分用于农业和卫生设施。

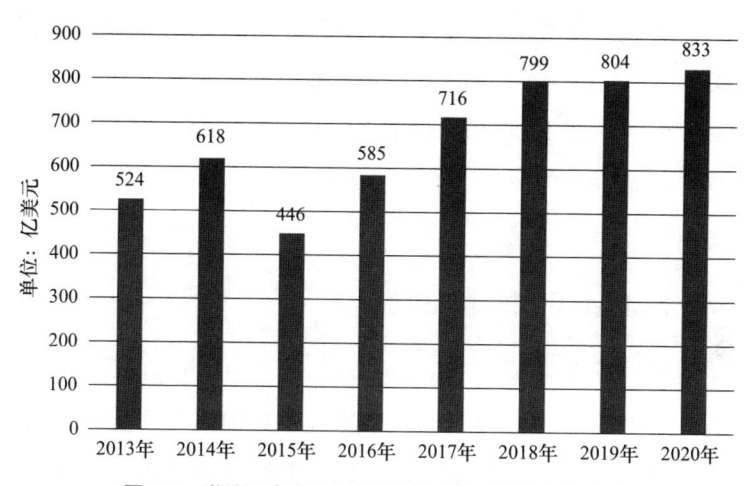

图5.5　发达国家向发展中国家提供和动员的气候资金

资料来源：OECD, *Climate Finance and the USD 100 Billion Goal*, September 22, 2022, https://www.oecd.org/climate-change/finance-usd-100-billion-goal/

发达国家基于碳中和的全球愿景，加强气候援助的政策力度在近期出现一定进展。

1. 扩大资金规模

主要发达国家提高气候资金的承诺数额，尤其提高官方资金的数额。拜登政府在"2022财年联邦外交和对外援助预算"中，专门拨款25亿美元用于全球气候治理，这一数额为上一财年预算的4倍多。2021年4月，拜登在"领导人气候峰会"上提出到2024年实现气候资金的规模翻倍，官方资金的预算规模将达到57亿美元。英国政府于2019年底宣布将气候援助的支出增加1倍，即2016~2019财年的总支出为58亿英镑，2021~2026财年的总支出至少在116亿英镑以上。德国政府于2021年初宣布了气候官方资金的增长计划，从2020财年的40亿美元增长到2025年的60亿美元。在2021年G7峰会上，日本宣布该国2021~2025年公共和私人的气候资金贡献预计为6.5万亿日元（约合455亿美元）；加拿大宣布将其气候资金承诺增加1倍，未来5年的总额达到53亿美元。

2. 推动发展中国家能源转型

美国国际开发署（USAID）实施"扩大可再生能源"计划，在2017~2021年为31个低收入国家提供援助，帮助受援国加强新能源开发，建立有利于可再生能源消纳的电力市场，促进电网升级等。例如，该计划帮助哥伦比亚建立可再生能源的拍卖机制，使哥国政府批出近1.4吉瓦的风能和太阳能项目，吸引约13亿美元的私人投资。法国与印度共同创建了国际太阳能联盟（ISA），重点面向太阳能资源禀赋较好的发展中国家。截至2020年，法国已向该组织提供了10亿欧元的资金支持，且正在实施多个具体的援助行动,如为非洲50兆瓦以下的光伏项目提供总额为5000万欧元的金融担保工具,为ISA成员国可再生能源农场项目提供5000万欧元的贷款资金,为多哥、马里、贝宁等6个西非国家建立统一的太阳能投资促进和项目监管机制等。由非盟提出的非洲可再生能源倡议(AREI)获得了多个发达国家的资金支持。截至2020年初,援助方已通过该机制向非洲国家提供59.7亿欧元的资金。日本政府于2021年6月宣布将为亚洲国家的能源转型提供100亿美元的援助,目标对象包括清洁能源、节能与从燃煤发电转换为燃气发电的项目。

3. 开展气候安全治理

气候安全治理指国际关系行为体以超越传统国家政治界线的方式进行合作,识别、应对和防范由气候变化引发或加强的安全风险。[1]例如:英国通过"风险知情的早期行动伙伴关系"提供8500万欧元资金,帮助发展中国家建立针对极端天气的预警系统,制定详细的自然灾害行动预案;德国于2019年6月设立了"柏林气候和安全会议"机制,为各国决策者搭建专门的政策交流平台,呼吁各国将气候安全风险作为全球治理政策的重点;法国出资实施了"稳定萨赫勒五国边境地区紧急方案"的计划,帮助布基纳法索、乍得、马里、毛里塔尼亚和尼日尔的边境居民适应日益干旱的自然条件,建立可持续的粮食保障能力与包容性的农

---

[1] 张锐、寇静娜:《全球气候安全治理的演进逻辑——基于联合国与欧盟的实证分析》,《国际论坛》2021年第3期。

牧民关系，预防与自然资源有关的跨境冲突。

（二）四个问题

发达国家的气候援助存在突出问题，直接制约全球应对气候变化的努力，也无法有效加速发展中国家的碳中和进程。

1. 援助规模不足

发达国家的气候援助从未达到其承诺的资金规模，也远未尽到它们所应承担的气候治理责任。在2021年G7峰会上，七国领导人将本应在2020年达到的"1000亿美元"气候资金目标延后至2025年，而且没有提出具体的时间表或行动计划，也没有国家认领本国在这1000亿美元中的贡献份额。即使一些国家适度提高了气候资金的预算，但也严重缺乏贡献的诚意和可预见性。"拜登政府提出的2024年气候资金目标（57亿美元）仅占2020年GDP的0.03%，而1948年的马歇尔计划占到美国当年GDP的4.3%；57亿美元的规模与2020年美联储发行的3万亿美元量化宽松资金、美国1750亿美元的武器出口年收入相比更是九牛一毛。"[1]再如，尽管德国政府提出了未来5年气候资金的增长目标，但没有拟定具体的资金支出计划，未来的目标存在修改乃至放弃的可能。

面对西方国家承诺的兑现滞后及援助赤字，发展中国家群体

---

[1] Andrew Sheng, "Biden's Star Trek on Climate Change", April 28, 2021, https://www.straitstimes.com/asia/se-asia/bidens-star-trek-on-climate-change-ann-columnist.

呼吁应建设相应的国际督促机制。印度总理莫迪在COP26大会上提出："我们有必要在追踪气候缓解进展的同时，也追踪气候资金。公正的做法是应该对那些没有兑现气候融资承诺的国家施加压力。"[1]

2. 内涵界定缺乏规范

长期以来，国际社会对气候援助、国际气候资金的内涵界定始终不明确、不统一，因此部分发达国家运用宽松标准，将各种与气候治理事务无关或关联性低的援助都归类为"气候援助"，试图蒙混过关，并且夸大自身贡献。一些国家在向《联合国气候变化框架公约》融资问题常设委员会申报援助金额时，甚至不严格区分气候资金与一般国际发展合作资金的区别。非政府组织"国际关怀"（Care International）评估了OECD成员国和欧盟等西方多边机构于2018年声明的旨在适应用途的气候资金，总额达到61亿美元，涉及111个援助项目，但在该组织逐一评估后，发现至少25亿美元与气候治理行动无关。例如：日本将援助越南的桥梁、高速公路项目归类为气候援助；法国把捐赠给菲律宾政府用于行政能力建设的9300万美元归为气候援助，但其中只有5%的预算专门用于气候适应行动。[2]

---

[1] Government of India, "National Statement by Prime Minister Shri Narendra Modi at COP26 Summit in Glasgow", November 2, 2021, https://www.mea.gov.in/Speeches-Statements.htm?dtl/34466/National+Statement+by+Prime+Minister+Shri+Narendra+Modi+at+COP26+Summit+in+Glasgow.

[2] Care International, "Climate Adaptation Finance-Fact or Fiction?", January 21, 2021, https://careclimatechange.org/climate-adaptation-finance-fact-or-fiction/.

同样由于援助的标准缺乏权威规范，一些援助行动表现出发达国家的单边主义倾向，甚至出现以应对气候为名，恶化他国生态的情况。例如，德国政府在纳米比亚的一个气候援助项目名为"灌木控制与生物质能"，计划收割该国3000万公顷的天然灌木，然后将木材出口德国进行生物质发电。这个项目遭遇纳米比亚乃至德国多个环保组织的抵制，一是因为将木材作为电力燃料本身存有争议，二是因为这一举措的本质是损耗非洲国家的碳汇资源来满足发达国家的"清洁供电"，而且从纳米比亚运送至德国也会产生规模不小的碳足迹。

3. 贷款比例过高

部分发达国家的气候资金以贷款为主要形式，表现出它们并不愿意通过赠款的形式，为发展中国家的气候治理承担更多成本。非政府组织乐施会（Oxfam）统计了13个发达国家和欧盟2017~2018年对外的官方气候资金（两年合计1190亿美元），发现总额的78%都是以贷款的形式提供，且贷款资金的一半未给予优惠利率。其中，日本96%的双边官方气候资金为贷款，法国、德国、西班牙和加拿大的贷款比例也分别达到80.3%、63.6%、63%、61.8%。[1] 当前，不少发展中国家已经承担很多不可持续的债务，贷款形式的气候资金会加重它们的财务负担，也导致资金更多流向应对短期挑战的项目而避开着眼长远的项目。

---

[1] OXFAM International, "Climate Finance Shadow Report 2020", October 20, 2020, https://www.oxfam.org/en/research/climate-finance-shadow-report-2020/.

4. 资金流向不平衡

发达国家的气候资金大比例流向了"减缓"任务。据气候政策倡议组织（Climate Policy Institute）对2017~2018年发达国家双边气候资金的评估，用于"减缓"项目的资金的占比高达93%，用于"适应"项目的资金仅为5%，兼具两者目的的项目资金为2%。[1]根据OECD的统计，在2019年气候双边援助中，澳大利亚、加拿大仅有1.2%、1.5%的资金专门用于"适应"项目，德国、法国在"适应"项目上的援助较多，但比例也仅为35.1%、27.9%，仍大幅落后于对"减缓"项目的资助。而且，发达国家开始倾向于将气候援助资金标注为兼顾"减缓"与"适应"、不做严格区分。发达国家在资金用途上的厚此薄彼主要因为"减缓"项目的经济、环境效益便于计算，见效较快，发放贷款的资金安全性更高。而"适应"型项目主要着眼于气候变化产生的负面影响，增强人群对各种风险、灾害的防范能力，多数项目（如气候监测系统、灾害应急响应系统、灾民应急安置预案、干旱地区的集水储水项目、防洪或海岸堤坝等）具有较强的公益色彩和公共产品属性，不易产生有利可图的现金流。[2]

上述问题的实质在于发达国家推卸自身在全球气候治理上的

---

[1] Climate Policy Initiative,"Global Landscape of Climate Finance", November 19, 2019, https://www.climatepolicyinitiative.org/wp-content/uploads/2019/11/2019-Global-Landscape-of-Climate-Finance.pdf.

[2] 张锐、张瑞华、李梦宇等：《碳中和背景下发达国家的气候援助：进展与问题》，《全球能源互联网》2022年第1期。

责任，不愿在平等的基础上与发展中国家真诚对话，不愿为气候援助塑造更加系统、更具效力的国际规范，回避建构强制性的出资分摊机制，有时存在狭隘的利己思维，即把气候援助看作是拓展政治或商业利益的生意。

第六章

拉锯：中美欧清洁能源供应链布局

在碳中和时代，全球能源政治的焦点从单纯的能源资源延伸到清洁能源开发所倚赖的产业链条，能源政治在很多时候变成了矿业政治、制造业政治。近年来，中美欧的竞争态势不断凸显这一转向的优先性与敏感性，尤其拜登政府上台后，围绕光伏供应链、锂电池供应链制定和实施了一系列重大举措。这些举措既是拜登政府大规模绿色投资计划的组成部分，也呈现出碳中和背景下美国全球霸权战略的新动向，具有鲜明的秩序构建意识与打压中国图谋，印证"大国竞争已经不仅是军备和国内生产总值数值之争，还是持续创新与快速应用的产业链之争"[1]。

一、清洁能源供应链：新的权力链

在各国官方的政策语言及全球普遍的产业共识中，"清洁能

---

[1] 雷少华：《超越地缘政治——产业政策与大国竞争》，《世界经济与政治》2019年第5期。

源供应链"（clean energy supply chain）可以理解为清洁能源开发、输送、存储、消费各环节涉及的装备制造链条[1]，具有全球化时代制造业供应链的一般性特征，即"执行采购原材料，将它们转换为中间产品和成品，并且将成品销售到用户的功能网链"，并基于全球劳动力套利和成本最小化的商业逻辑、精益物流管理和避税会计等技巧开展多方的跨国协作。[2]

根据不同的能源类型与技术形式，清洁能源供应链可分为光伏供应链、风能供应链、氢能供应链、生物质能供应链、锂电池供应链、清洁能源大规模并网及远距离运输的电网装备供应链等。每个供应链通常包括上游原材料、中游关键零部件和辅材、下游整装设备三个环节，各环节需要在技术、标准上紧密衔接（见表6.1）。相较于不少装备制造业，清洁能源供应链有两个特点：一是上游的原材料开采加工属于高新技术产业，如多晶硅的生产是光伏供应链中技术壁垒、投资强度和生产管理难度最高的环节。二是供应链倚赖一些必不可少的矿产资源，此类资源被称为"关键矿产资源"（critical mineral resources），如光伏电池的制造需要硼酸盐、镓、锗、铟、锡，锂电池需要锂、钴、镍、石墨，风力涡轮机需要钕、镝和镨等稀土元素。资源的供给对下游

---

[1] 在目前各国官方的政策文件和发言中，主要使用"清洁能源供应链"的提法，另存在"清洁能源产业链""可再生能源供应链""绿色能源供应链"等提法，均指向同样内涵。
[2] 此处论述参考王伟：《供应链概念的起源和发展研究》，《中国市场》2015年第2期；Julie Froud, Sukhdev Johal, Adam Leaver, et al., "Financialization across the Pacific: Manufacturing Cost Ratios, Supply Chains and Power", *Critical Perspectives on Accounting*, Vol. 25, No. 1, 2014。

制造行业的约束性影响日益明显，例如，近年来中国电动汽车行业飞速发展，2022年电池产能占到全球产能的77%，对锂资源的需求巨大。由于供需错位，锂价也随之进入上涨通道，2022年电池级碳酸锂均价大涨80%，高点时曾突破60万元/吨，进而导致电动汽车成本平均每辆增加1.5万元。[1]

表6.1 光伏与锂电池供应链的环节构成

	上游原材料	中游关键零部件和辅材	下游整装设备
光伏供应链	硅料（以多晶硅为主）的开采、生产与精炼	硅片、电池片、逆变器、玻璃等	光伏组件
锂电池供应链	原材料（主要包括锂、钴、镍、石墨等）的开采、生产与精炼	电池材料制造和电芯制造	电池组和终端产品

资料来源：笔者自制

　　光伏、锂电池和风能供应链的全球规模已不容小觑，据世界贸易组织（WTO）统计，这三条供应链装备产品的出口额在2019年已达4000亿美元。[2]随着各国陆续明确碳中和目标，应对气候的政策重点正在从控制碳减排的管制手段转向促进公共投资、技术研发和就业增长的经济手段，世界主要经济体纷纷出台清洁能源供应链相关的重大产业战略。2020年3月，法国、德国、意大利等7个欧盟成员国决定在未来10年共同投资32亿欧元公共资金，开发高度创新和可持续的锂电池技术；2020年12月，日本政

---

[1] 安丽敏：《争夺南美锂盐湖》，《财新周刊》2023年第5期。
[2] Nikos Tsafos, Lachlan Carey, Jane Nakano, et al., "Reshore, Reroute, Rebalance: A U.S. Strategy for Clean Energy Supply Chains", May 19, 2021, https://www.csis.org/analysis/reshore-reroute-rebalance-us-strategy-clean-energy-supply-chains.

府推出了"绿色增长战略",着力打造钙钛矿光伏电池、氢燃料电池动力汽车的本土供应链;中国"十四五"规划提出巩固提升电力装备、新能源等领域全产业链竞争力,从符合未来产业变革方向的整机产品入手打造战略性全局性产业链。

根据现有研究成果和实践进展可以发现,清洁能源供应链已经成为牵动国家间权力流动和走向的链条,一些属于产业范畴的行动容易引发国际关系决策者的相对收益关切和权力投射行为,加剧大国对自然资源和战略地位的争夺。[1] 供应链的权力属性主要体现在以下四个方面。

第一,对关键矿产资源的获取。近年来,关键矿产资源演变为一个显性的地缘政治议题,主要由于:一是锂矿、钴矿和中重稀土资源具有地理上的高度依附性。全球锂资源的分布高度不平衡,南美三国的探明储量占全球探明总量(8900万吨)的56%(见图6.1);现有供给的一半来自澳大利亚,四成左右来自智利、阿根廷的高品质盐湖。刚果(金)的钴矿储量占全球钴矿储量的49%,2018年其钴矿产量占全球产量的66.3%。[2] 镍资源开采主要集中在印度尼西亚和菲律宾。中国的中重稀土资源探明储量占全球总量的90%以上。我国现将24种矿产列入战略性矿产目录,其中包括铁、铜、铝、镍、锂、钴、稀土等14种金属矿产;不少

---

[1] 张锐、洪涛:《清洁能源供应链与拜登政府的重塑战略:基于地缘政治视角》,《和平与发展》2022年第1期。
[2] 前瞻产业研究院:《一文带你看全球钴矿资源储量、供给及应用!》,2019年11月8日,见 https://www.qianzhan.com/analyst/detail/220/191107-17bf520c.html。

矿产的对外依存度都高于50%，其中铁矿石对外依存度为82%，铬矿为98%，锰矿为96%，钴矿为95%，镍矿为90%，外部环境对我国资源供给和能源转型产生着重要影响。[1]

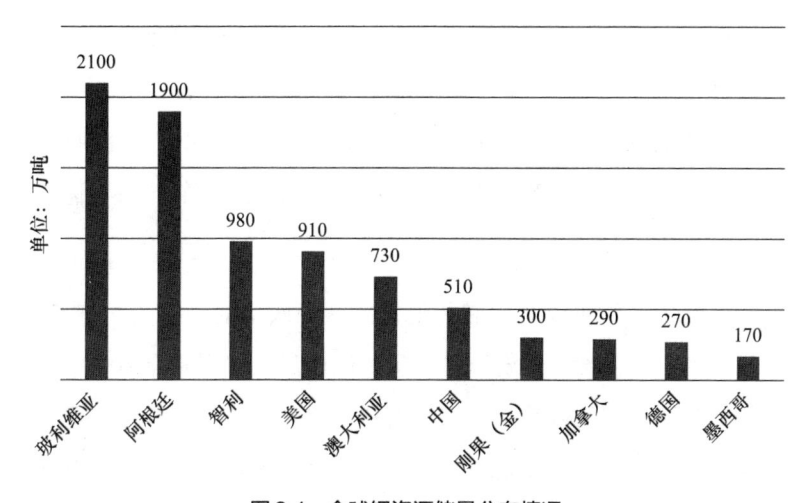

图6.1 全球锂资源储量分布情况

资料来源：美国地质调查局网站

二是稀土产品的全球供给集中于中国。尽管多国拥有种类和储量均丰富的稀土资源，但西方国家出于严苛的环保理由限制本土开发，而多数拥有资源的发展中国家缺乏冶炼分离能力，因此中国成为全球稀土资源及冶炼产品的主要供应国，几乎全世界的稀土元素加工都由中国完成，常年提供欧盟、美国等经济体八成以上的进口份额。随着需求的增长，中国也在形成对他国的稀土依赖。2018年，中国成为全球最大的稀土进口国，当年从缅甸进

---

[1] 施毅敏、罗国平：《工程院院士：中国战略性矿产对外依存度高 地缘政治影响资源供给》，2022年12月24日，见https://www.caixin.com/2022-12-24/101981471.html。

口2.58万吨重稀土矿石，基本与中国自身产量相当。[1]

三是矿产需求有望呈现井喷式增长，资源的稀缺程度持续攀升。根据IEA的研究，在全球温升控制在2℃的场景中，到2040年，全球清洁能源技术对关键矿产的总体需求将增加1倍，而不同品种面临幅度各不相同的增长，其中锂矿、石墨、钴、镍的需求增长迅猛，预计2040年锂的需求将是2020年需求量的42倍（见图6.2）。[2]按照欧盟的低碳经济目标，欧盟在2030年需要2019年用量18倍以上的锂和5倍的钴。[3]

关键矿产资源议题具有传统国际能源政治的资源竞逐特点，欧盟明确指出关键矿产资源是"事关欧盟战略安全和自主权的议题"，"对原材料的依赖正在取代对化石燃料的依赖，全球对原材料的竞争正在变得更加激烈"。[4]而且，"与石油、天然气的钻探相比，清洁能源所需矿物的开采和加工在地理上更为集中，足以让任何了解化石燃料分布如何影响地缘政治的人感到担忧"[5]。关

---

[1] 吴永芳：《稀土板块震荡走高 缅甸局势动荡或影响稀土供给》，2020年3月30日，见https://wap.stcn.com/zqsbapp/tj/202103/t2021 330_2972948.html。

[2] IEA, "The Role of Critical Minerals in Clean Energy Transitions", May, 2021, https://www.iea.org/reports/the-role-of-critical-minerals-in-clean-energy-transitions/executive-summary.

[3] Alves Patricia, Blagoeva Darina, Pavel Claudiu, et al., "Cobalt: Demand-supply Balances in the Transition to Electric Mobility", EU Commission, July 26, 2019, https://ec.europa.eu/jrc/en/publication/eur-scientific-and-technical-research-reports/cobalt-demand-supply-balances-transition-electric-mobility.

[4] European Commission, "Critical Raw Materials Resilience: Charting a Path towards greater Security and Sustainability", September 3, 2020, https://ec.europa.eu/docsroom/documents/42849.

[5] "Missing Ingredient", The Economist, Vol. 439, No. 9249, June, 2021.

第六章 拉锯：中美欧清洁能源供应链布局

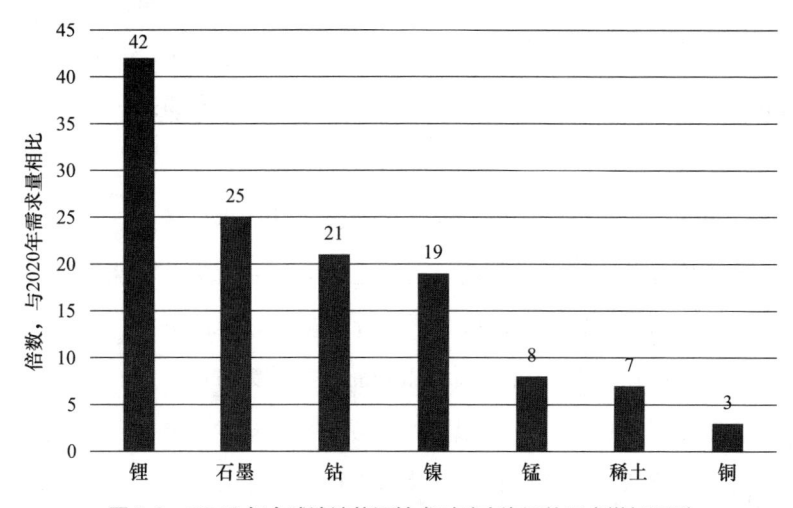

图6.2 2040年全球清洁能源技术对矿产资源的需求增长预测

资料来源：IEA，"The Role of Critical Minerals in Clean Energy Transitions"

键矿产资源的安全程度还与国际形势高度相关，自2020年以来，虽然没有一种矿产真正面临库存枯竭的问题，但由于禁运、安全冲突、贸易战及疫情等原因，供应紧张或局部中断的情况变得越发频繁。

第二，技术竞争与市场保护主义。清洁能源供应链的塑造是一场推广新型能源形式、转换方式和应用方式的技术革命，在这场革命中，"拥有最佳技术、掌握最佳专业知识的国家将比拥有资源的国家更具地缘政治优势"[1]。同时，维系技术竞争力还需要特定的市场空间，所以"在国家间政治的影响下，技术竞争和市

---

[1] Joachim Klement，"The Geopolitics of Renewable Energy"，February 24，2021，https://www.cfainstitute.org/en/research/foundation/2021/geo-economics-ch-8.

保护主义正成为全球化退潮期一组相互强化的孪生机制"[1]。近年来，欧美大国和一些新兴市场国家在清洁能源装备市场、基建市场采取各种形式的保护主义举措，寻求对自身产业的扶持和保护。

第三，供应链的国际合作。主要经济体的供应链国际合作往往带有地缘政治层面的权衡。美欧近年来试图改变清洁能源供应链过于"离岸"的现状，提出了"近岸"（near-shoring）、"再岸"（re-shoring）、"友岸"（friend-shoring）等政策方向，无论选择哪国"靠岸"，其实质都是在用政治逻辑、意识形态偏好去处理产业再造或升级的问题，它们也希望借产业合作去拉近与特定国家的关系。另外，不同类型的供应链存在不同的秩序塑造潜能。例如，由于风能装备存在高昂的运输成本，所以风能供应链的合作容易局限在一个区域的内部或周边，这也意味着其可能有利于加强区域一体化，而不易引发跨区域的地缘博弈。

第四，供应链的武器化。供应链的武器化指产业强国通过操控供应链，追求产业领域之外的胁迫性目的。大规模、不平衡的跨国供应链容易衍生"武器化相互依存"（weaponized interdependence）状态，诱导本就拥有政治权力的国家固化自身地位，谋取更多特权，同时促使那些地位被动的国家可能采取政治化的反制措施，甚至在某些情况下不惜脱离整个供应链。[2]

---

[1] 王玉柱：《发展阶段、技术民族主义与全球化格局调整——兼论大国政治驱动的新区域主义》，《世界经济与政治》2020年第11期。
[2] 参见：Henry Farrell, Abraham Newman, "Weaponized Interdependence: How Global Economic Networks Shape State Coercion", *International Security*, Vol. 44, No. 1, September, 2019.

第六章　拉锯：中美欧清洁能源供应链布局

综上所述，清洁能源供应链是当今国际政治的权力焦点，而且随着清洁能源在能源体系中的占比逐渐提高，这一供应链所产生的政治影响将不亚于传统的能源开采与贸易。

二、关键矿产资源：下一个"石油"？

鉴于目前"僧多粥少"的紧缺状况，各主要经济体纷纷将关键矿产资源上升到事关国家安全与碳中和目标能否顺利实现的战略高度，谋划和实施了各种资源本土开发与海外进口的战略。

（一）重视程度与日俱增

欧盟从2011年起建立了每三年更新一次的关键原材料清单，2023年3月发布的清单文件列出了34种"兼具经济重要性和供应风险"的矿产资源，比2011年首份清单增加了20个品种。欧盟目前的行动重点包括：组建欧洲原材料联盟，加强成员国间的政策与产业沟通，促进本土关键矿产开发，推广循环利用技术，削弱进口需求的增长；与重要的或潜在的资源国建立"关键材料伙伴关系"，将邻近的挪威、乌克兰以及西巴尔干国家（如塞尔维亚和阿尔巴尼亚）纳入欧盟供应链；加强原材料开放贸易的国际规则建设，抵制扭曲国际贸易的行为；运行一年一度的"欧盟-美国-日本"关键原材料三边会议机制，并吸纳澳大利亚、加拿大和韩国等观察员国。这一系列举动显示了欧盟对国际机制、欧洲睦邻政策（ENP）等工具的娴熟运用，也反映其防范与压制主要资源供给国（尤其是中国）的目的。2023年3月，欧盟委员会发布《关键原材料法案》提案，计划到2030年，每年至少10%的关键原材料提取、40%的关键原材料加工、15%的关键原材料回收来自欧盟内部，同时规定来自单一第三方国家的战略原材料消耗量不应超过65%。欧盟还计划为关键原材料设立一个中央采购机构，并要求成员国为矿产开发提供"一站式"许可。

日本政府于2020年3月提出了"新国际资源战略"，确定了34种关键矿产，并将其中部分矿产的储备水平从60天的国内消费量提高到180天，提出向资源丰富的发展中国家提供定向的能力建设资金。6月，日本国会根据这一战略，修改和扩大日本石油天然气金属矿产资源机构（JOGMEC）在帮助日本企业参与海外关键矿产上游项目方面的财务职能范围。以前，JOGMEC的股权活动主要限于资源的勘探和收购，而现在该机构可以为资源开发、生产阶段的项目继续提供资金。与此同时，日本还持续加强与越南、蒙古国和哈萨克斯坦等亚洲国家的稀土合作，如2020年时任首相菅义伟在对越南的访问中，将稀土合作列为优先沟通事项。

澳大利亚是关键矿产资源重要的供给国，该国政府计划到2030年成为全球关键矿产强国，并提出配套举措：建立关键矿产基金，为相关项目融资；承诺在3年内投入5000万澳元建立国家关键矿产研发中心；加强国际伙伴关系，强化与美国、日本、韩国、英国、印度和欧盟成员等主要进口国的关系；成立关键矿产促进办公室，以提供国家政策和战略建议。[1]

美国在资源竞争方面从不缺席。特朗普政府尽管抵制能源转型、压制光伏风电发展，但也深知碳中和潮流引发的矿产风险，因此采取了一系列重振产业链的行动。2019年以来，美国国务院曾专门派团前往加拿大、蒙古国及非洲多国，寻求共建稀土开采加工项目。2019年7月，特朗普允许美国军方资助私营部门建设国内稀土精炼能力，拨款近1300万美元支持三家企业筹建本土稀土设施，这是二战后美国军方首次对商业规模稀土生产进行金融投资。同年9月，美国提出了"能源资源治理倡议"（ERGI），提出为参与国提供矿业知识和资金支持，邀请加拿大、澳大利亚、巴西、刚果（金）、秘鲁等十国参与其中。截至2022年初，美国已为该倡议框架下的活动拨款2500万美元，用于新资源的勘探和所谓"负责任采矿"的规范推广，表现出美国获取资源的短期诉求与塑造产业规则的长期意图的结合。特朗普还曾向丹麦政府异想天开地提出"购买格陵兰岛"，英国《金融时报》指出其一大动机便是占据当地稀土矿藏。

拜登上台后，美国政府对关键矿产的重视再上一个台阶。2021年2月24日，拜登要求美国政府针对稀土资源、大容量电池涉及的产业链进行审查，指出供应链被"已经或可能不友好、不稳定的国家把持"，"应与理念相近的盟友与伙伴一同在具有韧性

---

[1] 中国有色金属工业协会：《从各国关键矿产清单制定谈提升我国资源安全保障策略》，2022年4月18日，见https://www.chinania.org.cn/html/yaowendongtai/guoneixinwen/2022/0418/49588.html。

的供应链上紧密合作"。同年6月，审查报告出炉，指出美国在以上两个领域存在明显的脆弱性，亟须建立一套广泛的战略，以"增加可持续生产的矿物和金属的供应，并建立支持制造业所需的提炼和加工能力"，在稀土资源方面，传达出加强本土开发的强烈信号，"扩大可持续国内生产和处理能力，包括二次和非常规资源的回收及循环再利用"，推动国内资源的勘探及鼓励小企业参与矿产开采。[1]同时，拜登政府加强对产业界的直接扶持，向稀土矿商MP材料（MP Materials）公司投资3500万美元，帮助这家唯一拥有美国国内稀土矿的公司建立完整的开采、分离、加工链条。[2]白宫还宣布与福特、沃尔沃合作收集和回收报废锂离子电池。能源部计划投资30亿美元，用于投资精炼锂、钴、镍和石墨等电池材料与电池回收技术的升级。

拜登政府将与拉美的关键矿产合作作为优先事项。2022年第九届美洲峰会发表的《领导人公报》专门谈到这方面的合作："推广可持续、延续性的和负责任的矿业部门治理原则，特别面向为能源转型提供动力的矿物和金属，并确保我们半球内矿产供应链的一体化。"[3]这一表述透露出即使在新兴矿业领域，美国仍秉

---

[1] The White House, "Securing a Made in America Supply Chain for Critical Minerals", February 22, 2022, https://www.whitehouse.gov/briefing-room/statements-releases/2022/02/22/fact-sheet-securing-a-made-in-america-supply-chain-for-critical-minerals/.
[2] 截至2022年初，美国国内只有一处处于开采状态的稀土矿——芒廷帕斯矿，而且还没有处理稀土矿物的能力。
[3] 在美洲峰会的机制框架内，美国能够对政策文件的制定发挥主导作用，也能充分代表美国"西半球"政策的主张。参见：Summit of the Americas, "Accelerating the Clean, Sustainable, Renewable and Just Energy Transition", June 9, 2022, http://summit-americas.org/documentos_oficiales_ixsummit/CMBRS02293e02.pdf。

持一贯的门罗主义立场，也预示在未来能源转型和绿色经济的大潮中，美国很可能向拉美关键矿产领域投入更多资源，"构建西半球供应链同盟，加强锂、钴、镍、石墨等供应链的上下游合作，甚至可能打造拉美版的'金属北约'"。[1]

拜登政府重视与西方盟友在关键矿产上的战略协作，合作倡议或机制层出不穷。2021年6月，美国和欧盟在G7峰会上提出将协力应对全球供应链在关键矿产上的风险。同月7日，美国加入加拿大主导的"政府间采矿业、矿物和金属可持续发展政府间论坛"（IGF）[2]，其目的与成立ERGI相似，通过各种渠道开拓矿产资源的进口渠道及推广美式标准。2021年9月，美日印澳四方峰会（Quad）提出将共享稀土生产技术和开发资金，还将联手制定国际规则。2022年6月，美国、加拿大宣布共同建立"矿产安全伙伴关系"（MSP），旨在确保关键矿产的生产、加工和回收，支持各国充分利用其矿产优势实现经济发展的能力。除美、加两国外，该机制的合作伙伴还包括多个欧洲国家以及日本、韩国，此外还包括阿根廷、巴西、蒙古、刚果（金）、莫桑比克、纳米比亚等多个资源国。美国还与澳大利亚、加拿大、芬兰等国家签订互惠国防采购协议（RDP）、供应安全双边协议（SOSA），弥补美国关键材料供应链的缺口。

---

[1] 章婕妤：《从"近岸外包"到"友岸外包"：美国在拉美打造供应链体系？》，2022年9月5日，见 https://www.ciis.org.cn/yjcg/sspl/202209/t20220905_8689.html。

[2] IGF由加拿大和南非政府提议建立，现有75个成员国，主要关注采矿业的可持续发展，其秘书处设立在位于加拿大的国际可持续发展研究院（IISD），运营资金主要由加拿大政府提供。

（二）形势展望

关键矿产资源的确会复制石油政治中所出现的竞争或合作态势，决策者们很难用一种"与世无争""得过且过"的心态面对这一具有稀缺属性甚至决定国家未来能源实力的战略资源，但是矿产终究不是石油，这一领域的竞争烈度很可能不及过往几十年的石油。

1. 政治博弈有增无减

不可否认，中国与西方国家在关键矿产资源方面存在一定的竞争关系，而且这种竞争已经成为大国博弈的一个突出方面。例如，刚果（金）是矿产资源的富集地，中国企业在该国有着大量矿业投资，2019年1月齐塞克迪当选总统之后，美国便挑唆新政府审查前任总统小卡比拉执政时期与中国签订的矿业合同。齐塞克迪成为美国的座上宾，在上任后的两年时间里三次获邀访问美国，这在美非关系史和特朗普对非外交中都实属罕见。拜登政府上台后，防范中国与拉拢刚果（金）的行动"齐头并进"，"2021年1月，中国国务委员兼外长王毅前脚刚结束对刚果（金）的访问，美国副总统哈里斯便于2月与齐塞克迪通电话，探讨两国的'经济机会'；继习近平主席2021年5月同齐塞克迪总统通电话之后，拜登总统也于10月利用出席20国集团会议之际，会见了齐塞克迪总统"[1]。

---

[1] 张宏明：《瞄准中国：大国竞争时代的美国对非战略》，《文化纵横》2022年第4期。

第六章　拉锯：中美欧清洁能源供应链布局

西方政界和媒体不断抹黑中国海外的关键矿产投资，将中国企业正常的商业行为"上纲上线"，散布"中国威胁论""中国新殖民主义论"，一如21世纪初抹黑中国石油企业扩大海外项目投资和进口规模。2021年11月，《纽约时报》发表了一篇名为《美国如何在清洁能源竞赛中输给中国》的文章，回顾了2016年中国洛阳钼业以26.5亿美元收购美国自由港集团拥有的刚果（金）铜钴矿，该矿是全球储量最大、品位最高的铜钴矿之一，拥有铜资源量约2429万吨，钴资源量约222万吨。整场交易就是一场"你情我愿"的公平买卖，自由港集团因公司财务紧张而出手其在刚果（金）的资产，洛阳钼业是当时唯一表达收购意愿的公司，刚果（金）政府亦按法定流程予以批准。可在《纽约时报》的笔下，这场收购变成了美中势力在刚果（金）此消彼长的一个"标志性事件"，文章声称中国企业的行为只是中国政府在幕后主导的"训练有素的剧本的一部分"，将让中国在全球电气化的竞赛中"遥遥领先于美国"，并带着悲情色彩宣称"美国人挥霍了与刚果（金）之间几代人建立起来的关系"，"美国基本将资源拱手让给了中国，未能保护在刚果（金）数十年的外交和金融投资"，描绘出一个"天真懵懂"的美国遭遇一个"老谋深算"的中国的故事。我们不禁要反问：自由港集团的资产出售有遭遇一丝一毫来自中国的压力吗？是谁当时救美国企业于水火之中，为何美国媒体又要发出如此颠倒黑白的言论？文章提醒美国决策者们必须打起精神，高度关注中国在海外的矿产投资，还搬出冷战时期的历史，指出"美国几十年来一直担心苏联会控制刚果（金）的铜、铀、钴和其他用于国防制造的材料，保护美国这方面的利益是一个总统级别的重点议题"，强调美国应该回归到当时的战略。[1]

再如，一些欧洲人对中国在格陵兰岛的矿产商业活动似乎带有"与生俱来"的敌意。在他们眼里，欧美人的勘探、开发就是为了更加清洁的地球，让北极寒冷的荒原为人类绿色发展提供清洁动力；中国人干同样的事，就变成"资源抢夺""破坏净土的安宁"，乃至"输出中国的政治经济模式，威胁北极国家的国家利益"。新闻报道或研究报告里的这套话术有时都完全不需要提供任何佐证，全凭他们对中国的"既有印象"或"逻辑上的推断"。一些欧美智库还在不断渲染中国对格陵兰岛稀土的"企图或控制"，加剧西方决策者的资源焦虑与零和博弈意识，但在格陵兰岛拥有最多采矿权益的国家是英国、加拿大和澳大利亚，在格陵兰岛持有采矿许可证的41家公司中，上述3个国家占了27家。[2]

2. 资源国强化资源管控

随着资源价格的走高，全球各矿产资源国的资源民族主义日

---

[1] 本段内容引自：Eric Lipton, Dionne Searcey, "How the U.S. Lost Ground to China in the Contest for Clean Energy", *The New York Times*, November 21, 2021, https://www.nytimes.com/2021/11/21/world/us-china-energy.html. 整篇文章中，还有一个值得关注的内容是回顾了当时美国外交人员如何试图阻止这场交易，时任美国驻非洲大湖区和刚果（金）特使佩列洛（Perriello）曾向时任负责非洲事务的助理国务卿托马斯-格林菲尔德（Thomas-Greenfield）汇报此事，并希望该矿山能继续"置于美国控制之下"，也向美国国家安全委员会汇报，但均未收到反馈和指示。文章认为原因有两点：一是当时已是奥巴马政府的最后时期，政府已无暇关注此类事件，二是当时美国决策者尚不重视关键矿产议题。

[2] Matthew Hall, "Eyes on Greenland: How Global Superpowers can Court Greenland in a Rare Earths Tug of War", June 29, 2021, https://www.mining-technology.com/analysis/eyes-on-greenland-how-global-superpowers-can-court-greenland-in-a-rare-earths-tug-of-war/.

益抬头，它们"采取提高特许权使用费和税收、重新谈判合同、国有化、禁止出口等重商主义政策，以实现其强化资源主权、控制资源流向、提升资源价值的目标"[1]。例如，墨西哥于2022年4月实施新的矿业法案，限制私人资本进入锂开采行业，赋予国有企业锂矿开采的优先权，考虑将本国锂供应国有化；刚果（金）、赞比亚、几内亚等国实施了提高矿业税和管控矿业开发的多项举措；印度尼西亚、越南等也在商品出口税、特许权上新政不断。多数资源国希望加快产业链的升级，如南美、非洲以及东南亚的印度尼西亚等资源供应区出台政策，要求资源开采企业必须配套建设冶炼厂。但这种政策导向有时很难转化为实际行动，因为发展中资源国普遍存在基础设施薄弱、工业能力不强、冶炼辅料短缺、物流成本高昂等阻碍，难以调动国内外企业的投资兴趣。在锂矿产业，"冶炼环节没有瓶颈，投资回报率低，拼的是成本，讲求规模效应，而一旦出现风险，投资不可回收的概率也很高"[2]。

资源国的"抱团"趋势呼之欲出，2022年初，玻利维亚、阿根廷和智利开始讨论建立类似"产锂国协会"的组织，还试图拉拢开发产能尚未释放的墨西哥加入，这样的组织希望复制欧佩克的经验，成员国将根据市场情况对锂矿开采实行统一限定的配额制，意在维护锂价合理稳定，实现锂资源经济效益最大化。需要指出的是，现阶段要组建一个类似欧佩克的组织并非易事。首先，各国的生产规模存在较大差异——智利、阿根廷、玻利维亚

---

[1] 王永中：《资源国关键矿产博弈的新动向及可能影响》，《人民论坛》2022年第15期。
[2] 罗国平、卢羽桐：《重构新能源产业链》，《财新周刊》2023年第6期。

的开采量完全不在一个量级，而墨西哥尚无产出，悬殊的产能决定国际机制很难协调它们具体的、不断变化的利益诉求。其次，各国的市场监管体系存在较大差异。锂矿产业在阿根廷被置于一般采矿活动的监管框架之下，政府主体对市场的干预存在限度，而且在该国的联邦制结构下，各省政府对矿产持有所有权和较大的管辖权，从而导致中央政府的国际矿业治理行动存在内部执行上的阻碍。而在玻利维亚，锂被定义为一种战略资源，按照现有规定，该国中央政府完全控制矿产的所有权和开发活动。最后，拉美国家的政局具有较高波动性，区域组建多边机制的热情主要受到了智利左翼政府上台的驱动，上述4个锂资源国均由左翼政治力量执政，政治上的亲近使一些跨国合作议程能够受到更有力的重视和推动，但如未来一些国家的政局出现变动，或域内国际关系出现波折，相关合作也面临随时中止的风险。

中国面临一些西方资源国过度严苛的"安全审查"。例如，2022年11月，加拿大政府以"国家安全"为由，要求3家中国企业剥离其在加拿大关键矿产公司的投资。虽然3家中国企业需要退出的项目尚处于起步阶段，对我国锂资源供应不大，但加国做法传递出"将中国企业拒之门外"的消极信号。中国一向被视为矿产品的巨大的需求方和出资方，加拿大初级矿业公司引入中国投资人，或中企成为潜在收购方，都是市场利好消息，但现在却变成了利空，各方担心接受中国投资将妨碍引入其他资本。[1] 我

---

[1] 罗国平、卢羽桐、施毅敏：《新能源找矿》，《财新周刊》2023年第6期。

国外交部发言人对此事件表示，加方泛化国家安全概念，人为设置障碍的做法，不利于有关产业发展，有损产业链供应链稳定。

3. 环境困局和社会冲突持续激化

矿产开发造成的环境压力构成了事关资源国稳定的突出风险点，其中，锂矿、铜矿开发带来的水资源问题尤为突出。锂三角地带和南美很多铜矿的开采地本身是高原高山的缺水地区，而资源的开采往往需要耗费大量水资源，如生产一吨锂通常需要近200万升水。同时，矿产的开采和冶炼容易造成水污染。例如，在阿根廷的翁布雷穆埃尔托盐沼，当地人表示锂工业污染了供人类和牲畜饮水的溪流，也影响了农作物的灌溉；又如，在智利多个锂矿的开采地，居民反映锂矿中的有毒物质从蒸发池中泄漏到自然水系之中，成堆的废弃盐造成了大面积土壤和水污染。

南美一些资源国比此前更加重视环境问题，环境方面的监管和追责力度均有所增强。例如，2022年4月，智利国防委员会对必和必拓、安托法加斯塔、雅宝三家公司提起诉讼，指控它们的锂矿、铜矿开采活动过度耗费地下水，对阿塔卡马盐沼北部盐滩造成环境破坏。再如，2022年1月12日，智利矿业部发布公告称，中国比亚迪公司与智利本土一家矿业公司获得在该国开采8万吨金属锂的配额，但仅两天后，智利法院暂停了该合同，表示锂矿所在地科皮亚波州州长及阿塔卡马盐沼附近的原住民社区以环境保护为由提起了上诉。矿产开发上的环境困局无疑增加投资上的风险与不确定性。

矿产开发所引起的社会冲突是拉美、非洲区域的"老大难"问题。在秘鲁，不少铜矿项目均面临此起彼伏的社区抗议或抵制，正常的生产经营活动遭受严重干扰，企业方被迫卷入反反复复、十分被动的社区协商之中，很少能找到彻底化解问题的方案。一个典型案例是针对拉斯邦巴斯铜矿项目而出现的"堵路抗议"。[1] 该矿山的产品运往港口需要途经琼比维卡省，当地居民认为铜矿项目收益颇丰，而他们"提供"了物流通道，承担了"运输过程中的环境污染"，但未能获得收益。所以，道路沿线的一些民间团体及社区居民直接拦阻运矿车辆，对该项目实施"交通封锁"。2021年，拉斯邦巴斯铜矿因社区堵路，多次连续性停产的天数合计达到100天。2022年，形势愈演愈烈，4月14日，抗议团体以协商长期未获进展为由进入矿区，造成项目从4月20日停产到6月中旬，停产天数达50余天；安定局面未能维持几日，7月23日社区居民又重启抗议，宣布再次封锁矿石运输通道。这样的社会运动导致2022上半年该项目的铜产量仅为10.1万吨，同比下降30%。[2] 秘鲁政府知晓项目投资方一向合规经营并积极承担社会责任，而琼比维卡居民的诉求已经超过企业能够接受和负担

---

[1] 拉斯邦巴斯铜矿项目位于秘鲁南部安第斯高原，铜金属储量超过1000万吨，产能位居世界前十大铜矿山之列。2014年，中国五矿集团联合国新国际、中信金属收购该项目全部股权。2017年底，项目按期投产。截至2021年底，该项目累计缴税约14亿美元，每年直接拉动秘鲁GDP增长约1.5个百分点，创造直接工作岗位8000余个，带动间接就业岗位约7.5万个，成为秘鲁经济发展的重要引擎。相关信息参见国家发改委：《秘鲁拉斯邦巴斯铜矿项目》，2021年12月28日，见https://www.ndrc.gov.cn/xwdt/ztzl/zlcnyutzhz/202112/t20211228_1310278_ext.html。

[2] 界面新闻：《五矿资源上半年营收同比下降42%　拉斯邦巴斯铜矿利润锐减六成》，2022年8月18日，见https://m.jiemian.com/article/7936613.html。

的程度，尽管时任总理贝伊多曾亲自前往冲突发生地进行调解，政府部门也始终介入，但在缺乏可行解决方案的情况下都于事无补。

在刚果（金），大型矿业公司和手工采矿者之间总是处于较高烈度的冲突状态，前者强行驱逐进入到其矿区的后者，后者通过各种暴力手段表达不满和抗议，这类冲突不时恶化为大范围社会动乱。刚果（金）及周边国家的一些武装叛乱组织还深度介入矿产生产和贸易，车载斗量的资源租金构成了政府与反政府武装持续对立的诱因。另外，采矿业存在较为普遍的雇佣和虐待童工问题。

4. 进口国的竞争相对可控

尽管进口国对关键矿产资源的竞争呈现抬头趋势，但是笔者认为其对国际政治的负面冲击仍然是可控的、有限的。

第一，很多类型的关键矿产资源在数量上并不稀缺，如全球锂储量被推测是目前年产量的3000倍，对矿产资源需求旺盛的美国和欧盟本身蕴藏着数量和种类皆丰的关键矿产。全球关键矿产供应上的紧张局面很大程度上是西方国家出于环境和社会方面的考量而不愿开采本土资源所造成的，它们认为从发展中国家进口矿产的经济性更优。请允许笔者插叙西方世界的两面性问题：它们一方面依赖发展中国家获取廉价的关键矿产资源，将资源开发的各种有害的副作用甩给资源国，另一方面热衷站在"道德高地"对资源国矿业治理指手画脚，一味指责对方开采资源时"不顾环境,不管民生",没有达到它们认定的规范标准,但"苦口婆心"的说教之后也不见它们支付更多资源成本或加强本土开发,完美诠释什么叫作"端起碗来吃肉,放下筷子骂娘"。如果哪天资源国加强开采管控、节制产量,立马就会被西方国家安上"资源武器化""扭曲国际贸易"的罪名。

第二,关键矿产资源的应用存在技术升级的空间。例如,近年来,钕、镝、锗、碲、铕和铽等在清洁能源技术中的材料强度有所降低,2010年左右开发的NMC333电池的钴含量大约为20%,而到2018年新一代的NMC811电池只含有6%的钴含量,2021年已有中国企业开始量产无钴电池。再如,全球很多研究团队都在不断开拓,试图以镁、锌、钠等新型电池作为锂电池的替代品或重要补充。镁离子的理论体积能量密度几乎是锂的两倍,能为电池提供高能量密度;锌电池使用水溶液作为电解液,取代了传统的有机溶剂,大幅降低电池起火风险;钠电池虽然在能量密度上不及锂电池,但有着开发上的成本优势。这三种材料方向都有望疏解锂资源供给困境对全球能源转型的制约。总的来看,在碳中和时代,人类对单一矿产资源的依赖存在改变甚至终结的可能。

第三,不同于化石燃料,多数种类的关键矿产可以实现回收再利用。2022年7月,全球重要锂电池生产商——宁德时代的董事长曾毓群在采访中表示矿产资源并不是目前产业发展的瓶颈,基于该公司的技术水平,镍、钴、锰的回收率已达到99.3%,锂达到90%以上。[1]可以预见，随着全球对关键矿产的需求和使用增长，产业链对矿产的回收率也可以实现相应的提高。

三、美国意欲何为

拜登政府上台以来，针对美国光伏、锂电池供应链的发展潜力与薄弱之处，实施了对内本土化、对外政治化与阵营化的"两手抓"战略，寻求在全球范围内重塑美国主导的清洁能源供应链。

（一）战略动因

在美国决策者看来，重塑清洁能源供应链已经成为事关美国国际领导地位和能源安全的优先事项，具体动因包括：

1. 美国的相对弱势地位

在全球光伏供应链和锂电池供应链中，目前都呈现"中国主导供应、美国产业边缘化"的状况，这里的"主导"并非权力意义上的操控，而是制造产能上的领先地位。在光伏领域，2021年中国在多晶硅、硅片、电池片、组件环节产量的全球占比分别达到79.4%、96.8%、85%、74.8%，在全球居于绝对领先地位，美

---

[1] 左茂轩:《材料价格上涨考验电池产业：万亿产值下的机遇和挑战》,《21世纪经济报道》2022年7月22日。

国光伏组件产量的全球占比仅为2%左右。[1]供应链向中国集聚的趋势仍在不断增强,根据在建产能预估,到2025年,中国在多晶硅、硅锭、硅片上的产量将占世界年产量的95%以上。[2]在锂电池领域,2020年,中国锂电池产能占全球制造产能的76%,美国仅占8%;2020年第四季度,中国产品占美国进口锂电池总量的48%,位居第一位,韩国和德国分别占26%、7%。[3]

美国执政者对美国处于供应链的弱势地位有着清醒的认识。能源部长格兰霍姆表示:"美国屈从于改变全球的低成本,当选择这样做,我们也放弃了自己的制造业支柱。美国人曾经在本土制造光伏电池板,但现在已经不再如此了……电动汽车的电池也是如此。"[4]需要指出的是,美国的弱势地位是一种相对的弱势,美

---

[1] 中国在多晶硅、硅料生产上的主导地位源于中国自身的要素优势,一是中国在2010年前后逐步解决多晶硅提炼、硅料制造商的设备本土化问题,使我国在光伏供应链前端形成了自主制造能力与性价比竞争力;二是多晶硅与硅料生产需要耗费大量电能,而我国西部拥有充足且具有全球价格优势的电能,因此新疆、青海、甘肃等省吸引了众多光伏上游大型企业投资设厂。根据IEA的评估,2021年,中国是太阳能光伏供应链所有制造环节最具成本竞争力的地方,中国的成本比印度低10%,比美国低20%,比欧洲低35%。此处数据引自:IEA, "Solar PV Global Supply Chains", July 2022, https://www.iea.org/reports/solar-pv-global-supply-chains/executive-summary。

[2] BloombergNEF, "Solar PV Trade and Manufacturing: A Deep Dive", February 2021, https://csis-website-prod.s3.ama zonaws.com/s3fspublic/Solar%20PV%20Case%20Study%20-%20BloombergNEF.pdf? wDUUlXhfxWtA0lLU66HdshX539MvZHDI.

[3] Garrett Hering, "US Lithium-ion Battery Imports Jump as China Seizes Market Share", March 29, 2021, https://www.spglobal.com/marketintelligence/en/news-insights/latest-news-headlines/us-lithium-ion-battery-imports-jump-as-china-seizes-market-share-63271388.

[4] PBS News, "Energy Sec. Granholm: Focus on Renewable Energy will Protect U.S. 'Manufacturing Backbone'", April 1, 2021, https://www.pbs.org/newshour/show/energy-sec-granholm-focus-on-renewable-energy-will-protect-u-s-manufacturing-backbone.

国始终具有在全球范围内塑造跨国供应链、调动资源和装备供应的能力，其主要企业也掌握这两条供应链的核心技术。

2. 执政者的能源安全担忧

清洁能源供应链的弱势地位引发了美国执政者的安全担忧，他们无法接受在这一领域受制于人的情况。这种担忧与美方所建构的"中国威胁"交织起来，进一步升级了事关国家安全的危机感与紧迫感。美国政界、产业界、学术界普遍认为中国可能会武器化清洁能源供应链，通过采取贸易限制、价格操纵乃至停供等措施，牵制美国的对华战略，"对中国'绿色能源'供应链的依赖将使美国与中东石油供应商的关系相形见绌"[1]。拜登政府对本土锂电池供应链进行了脆弱性评估，指出中国随时可以利用现有优势切断美国本土的制造链，一是减少电池原材料的出口，包括关键矿产、成品阳极或阴极材料，二是"向美国制造商出售不合格或不先进的材料"，为中国的制造商保留最好、最新的材料。[2]美国还担忧中国利用清洁能源供应链挑战美国的全球霸权地位。保尔森基金会副主席戴青丽（Deborah Lehr）指出中国是中东地区清洁能源项目最大的外来投资方、融资方和运营方，对南美锂资源实施了远超美国的投资，而这两个地区都属于美国"传统势力范

---

[1] IER, "Biden Plans to Import Critical Minerals Needed for Forced Energy Transition", June 4, 2021, https://www.instituteforenergyresearch.org/international-issues/biden-plans-to-import-critical-minerals-needed-for-forced-energy-transition/.

[2] The White House, "Building Resilient Supply Chains, Revitalizing American Manufacturing, and Fostering Broad-based Growth", June, 2021, https://www.whitehouse.gov/wp-content/uploads/2021/06/100-day-supply-chain-review-report.pdf.

围"，中国的影响"为中美争夺全球经济实力和影响力开辟了新的战线"[1]。国务卿布林肯表示："如果我们不领导清洁能源革命，很难想象美国会赢得与中国的长期战略竞争……如果我们不赶上中国，美国将错失足以反映我们利益和价值观的塑造世界未来气候的机会。"[2]需要指出的是，美国执政者对这种安全担忧的渲染也带有其国内政治的策略性，因为共和党在能源转型议题上相对保守，将清洁能源供应链描述为"中国威胁"意象下的安全软肋显然有利于凝聚国内共识、推进政策实施。

3. 贸易壁垒的有限效果

2011～2018年，美国政府先后发动了四轮针对进口光伏材料、产品的贸易保护措施，以中国企业为主要打击对象，不断加征惩罚性关税。截至2018年，产自中国的光伏组件在美国的累加关税高达239%。[3]在诸多贸易壁垒的保障下，美国光伏组件的制造能力略有成长，2019年美国生产商在本土的市场份额上升至19.8%，但光伏供应链的各环节仍高度依赖进口产品，并未实现执政者振兴产业的目的。原因是关税导致美国厂商无法获得最

---

[1] Deborah Lehr, "Even Climate Change Is a Fraught Area for US-China Cooperation", *The Diplomat*, March 20, 2021, https://thediplomat.com/2021/03/even-climate-change-is-a-fraught-area-for-us-china-cooperation/.

[2] U.S. Department of State, "Speech: Tackling the Crisis and Seizing the Opportunity: America's Global Climate Leadership", April 19, 2021, https://www.state.gov/secretary-antony-j-blinken-remarks-to-the-chesapeake-bay-foundation-tackling-the-crisis-and-seizing-the-opportunity-americas-global-climate-leadership/.

[3] Ashley Lawson, "Solar Energy: Frequently Asked Questions", January 27, 2020, https://fas.org/sgp/crs/misc/R46196.pdf.

具价格竞争力的材料，美国光伏组件的成本比欧洲主要市场高约79%、比日本高75%、比中国高85%。[1]这种情况大幅抬升了美国本土光伏产品的出厂价格，抑制了投资者扩大生产的意愿。而且，贸易壁垒并未真正令美国摆脱对中国的依赖。中国光伏制造商在2015年前后开始在东南亚多国投资设厂，目前美国进口的光伏组件中近八成来自越南、马来西亚和泰国的模块组装厂，这些工厂大量采用中国产的上中游材料，且多数为中国企业所有或参股投资。据彭博新能源财经的评估，东南亚国家向美国出口的光伏组件的实际价值有70%流向了中国；在现有状态下，即使是美国本土组装的光伏组件，其中61%的价值仍会流向中国。[2]贸易壁垒的有限效果促使美国执政者转变思路，寻求更加系统性的、多向发力的产业战略。

（二）内外战略

拜登政府上台后，立即着手重塑清洁能源供应链，内部扶持与外部行动双管齐下，立足于在全球范围构建新的、其所认为可靠的资源布局和生产网络。

---

[1] Sun Xiaojing, "Why US Solar Tariffs Almost Worked, and Why They Don't Now", July 23, 2020, https://www.greentechmedia.com/articles/read/why-us-solar-tariffs-almost-worked-and-why-they-dont-now.

[2] BloombergNEF, "Solar PV Trade and Manufacturing: A Deep Dive", February, 2021, https://csis-website-prod.s3.amazonaws.com/s3fspublic/Solar%20PV%20Case%20Study%20-%20BloombergNEF.pdf?wDUUlXhfxWtA0lLU66HdshX539MvZHDI.

1. 对内加速供应链本土化

美国当前的核心举措是加大财政支持力度，推动清洁能源领域的技术创新和成果转化，通过提升本土供应链产能，试图大幅降低对他国资源、产品的依赖。

在光伏领域，2021年3月，美国能源部宣布了1.28亿美元的太阳能研发支出计划，预计支持75个前沿项目，其目标是在10年内使公用事业规模的太阳能发电成本降低60%，使目前的4.6美分/千瓦时到2030年降低为2美分/千瓦时。创新重点包括新一代钙钛矿光伏电池、光伏组件的耐用性与制造成本、太阳能并网技术等。2022年6月，拜登政府授权使用《国防生产法》提高包括光伏组件在内的清洁能源产品的国内生产能力，加大对相关制造企业的扶持力度，提升联邦政府部门向本土太阳能制造商采购产品的规模与效率。美国计划在2024年之前将国内光伏制造能力提高2倍，达到22.5吉瓦。

在锂电池领域，2021年6月，美国政府发布由联邦先进电池联盟（FCAB）编写的《国家锂电池蓝图2021～2030》，提出未来十年产业发展的路线图，希望到2030年在产业链中淘汰镍和钴的使用。同时，美国能源部下属的贷款计划办公室（LPO）发布170亿美元规模的"先进技术汽车制造贷款计划"，将专门面向锂电池供应链的厂商提供优惠贷款；联邦政府承诺将在基础设施采购项目中扩大购买国产的固定式储能电池。同年11月通过的《两党基础设施法》将新能源汽车作为重点扶持对象，截至2022年11月，该法案推出的新能源汽车补贴项目达到14个，补贴金额合计超过255亿美元，其中多数与电池制造与回收、电池材料加工直接相关。

2022年8月17日，拜登签署《通胀削减法案》，该法案将向能源转型领域提供3690亿美元的财政支持，是美国有史以来最大的一笔气候投资。在光伏领域，对于采用光伏技术（如太阳能、热泵、热水器等）的实体和个人都可以享受至多10年的税收抵免，在2022～2032年之间安装光伏系统的人将获得30%的税收抵免；300亿美元将用于生产税收抵免，对光伏生产的全产业链（包括多晶硅、硅片、电池、组件、背板、逆变器等各环节）进行不同程度的补贴；通过审批后60天之内启动建设的集中式光伏项目，2022～2024年享受30%的投资税收抵免。这些举措有望带动美国本土光伏行业的规模发展，创造更多新能源领域的就业岗位。《通胀削减法案》还对电池及零部件制造商进行退税补贴，电动汽车生产企业所使用的动力电池原材料需满足一定比例产自美国或与美国签订了自由贸易协定的国家[1]，或是在北美境内回收的材料的条件，方可享受联邦税收减免。其战略意图是打造以美国为中心的跨国产业链，美国政府和企业试图追求的一个方向是"原材料来自澳大利亚与南美，再运至加拿大或墨西哥进一步加工，最终运至美国拼装成电池乃至新能源汽车"。[2] 据科尔尼2022年的分析，中国本土制造的动力电池成本约在125美元/千瓦

---

[1] 到2023年初，与美国签有自贸协议的国家包括澳大利亚、加拿大、智利、韩国、墨西哥等20国。在锂电池产业链中，澳大利亚、加拿大、智利都为上游的产品供应方。

[2] 罗国平、卢羽桐：《重构新能源产业链》，《财新周刊》2023年第6期。

时，出口至美国的成本（包含关税和物流成本）约在148美元/千瓦时。而美国本土制造动力电池的成本约155美元/千瓦时，整体生产成本较我国高24%，但在获得税收抵免后，美国产业的整体成本有望略低于我国本土的制造成本。[1]

美国军方积极参与本土供应链的构建。2022年，美国国防部发布《保护国防关键供应链的行动计划》，指出"国防部锂电池供应的最大挑战是中国在该产业上的实力"，建议军方应专门制定国防领域的锂电池发展战略，利用军方资金撬动更多的商业投资，引导能源部29.1亿美元预算的"先进电池"扶持资金流向军方关注的产业细分领域，"确保不会在无意中进一步增加对中国电池和材料的依赖"。[2]同时，美军还计划动用庞大的采购需求助力本土企业规模化发展。例如，国防部是美国联邦机构中仅次于邮政署的轻型车辆采购单位，陆、海、空军都提出了扩大电动车和混合动力汽车的使用，这无疑会创造一个巨大市场，通用汽车公司评估，美军近中期对电动汽车和氢燃料电池汽车的需求有望产生250亿美元的市场。[3]在2021年底特律的一场公开演讲中，美国

---

[1] 汪志鸿、李宗阳：《我国应对美国动力电池产业政策动向的建议》，2023年1月19日，见https://www.ciecc.com.cn/art/2023/1/19/art_2218_86678.html。

[2] U.S. Department of Defense, *Securing Defense-Critical Supply Chains: An Action Plan*, February, 2022, https://media.defense.gov/2022/Feb/24/2002944158/-1/-1/1/DOD-EO-14017-REPORT-SECURING-DEFENSE-CRITICAL-SUPPLYCHAINS.PDF.

[3] Michael Wayland, "GM's Defense Unit Sees $25 Billion Potential Market in EV and Other Military Contracts for Automaker", CNBC, December 22, 2022, https://www-cnbc-com.translate.goog/2020/12/22/gms-defense-unit-sees-25-billion-market-in-potential-military-contracts-for-automaker.html?_x_tr_sl=auto&_x_tr_tl=zh&_x_tr_hl=zh-CN.

国防部副部长凯瑟琳·希克斯（Kathleen Hicks）强调美军车辆的电动化"取决于美国汽车工业和底特律的汽车工人们"，军方对这一供应链的关注和投资将"为美国带来就业机会，并确保国家安全。国防部致力于与工业界合作，提高供应链的弹性，巩固我们的工业基础"[1]。

2. 对外政治化：以人权为借口打压中国产业

美国政府靠着用心险恶的谎言，对中国光伏产业进行大肆污蔑和强势打压，使光伏供应链成为"事关美国价值原则"的政治议题，乃至占据中美互动议程的显著位置。这一事态始于2020年12月，美国太阳能产业协会（SEIA）开始炒作新疆"强迫劳动"议题，鼓吹将为光伏组件的原材料制定供应链追溯协议，在未提供任何依据的情况下，"强烈建议"成员企业将供应链迁出中国新疆。2021年1月，美国一家名为"地平线咨询"（Horizon Advisory）的公司炮制了一份完全编造的报告，称新疆光伏电池板是靠"强迫劳动"制造的[2]，其观点被美国政界、媒体迅速采纳与广泛传播。2021年4月19日，美国能源部长格兰霍姆表示由中国主导的、低成本的清洁能源供应链"牺牲了工人的安全与人

---

[1] U.S. Department of Defense, "Deputy Secretary of Defense Dr. Kathleen Hicks Remarks at Wayne State University, Detroit, Michigan, on Climate Change as a National Security Challenge", November 21, 2021, https://www.defense.gov/News/Transcripts/Transcript/Article/2838082/deputy-secretary-of-defense-dr-kathleen-hicks-remarks-at-wayne-state-university/.

[2] 根据俄罗斯媒体的报道，"地平线咨询"公司成立于2020年，网站只发布反华信息，该公司可以确定为美国极端新保守主义智库"保卫民主基金会"的幌子，接受美国防部和国际贸易协会的资助，相关信息参见环球网：《俄媒：美国炒作中国"强迫劳动"，根子在于华盛顿政治内斗》，2021年4月21日，见https://oversea.huanqiu.com/article/42o4QiTesdm。

权"。6月23日,美国劳工部将多晶硅添加到其"童工或强迫劳工生产的商品清单"中,"以提高公众对光伏供应链中涉嫌违规行为的认知"。同日,美国商务部宣布将5家中国实体列入出口管制"实体清单",禁止美国公司未经美国政府批准与这些企业开展业务。其中4家为在新疆生产多晶硅的大型制造商,分别是合盛硅业、新疆大全新能源、新疆东方希望有色金属、新疆协鑫新能源材料。据统计,2020年,这4家企业的光伏多晶硅产量占全球光伏多晶硅产量的45%。[1]事态发展到2021年底达到高峰,12月23日,拜登政府签署法案,将新疆生产的包括工业硅和多晶硅等光伏产品在内的全部产品均推定为所谓"强迫劳动"产品,并禁止进口与新疆相关的产品。对于锂电池供应链,拜登政府在国际标准化组织(ISO)的锂离子技术委员会尝试提出新的行业标准,"以确保美国产品使用的材料采用了符合美国价值观的做法,包括国内外的环境保护、人权和环境正义"[2]。

3. 对外阵营化:拉拢盟友加强治理

美国积极开展国际行动,优先拉拢其政治盟友,尝试组建供应链上立场趋同、紧密协作的"民主国家联合体"。首先是与

---

[1] 包括中国政府在内的有关方面多次发表声明或召开记者会,表示"强迫劳动"完全是美国等个别西方国家的机构和人员凭空捏造的世纪谎言。此处数据引自:Johannes Bernreuter, "Opinion: Creating an Alternative PV Supply Chain Is No Cakewalk", March 15, 2021, https://www.bernreuter.com/newsroom/polysilicon-news/article/opinion-creating-an-alternative-pv-supply-chain-is-no-cakewalk/。

[2] The White House, "Building Resilient Supply Chains, Revitalizing American Manufacturing, and Fostering Broad-based Growth", June 2021, https://www.whitehouse.gov/wp-content/uploads/2021/06/100-day-supply-chain-review-report.pdf.

盟友建立各种形式的合作关系。2021年4月，拜登与时任日本首相菅义伟宣布建立美日清洁能源伙伴关系，促进双边公共和私营部门的合作，联合攻关清洁能源技术、电网优化和脱碳技术等。在2021年6月15日美欧峰会达成的《联合声明》中，双方指出："美国-欧盟能源委员会将继续引领战略能源议题的协调，包括能源部门的脱碳、能源安全和可持续能源供应链。双方将致力于构建跨大西洋绿色技术联盟，以促进在绿色技术的开发和部署方面的合作。"[1]美欧还成立了贸易与技术委员会（TTC），下设气候与清洁技术工作组，工作重点包括制定计算全球贸易温室气体排放的工具和技术、创造净零排放关键技术早期市场等。美欧试图通过"跨大西洋绿色技术联盟"这一新机制，建立符合西方价值观的规则体系。2021年内，美国能源部长格兰霍姆先后与法国、丹麦、加拿大等国能源部长进行双边会晤，其中，"零排放能源系统"的供应链与相关矿产开发均为其商谈议程的优先事项。

其次是在美国主导的多边机制内设置清洁能源供应链议题。2021年6月13日，G7峰会发布公报，其中多处谈及中国，粗暴干涉中国内政，散布美国炮制的谣言。公报中专门提出，"关注在全球供应链中使用任何形式的强迫劳动……比如在农业、太阳能板和服装等行业"。美国绝不甘心只在其国内抹黑中国的光伏供应链，而是致力于推动西方主要经济体与中国进行产业切割。另

---

[1] The White House, "U.S.–EU Summit Statement", June 15, 2021, https://www.whitehouse.gov/briefing-room/statements-releases/2021/06/15/u-s-eu-summit-statement/.

外，拜登政府表态要在"五眼联盟"（FVEY）机制内加强锂电池供应链合作，提出FVEY"是一个为美国国家安全利益服务的持久稳定的联盟"，可以在该机制的技术合作计划（TTCP）中加入锂电池的技术研发项目。[1]

（三）本土化前景

当今世界，没有什么外部力量能够阻拦美国打造它所希望的清洁能源产业链，美国"圆梦"的阻力只可能源于内部——其深层的政治和社会分歧，以及设计和执行连贯政策的薄弱能力。造成这种情况的原因包括：

第一，清洁能源供应链的完整构建比较费力耗时。在光伏供应链中，硅料、硅片环节对企业技术和资金投入有很高的要求，建厂与投产周期较长[2]，还必须满足高能耗供给、高污染处理等外界生产条件，企业通常不敢贸然投资，也无力应对市场趋势或政策措施的各种变化。这是美国光伏生产商集中在供应链下游（即组件环节）的原因，在开发难度未出现颠覆性变化的情况下，美国投资者很难形成产业上游、中游的投资意愿。例如，美国国内

---

[1] The White House, "Building Resilient Supply Chains, Revitalizing American Manufacturing, and Fostering Broad-based Growth", June, 2021, https://www.whitehouse.gov/wp-content/uploads/2021/06/100-day-supply-chain-review-report.pdf.
[2] 以中国为例，目前硅料产线的投资成本为8亿元～10亿元/万吨左右，是整个光伏制造产业中资金投入最大的环节。万吨量级产线的建设期需要12个月左右，产能爬坡需要6个月。

目前没有重稀土材料和轻稀土材料的分离厂，稀土提炼完全依赖外国工厂，据美国官方和产业的评估，如要建设独立于中国之外的稀土供应链，至少需要10年时间。

第二，美国国内政治的不稳定性势必拖累产业振兴。时至今日，维护国内化石能源产业的发展空间仍然是共和党奉行的能源政策主轴，面对拜登政府对清洁能源产业的"一边倒"扶持，共和党的国会议员必然抓住各种机会制衡。从美国清洁能源制造业的角度，两党在能源政策上的分歧使它们担心政策环境的不确定性和发展趋势的逆转，美国储能协会首席执行官杰森·伯文（Jason Burwen）表示："中国企业享有比美国同行更稳定的政策环境，所以会鼓励它们长期的投资，而美国缺乏一个清晰的产品需求愿景。"[1]

第三，关键矿产资源的开采冶炼面临较大环保阻力。关键矿产资源的开发不可避免产生环境负面影响[2]，美国已制定一系列严格保护土地资源的法律，相关行政审批流程十分繁琐。拜登政府对稀土资源供应的审查报告提到，在扩大本土矿产开发与遵循必要的许可流程之间存在"突出的紧张关系"，一些新采矿项目的审批预计耗时10年左右。美国众多环保组织对关键矿产的开采与冶

---

[1] Emma Penrod, "As US Aims to Boost Clean Energy Supply Chain, Critical Minerals Gap Largely Human-caused, Analysts Say", June 17, 2021, https://www.utilitydive.com/news/as-us-aims-to-boost-clean-energy-supply-chain-critical-minerals-gap-largel/599839/.
[2] 关键矿产资源的开发即使采用目前先进的技术，仍不可避免地会产生诸多生态破坏、环境污染问题，包括水土流失、土壤污染和酸化、破坏植被或水源、冶炼过程中产生的有毒有害气体、放射性废渣等。

炼持坚决反对的态度，有评论认为拜登政府能源转型的最大障碍不是来自产业界或共和党，而是阻止美国开发那些战略矿产资源的环保分子，他们通过司法诉讼、社会抗争等形式可以严重拖延矿产项目的审批。[1]

美国"与中国脱钩"的本土化战略很可能损人不利己。在当前的跨国供应链网络中，中国的光伏组件中常含有美国制造的零部件，美国制造的光伏组件中通常也包含中国生产的零部件，中美两国很难做到彻底的、完全的脱钩。企业追求效率和规模效应，而政治的介入往往采取过度简化的标准或经不起推敲的好恶。"美国（对清洁能源装备的）任何市场管理的努力都可能成为一种狭隘视野下的牺牲品，无法预知其结果会是怎样，或者它将对所有利益攸关方意味着什么"[2]，很可能形成反噬效应，伤害本国能源转型进程，增加美国本土清洁能源开发的成本。

（四）国际政治影响

美国重塑清洁能源供应链的战略是一个高度外向型的战略，不仅会影响美国各项对外政策的调整与力度，也必然会对国际政治（尤其是中美关系）产生显著影响。

---

[1] David Blackmon, "Biden's Green Energy Dilemma On Critical Minerals", May 25, 2021, https://www.forbes.com/sites/davidblackmon/2021/05/25/bidens-green-energy-dilemma-on-critical-minerals/?sh=672ab4703ec1.

[2] Merrit Cooke, "Sustaining U.S.-China Cooperation in Clean Energy", 2022, https://www.wilsoncenter.org/publication/sustaining-us-china-cooperation-clean-energy-0.

第六章　拉锯：中美欧清洁能源供应链布局

1. 国际资源开发与技术合作变得更加敏感

清洁能源技术很可能成为中美技术"冷战""绿色军备竞赛"的突出领域。在奥巴马政府时期，中美关系的一大亮点是清洁能源技术合作，两国制定了全面的合作计划，成立了中美清洁能源技术研究中心，共同开发光伏、碳捕集和封存技术、建筑能效和清洁汽车等方面的技术，实地推广示范项目等。一系列快速见效的合作进展对当时两国引领全球气候治理、巩固双边政治关系产生了积极影响。但当前拜登政府重塑供应链的核心思路是以摆脱对中国资源、产品的依赖为出发点，与盟友一道发展"孤立中国"的清洁能源技术，这种思路很可能在未来很长时间占据主流。而且，拜登政府延续特朗普政府强调意识形态对立的技术民族主义，把价值观念之争嵌入清洁能源技术领域，攻击中国利用技术优势在世界范围内传播治理模式、输出"技术威权主义"。布林肯曾表示美国须改变现状，成为"有助于民主战胜专制"的绿色超级制造大国。在这种状态下，清洁能源技术已经从政治敏感性较低的议题变为高度政治化的议题，中美企业间的正常交流与合作势必遭遇更多政治阻力，中国与第三国的技术合作可能面临美国的远程监控或"长臂管辖"。

2. 碳中和时代的地缘政治秩序加速形成

美国以清洁能源供应链作为控制盟友的权力链条，在组建产业阵营的同时组建遏制中国的政治阵营，使自身的供应链治理方式常态化、普遍化。在拜登政府炒作中国光伏问题后，欧盟加快推动供应链的立法工作，要求对在欧盟境内销售产品和服务的所有公司执行强制性供应链尽职调查，一些成员国强调"加强我们在战略价值链中的主权"，准备效仿美国，强化对中国产品的政治审查。例如，荷兰基督教民主党、社会民主党和绿党的国会议员要求该国对外贸易和发展合作部调查新疆光伏企业，并提出制裁举措。再如，2021年6月，德国政府开始起草一项新法案，要求德国公司对侵犯人权的外国供应商采取行动，违规的外国公司可能面临达其年度全球营业额2%的罚款。[1] 中国当前直接出口到美国的光伏产品规模有限，但欧洲是主要的市场，如果美国政治化、阵营化战略发挥作用，那么欧盟及加拿大、澳大利亚等都可能通过立法、贸易限制、行业协会抵制等形式，损害中国光伏制造企业的正当利益，进而恶化中国与西方国家的关系。

当然，美欧组建步调一致、利益协同的产业联盟也绝非易事。拜登推出的《通胀削减法案》支持清洁能源、关键矿产、电动汽车的开发，但是大多数优惠政策只面向美国本土企业或在北美地区生产的企业。欧洲多国领导人认为《通胀削减法案》为在美企业提供大量补贴，将构成不公平竞争，是"贸易保护主义"。自俄乌冲突爆发后，高昂的能源价格让欧洲工业承受巨大压力，不少代表性企业开始转移产能至能源价格便宜且稳定的美国，而

---

〔1〕 需要补充的是，欧洲除了建构政治门槛外，还着力打造清洁能源供应链的"绿色"门槛，按欧盟发布的《2022—2024年生态设计和能源标签工作计划》，将完成针对光伏组件、逆变器和系统的生态设计和能效标签措施，可能涉及产品的碳足迹、生产过程中的能源消耗、可回收性、安装规范等，绿标标准的引入将有利于为欧洲制造商"抢占市场"创造有利条件。截至2022年初，中国光伏产品已经在法国、意大利、瑞典等国遭遇绿色碳壁垒，这些国家均对进口光伏产品提出"碳足迹认证"要求。

美国又颁布产业补贴政策排挤欧洲竞争对手，让欧盟产生了被盟友"背后捅刀"的愤慨。

3. 中美关系面临更多困难

拜登政府的重塑战略本质上是一个加速供应链武器化的战略，该战略不惜以美国自身清洁能源供应链可能剧烈波动乃至中断的风险为代价，对中国采取产业打压与政治打压并行的行动。一方面，美国通过散播具有煽动性、蛊惑性的政治谎言或"中国威胁论"，以政治打压带动国际经济关系重构和供应链重塑，实现相关政策的国内动员与国际动员；另一方面，美国把清洁能源供应链作为对外政策工具，以产业打压扩充拜登政府对华强硬、"以疆制华"的政治业绩，增强在国际社会抹黑中国发展模式的力度，推动形成西方国家的反华联合阵线。产业打压与政治打压如相互叠加、不受控制，未来很可能出现供应链中武断切割某些环节的情况，将所谓"敌对国家供应商"的原料与装备彻底排除出美国市场。供应链的武器化还会令本已脆弱的中美关系雪上加霜，导致双方难以在全球气候治理、中美贸易谈判等方面开展有效合作，使双方政治领域业已尖锐、对立的氛围更加浓烈，裹挟更多经贸议题到国际政治纷争之中。

第七章

互联：电和氢催生政治新版图

碳中和时代，跨国电力互联成为普遍现象，氢能贸易催生的能源联系快速增多，本章将关注跨国电网政治与氢能政治，探讨跨国电网与地缘政治的相互影响，展望国际氢能网络的发展及其影响。尽管实现新的能源互联并非易事，但我们仍可以相信，电网和氢能在未来若干年的高歌猛进，将把各国整合到新的相互依赖的网络之中。

一、荆棘载途：跨国电力互联的地缘政治阻碍

随着能源体系电气化、清洁化程度的提升，跨国电网作为能源输送载体的重要性愈发凸显。在技术层面，太阳能、风能等清洁能源发电具有很强的间歇性、波动性，只有利用电网的灵活调节能力，与其他的发电来源实现多能互补，才能实现大发展；而且，全球优质清洁能源分布不平衡，能源富集地区大都远离用电

负荷地区，需要通过远距离乃至跨国界的输电来满足清洁能源在大范围内的开发配置需求。所以，电网注定成为清洁能源时代的战略性资产。

（一）跨国电网的关键特征

跨国电网是不同于油气管道的能源输送设施。首先，电网的设施形态比较多样，可以是大规模、远距离的高压输电线路，也可以是小型低压输电线路，还可以是将两国电网异步联网、输电线路长度为零的背靠背换流站。例如，中国国家电网公司首个境外合作项目为中俄直流联网黑河背靠背换流站，仅用7个月工期实现了两国边境地带的电网相联。其次，油气管道承载的能源贸易基本为单向流动，即从油气的出口国流向进口国，交易国的身份长期固定；而跨国电网承载的电力贸易可以单向、双向乃至多向流动（见表7.1），一国可以同时是区域电力网络中的出口国、进口国和过境国。参与电力贸易的国家亦可选择不同的设施联通程度，既可以追求各自电力系统在相同的频率和管理原则下共同运行，实现高度一体化，也可以维护各自系统的独立性，仅通过单一的网线交换电能或仅实现系统之间的异步联网，将国外的管治影响降到最低。最后，电网的运行需要保持即时的供需平衡，这是由于电力在现有技术条件下难以大规模储存，"发电总功率必须随时与用电总功率保持平衡，如果发电总功率不能及时跟随到位，那么轻则影响电能质量，重则破坏电力系统的稳定性"[1]。大规模跨国电网比油气管道具有更加庞杂的物理集成性，需要国家间建立完善的制度安排，开展充分的技术协调和实时调度。

表7.1 国际电力贸易形态[2]

贸易形态	具体案例
双边、单向电力贸易	伊拉克长期从伊朗进口电力
双边、双向电力贸易	阿根廷与巴西的电力贸易、美国与墨西哥的电力贸易
多边、单向电力贸易	"老挝-泰国-马来西亚-新加坡"电力联网工程，将老挝水电出口到另外3国
多边、多向电力贸易（参与国不必统一各自系统）	南部非洲电力池，初步形成9国电网互联的区域电力市场，各国开展电力贸易，不必统一各自国内的电网运行和交易规则
多边、多向电力贸易（参与国需要统一各自系统）	欧盟统一电力市场，覆盖25国，参与国需要统一各自国内的电网运行和交易规则

资料来源：笔者自制

（二）地缘政治层面的制约

决策者、研究者普遍重视地缘政治背景对跨国电网开发造成的制约性影响。国家间的武装冲突、领土争议、宗教或部族争端、难民问题、信任不足等都可能构成阻碍跨国电力互联的原因。其中，领土争议常发挥"一票否决"的效力，西班牙休达、

---

[1] 薛禹胜：《电力市场稳定性与电力系统稳定性的相互影响》，《电力系统自动化》2002年第21期。
[2] 此表参考：IEA, "Integrating Power Systems across Borders", June, 2019, https://www.iea.org/reports/integrating-power-systems-across-borders。

梅利利亚与摩洛哥的电力隔绝、中亚统一电网的解体、伯利兹未加入中美洲电网等案例均显示了这一因素的决定性影响。我们还可以从全球各地的案例中看到各类地缘政治因素的制约性威力。

中国与越南之间已有跨国电网联系，且越南具有较大的电力进口需求，即便如此，越南对扩大对华电力互联规模仍持相对消极的态度，更热衷建设联通老挝、缅甸的东西向线路。核心原因在于越南决策者认为电网的大规模联通会使其政治经济主权陷入依附中国的局面。[1] 2016年8月，越南副总理郑庭勇强调该国电力发展必须追求电力供应多元化，扩大从老挝的电力进口，减少对中国的电力依赖。"越南之声"网站的英文报道对此评论道："通过增加供电选择，越南将有权挑选更合适的电力供应商和获得更低廉的进口电力。"[2]

拉丁美洲的跨国电力互联从1970年代开始，但在清洁能源比重不断提升的当下，跨国电网建设却出现滞缓，主要原因在于拉美地区存在国际矛盾和互信不足，领土争议的限制十分突出。如伯利兹之所以一直游离在中美洲电力互联进程之外[3]，主要是因为该国与危地马拉存在超过百年的领土争议，其与中美洲的陆地

---

[1] 张锐、王晓飞：《中国东盟电力互联的动力与困境——基于区域性公共产品理论的研究》，《国际关系研究》2019年第6期。

[2] The Voice of Vietnam, "Vietnam Considers Buying Electricity from Laos to Ease Reliance on China", August 29, 2016, https://english.vov.vn/trade/vietnam-considers-buying-electricity-from-laos-to-ease-reliance-on-china-329555.vov.

[3] 中美洲国家电网互联工程持续推进，建设工作于2002年开始，到2015年6月已建设和投运输电线路1792千米，中美洲六国实现了多边电力互联，一个成熟的区域电力市场已经形成。

第七章 互联：电和氢催生政治新版图

联系只能通过危地马拉。[1]再如，秘鲁对安第斯能源走廊计划的兴趣有限[2]，秘鲁政府对成为厄瓜多尔与智利之间的电力交易过境国，赚取电力贸易的过境收入并不热心，主要原因就在于秘鲁与厄瓜多尔之间的边界未完全划定，2017年双方甚至因边界争端召回彼此大使。

国家间的互信不足是造成拉美区域电力互联受挫的另一主要原因。拉美国家之间存在盘根错节的防备和猜疑，很容易用权力政治、零和博弈的眼光看待区域能源合作，尤其担心电力一体化会成为他国主宰地区局势的手段。例如，巴西与玻利维亚两国政府都希望比照伊泰普水电站的先例，在亚马孙河上建造跨国水电站、共享清洁电力，但玻国政府迫于国内民意压力，要求选址必须在本国境内的河段，而非两国边界的国际河域，导致双方合作难以推进。此外，域内大国某些行为持续强化小国的防范性认知。2008年巴拉圭新当选总统费尔南多·卢戈寻求改变伊泰普水电站的利益分成模式，招致巴西开展了以模拟占领伊泰普水电站为主要内容的军事演习，国家间信任基础之脆弱可见一斑。[3]巴

---

[1] 危地马拉长期不承认伯利兹的领土范围，宣称其拥有伯利兹一半以上的领土。
[2] 安第斯能源走廊计划始于2014年11月，哥伦比亚、厄瓜多尔、秘鲁、玻利维亚和智利签署区域电力联网系统协议，旨在建立连接五国的输电网络。截至2022年，仅秘鲁和厄瓜多尔之间新建了一条小规模的跨国电网。
[3] 根据巴西、巴拉圭1973年建设大坝的协议，两国各获得一半的发电量，但凡一国不用的电力都必须以成本价出售给另一国。由于巴拉圭只能消费分配给它的电力的10%，这就意味着其余大量电力都只能以很低价格出售给巴西。在巴拉圭人看来，这构成了一种持续性的剥削，因此他们多年来要求与巴西重新谈判，实现能源共享上的主权平等。2009年，两国政府重新签订协议，巴拉圭将电价提高到原来的3倍。相关信息参见韩琦：《拉美基础设施建设中的国际合作精神：以伊泰普水电站为例》，《拉丁美洲研究》2016年第6期。

西南部军区司令斯凯拉将军表示:"任何带有伊泰普水电站情结的干涉行为,哪怕是一场社会运动,都将事关国家安全,值得军事介入。"

阿拉伯地区现存3个相互独立的次区域电网(见图7.1):马格里布电网连接北非三国,是一段东西横向、沿地中海海岸线的400/500千伏的交流同步电网。八国电网(EIJLLPST)由埃及、伊拉克、约旦、叙利亚和土耳其于1988年发起创立,后扩大到利比亚、黎巴嫩和巴勒斯坦,八国于1996年就区域电力贸易达成了基本的操作规范,组建了区域电力市场的常设委员会。海湾互联电网连接海合会6个成员国,其一体化水平在区域内最高。六国于2001年成立海合会互联互通管理局(GCCIA),专门负责区域电力一体化;2009年六国实现全面的电网互联,设置互联控制中

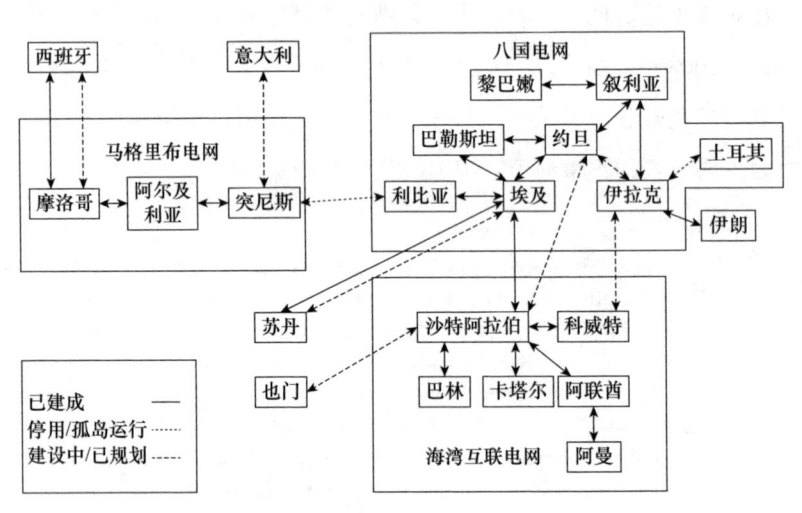

图7.1 阿拉伯地区跨国电力互联现状(截至2022年初)

资料来源:笔者自制

心；2018年启动建设海合会电力市场系统，探索建设电力实时交易市场。当前，阿拉伯联盟以及区域内多个国家积极推动电力跨国互联，将3个次区域电网加强连接，规划在2030年代建成从波斯湾到大西洋的泛阿拉伯电力市场。

但是，尚不稳定的政治安全局势构成了阿拉伯电力一体化的首要障碍。首先，国家间关系的不睦必然制约跨国电网的发展。例如，摩洛哥与阿尔及利亚之间现有四条互联线路，但两国仅将它们用作电力事故时的紧急支援，均无意扩大电力贸易规模。对此，摩洛哥可持续能源署的官员曾向笔者表达无可奈何的畏难情绪："虽然摩洛哥十分支持泛阿拉伯电力市场的建设，也愿意探讨向北非其他国家（如利比亚）出口电力的可能性，但鉴于与阿尔及利亚时好时坏的关系，我们把发展的重点还是放在与欧洲或西非的互联上，南北方向的路线显然更具现实的可行性。"即使彼此间关系良好，不同国家对跨国电网的主导权或路线也会存在顾虑。海合会推动埃塞俄比亚通过海底电缆加入海湾互联电网，沙特规划将电缆的落点直接接入本国现有的主干电网，但海合会内部一些国家的代表对此提出异议，希望落点可以放在阿曼，以此减弱沙特对区域电网的控制权。

其次，一些国家的内乱使电网建设和运行异常艰难。例如，黎巴嫩一直希望通过八国电网从约旦、埃及进口电力，其与叙利亚之间存在3条跨国电网线路，但叙利亚一半左右的电网在内战中遭受了破坏，无法保证电力贸易的安全，所以3条线路自2011年以来一直处于停用状态，黎巴嫩在这种情况下也无法开拓电力进口的新路线。电网还容易成为国家内乱或政治斗争的牺牲品。在伊拉克，有时破坏电网的行动者并非恐怖组织，而是争权夺利的政党。2018年7月下旬，伊拉克在15天时间里出现了至少22起针对电网的破坏行动（主要为切断电线或炸毁电网塔基），使该国电力短缺的情况雪上加霜。伊拉克安全官员表示这些破坏行动都来自国内各政党，"库尔德政党制造了基尔库克省和迪亚拉省的破坏，逊尼派、什叶派政党在其他地区采取同样的行动，他们的目的是为国内大选后的示威活动助力，并散播中央政府无力解决电力问题的消息"[1]。在黎巴嫩贝鲁特，有些社区之间因教派不同存在对立关系，所以，城市新建乃至维修电网的计划往往陷入无休止的争吵或博弈，人们有时宁愿忍受电力建设毫无进展，也要阻止其他派别的区域优先升级电力供应。黎巴嫩能源与水利部高级顾问扎卡利亚（Zakariya Rammal）曾向笔者表示："我们已经习惯在充满风险与不安的环境中建设国家，也有足够的耐心去忍受漫长的决策与协商，但这样的状况显然让电网投资充满不可预测的风险。"

二、用POWER撬动POWER：跨国电网的秩序建构

跨国电网可以被用作塑造地缘政治秩序的工具。电网作为一

---

[1] Suadad Al-Salhy, "Al-Abadi Rivals Sabotage Iraq's Power Lines and Fuel Protests", *Arab News*, August 7, 2018, https://www.arabnews.com/node/1352621/middle-east.

图7.2 纵横大地的高压输电线

种网络型基础设施,具有更强的聚合型力量,通过创建物质性联系或所谓的"物质集体"(material group),塑造社会层面的关系网络和观念上的集体性,帮助某些行为体占据政治空间中的有利位置。[1]而且,电网开发过程中同时发生的多种互动有望累积为广泛的、相对稳定的社会实践和关系模式。

当然,并非每个跨国电网项目都承载地缘政治意图,承载意图的项目也未必能够发挥地缘政治影响。跨国电网开发能够成

---

[1] Gavin Bridgea, Begüm Özkaynak, Ethemcan Turhan, "Energy Infrastructure and the Fate of the Nation", *Energy Research & Social Science*, Vol. 41, 2018; Ash Amin, "Lively Infrastructure", *Theory, Culture & Society*, Vol. 31, No. 7-8, 2014; Sven Opitz, Ute Tellmann, "Europe as Infrastructure: Networking the Operative Community", *South Atlantic Quarterly*, Vol. 114, No. 1, 2015.

为塑造地缘政治秩序的手段，起码要同时满足以下条件：一是发起国具有塑造政治秩序的强烈意愿，并相信跨国电力联系能够发挥作用；二是开发的目标区域存在跨国电力互联的真实需求，跨国电网项目在经济、技术、政治、社会等维度上具备基本的可行性，各方可以围绕一个可预见的合作愿景开展互动；三是目标区域的地缘政治秩序存在变动的可塑性，域内具有国家间权力重新配置、互动网络创新搭建的空间。

从现实案例中，笔者发现至少存在以下三种利用跨国电网开展的地缘政治秩序建构。

（一）权力网络建构：印度主导的区域电网

权力网络指个别国家把持区域主导权、扩张影响力的关系网络。区域大国把权力追求嵌入跨国电网的开发过程，试图主导区域走势并维护自身在地缘政治秩序中的中心性。印度是南亚区域大国，近年来积极推进建设以其为中心的区域电网，已实现与周边多个邻国的电力互联。2019年，印度从不丹进口1450兆瓦电力，向孟加拉国出口1160兆瓦电力，与尼泊尔进行了电力交换，并向缅甸出口了少量电力。[1]不丹和尼泊尔的水电资源丰富，与周边以火电为主且电力需求旺盛的印度和孟加拉国具有较强的互

---

[1] Roshan Saha, Anasua Chaudhury, "Building a Regional Approach to Energy Security for BIMSTEC", August 9, 2021, https://www.orfonline.org/research/building-a-regional-approach-to-energy-security-for-bimstec/#_edn18.

第七章 互联：电和氢催生政治新版图

补性。

印度已规划和正在建设多条跨国电网线路，计划到2025年从不丹进口4000兆瓦的电力，扩大从尼泊尔的进口和对孟加拉国以及东南亚国家的出口，并计划建设海底电缆，实现与斯里兰卡的电力互联。[1]实际上，印度持续面临严重的电力短缺，国内尚有9900万左右的无电人口，2021年10月，该国电力供应缺口达到7.5亿千瓦时，各邦的缺口介于2.3%至14.7%之间，比哈尔邦、拉贾斯坦邦和贾坎德邦单日最长停电时间高达14个小时。[2]仅从能源安全、经济利益的立场出发，印度只须专注于电力进口、无须投入太多精力在电力枢纽的角色上，但该国试图通过区域电网塑造权力关系网络，具体表现为：

第一，将跨国电力互联作为笼络、控制邻国的工具。印度从1980年代起在不丹援建了多个水电及电网工程，由于不丹国内的电力需求有限，因此其生产的大部分电力出口到印度，电力出口收入常年占到了不丹总出口额的四成，是该国国内生产总值的最大来源。[3]但是，印度完全主导了不丹的电力事业，限制不丹吸收来自第三国的电力投资，阻碍其与他国发展电力贸易联系。印

---

[1] Dipanjan Chaudhury, "India Emerges Reliable Cross-border Electricity Provider to Nepal & South Asian Partners", *The Economic Times*, October 13, 2021, https://economictimes.indiatimes.com/industry/energy/power/india-emerges-reliable-cross-border-electricity-provider-to-nepal-south-asian-partners/articleshow/86999303.cms?from=mdr.

[2] 王会聪：《印度多地出现长时间拉闸限电》，2021年10月15日，见https://finance.huanqiu.com/article/45B1qbkk1ai。

[3] 胡勇、高见：《试析印度对不丹的发展合作政策》，《印度洋经济体研究》2017年第5期。

度与不丹合作的水电项目中,目前投资规模最大的普纳昌河一期水电站原定于2016年投运,工期被推迟到2022年底,项目开支从预算的5亿美元上升到实际发生的15亿美元,不丹民众抱怨印度的电力合作实质上是剥削和统治。[1] 2014年,莫迪政府曾试图在尼泊尔复制"不丹模式",要求尼国政府允许印度"独家开发"尼泊尔的水电资源,成为尼国电力唯一的出口市场,后因尼国政府抵制而作罢。近年来,印度通过双边的电力部门联合指导委员会、"孟不印尼次区域合作倡议"(BBIN)等,加强南亚跨国电网规划和监管体制建构。由于邻国普遍缺乏相关的技术实力与治理经验,这些合作机制基本变为印度的"一言堂",达成的制度性成果普遍是印度国内电力制度的翻版。

第二,排斥建设多边的、平等的区域电力市场。印度政府虽然在各种场合表达建设南亚大电网、构建区域电力市场的意愿,但"更愿意以双边的、临时的方式与邻国打交道,而不是使用真正有利于区域一体化和小国政治谈判的合作框架"[2]。例如,尼泊尔和孟加拉国一直寻求开展直接的电力贸易,前者拥有富余水电,后者电力供应紧张。因为两国并不相邻,所以近期目标是双方仍借用印度的既有电网,但希望可以直接商谈输电价格和规模,远期目标是借道印度建设连接两国电网的专用输电线路。但

---

[1] 张霓、吴潇等:《不丹网友怒斥印度霸凌:干涉选举禁止参加世博会》,2017年7月12日,见https://world.huanqiu.com/article/9CaKrnK42a4。
[2] Udisha Saklani, Padmendra Shrestha, Aditi Mukherji, et al., "Hydro-energy Cooperation in South Asia: Prospects for Transboundary Energy and Water Security", *Environmental Science and Policy*, Vol. 114, 2020, p. 24.

印度对尼孟合作的态度十分消极，孟加拉国电力行业人士表示："印度并不支持邻国之间的直接合作，更青睐于它们与自身的双边合作，即更希望由印度从尼泊尔买电，然后再转手卖给孟加拉国。"[1]换言之，印度无心建设各国参与的、相互能够直接耦合的区域电力市场，而是希望维持目前"一对多"、自己稳做"中间商"、掌控区域电力流的"伪多边"网络。

第三，利用电网防范、压制中国在南亚的影响力。中国于2013年提出"一带一路"倡议以来，将电力基础设施作为面向南亚国家的重点投资领域，印度担心自身影响被削弱。2014年，时任印度能源部长皮尤什·戈亚尔（Piyush Goyal）提出"无缝衔接的南盟电网"倡议，表示南亚30%的能源需求可以依托跨国电网得到满足，愿意帮助斯里兰卡开发海上风电项目，为巴基斯坦和尼泊尔提供电力，实现区域内部大范围的电力配置。[2]面对中国对周边邻国电力投资力度的加强，2016年12月，莫迪政府出台一项苛刻的政令，要求只有印度政府或出口国政府完全拥有的企业，或"印资占51%以上股份的私营企业"，才有权向印度出口电力。该规定主要针对当时尼泊尔的水电开发热潮，中国多家企业与尼泊尔政府签订了大型水电项目的投资协议。由于尼国本身

---

[1] Mirza Sadaqat Huda, Matt McDonald, "Regional Cooperation on Energy in South Asia: Unraveling the Political Challenges in Implementing Transnational Pipelines and Electricity Grids", *Energy Policy*, Vol. 98, 2016, p. 76.
[2] Press Information Bureau, Government of India, "Shri Piyush Goyal calls for Building SAARC Power Grid", October 14, 2014, https://pib.gov.in/newsite/PrintRelease.aspx?relid=110632.

用电需求有限，加上特殊的地理环境，尼国的富余电力只能向印度出口，而印度正是利用了尼国在电力互联上的被动处境，试图将中国投资屏蔽在区域电网之外，给"一带一路"能源合作制造阻碍。[1] 2021年2月，莫迪政府故技重施，发布《关于特定实体批准和促进电力进出口的规范》，禁止"与印陆路接壤邻国投资的发电项目"所生产电力的对印出口，"针对此项规定的任何宽松处理，特定实体必须与印度电力部和外交部协商"。[2] 而且，此项规定适用于所有涉及印度的跨国电力贸易，即如果孟加拉国需利用印度电网进口不丹或尼泊尔电力，那么发电来源不能有"与印陆路接壤邻国投资"。为了确保政策得到严格执行，该规范还设置了监督机制，将持续监测与印度开展电力贸易的企业的所有权变动情况。尼泊尔政府官员表示："鉴于中印之间的紧张关系，这一规定针对的是中国在尼泊尔电力部门的投资，使中国在尼泊尔投资的水电无法出口到他国。"[3] 印度的两个规定已经严重影响中国在尼国的电力投资和尼国自主的电力发展规划。

印度对跨国电网的开发显示出塑造权力关系网络的霸权性目的，无论其作为买方还是卖方，都希望掌握对资源、市场的独

---

[1] 由于尼泊尔和不丹的持续反对，该规定于2018年进行了修改，允许出口国的私营企业参与对印电力出口，但仍不包括中资企业。

[2] Ministry of Power, Govt. of India, "Procedure for Approval and Facilitating Import/Export (Cross Border) of Electricity by Designed Authority", February, 2021, https://cea.nic.in/wp-content/uploads/2021/02/Final_DA_Procedure_26022021.pdf.

[3] Prithvi Shrestha, "India Introduces Procedure that will Allow Nepal to Export Power to It", *The Kathmandu Post*, January 23, 2022, https://kathmandupost.com/national/2021/02/28/india-introduces-procedure-that-will-allow-nepal-to-export-power-to-it.

第七章　互联：电和氢催生政治新版图

占权和增强邻国对其的依附，并强势运用国内法规，胁迫域内国家选边站队、与中国保持距离。在这个意义上，跨国电网成为大国国际权力再生产的平台，大国借助电网设施，控制电力贸易的流向或规模，以此向邻国（甚至域外参与电力投资的国家）施加一种无须直接掌控他国境内物质因素的"遥感权力"（telemetric power）。

（二）安全网络建构：波罗的海三国的电网转换

安全网络是国家应对安全威胁、改善生存处境的关系网络。爱沙尼亚、拉脱维亚、立陶宛把跨国电网开发作为安全网络的建构，把能源安全追求与政治安全追求高度结合，试图最大化自身的安全利益。

由于历史原因，波罗的海三国与俄罗斯、白俄罗斯共处于BRELL同步电网[1]之中，立陶宛与拉脱维亚、拉脱维亚与爱沙尼亚之间建有跨国电网，三国与俄罗斯也均有电网联系。就电力系统的耦合度而言，同步电网是最为密切的连接方式，因为电网不仅物理相连，而且采取同一运行频率，提升了相互支持的便利性。在电力贸易方面，立陶宛依赖俄罗斯的电力，爱沙尼亚、拉脱维亚虽能保证电力自给，但随着欧盟内部对电力减碳的规制增多，业已出现进口清洁电力的需求。2020年，立陶宛成为俄罗斯

---

[1] BRELL同步电网为"白俄罗斯–俄罗斯–爱沙尼亚–拉脱维亚–立陶宛"电网的简称。

的第二大电力出口市场，贸易量达6286太瓦时，贸易金额达到2.26亿欧元，已形成进口国和出口国利益均沾、各得其所的良好局面。[1]而且，俄罗斯长期通过BRELL电网向海外飞地加里宁格勒输送电力。自苏联解体后，BRELL电网一直运行良好，俄罗斯也未曾通过电网向周边国家施加压力或制造事端，"从经济成本、技术成熟度而言，波罗的海三国最理智的选择是维持BRELL电网不变，改进其治理和可靠性"[2]。

虽然存在明显的互利性、稳定性，但波罗的海三国日益将BRELL电网视为一个"危险网络"，将现有联系描述为"消极的互补"。首先，2014年克里米亚危机和乌克兰东部冲突发生以后，三国开始担心俄罗斯会"武器化"跨国电网。在三国看来，与俄罗斯身处同一电网系统，"克里姆林宫对三国电力情况始终保持详细、及时的了解"，"电网将成为俄式高压政治或混合战争的一个手段，使它们遭受混乱或打击"。[3]虽然缺乏证据，但爱沙尼亚国防部认为俄罗斯会利用同步电网加大对波罗的海地区的战略胁迫，立陶宛时任总统达利娅·格里包斯凯特表示BRELL电网是

---

[1] Inter RAO, "Trading", https://www.interrao.ru/en/activity/traiding/.

[2] Hayretdin Bahşi, Anna Bulakh, et al., "The Geopolitics of Power Grids-Political and Security Aspects of Baltic Electricity Synchronization", March 21, 2018, https://icds.ee/en/the-geopolitics-of-power-grids-political-and-security-aspects-of-baltic-synchronization/.

[3] Hayretdin Bahşi, Anna Bulakh, et al., "The Geopolitics of Power Grids-Political and Security Aspects of Baltic Electricity Synchronization", March 21, 2018, https://icds.ee/en/the-geopolitics-of-power-grids-political-and-security-aspects-of-baltic-synchronization/.

第七章 互联：电和氢催生政治新版图

"俄罗斯用来收买我们政客、干涉我们内政的勒索工具"[1]。其次，电网基础设施在周边争端中出现"武器化"趋势。2014~2016年，乌克兰多次切断对克里米亚的供电，乌政府亦纵容民间团体破坏连接克里米亚的电力设施的行为；2016年，乌克兰电力公司多次遭受不明黑客的网络入侵，导致该国全境大范围、长时间停电。2014年乌克兰顿巴斯地区发生冲突后的一年时间里，该地多个变电站、多条电网线路遭受破坏，域内的电力供应长期处于事故频发的状态。这些情况都被波罗的海国家视为自身可能面临同样的安全风险。另外，三国还通过削弱电力联系压制白俄罗斯。近年来，三国与白俄罗斯的政治关系紧张，尤其是立陶宛，它坚决反对白俄罗斯在两国边境地带修建核电厂，认为白俄罗斯对其国家安全构成严重威胁。在立陶宛的推动下，三国于2021年10月制定集体政策，立即减少、未来将停止进口白俄罗斯的电力。

基于上述安全考量，波罗的海三国实施了"脱俄入欧"的电网转换行动。2018年6月，三国与波兰领导人、欧盟委员会主席签署协议，表示将在2025年前实现三国电网与BRELL电网脱钩、与欧洲大陆电网同步互联[2]，欧盟将为三国电网转换提供16亿欧元的资助。2021年12月，立陶宛电网公司成功测试了其电网与欧陆电网系统的耦合，表示该国电网系统在技术上已做好准备。

---

[1] Alissa de Carbonnel, Andrius Sytas, "Baltic States to Decouple Power Grids from Russia, Link to EU by 2025", June 28, 2018, https://www.reuters.com/article/us-baltics-energy-eu-russia-idUSKBN1JO15Q.

[2] 欧洲大陆电网是目前世界上最大的跨国同步互联电网，是一个互联的50赫兹单相锁定的电网，在波罗的海三国加入前，为欧洲24个国家、总计4亿用户提供电力。

虽然爱沙尼亚与芬兰、立陶宛与波兰、立陶宛与瑞典之间早已存在跨国电网，但为了促进三国电网与欧陆电网的深度捆绑、同步运行，立陶宛与波兰计划在两国之间新建一条名为"和谐连接"（Harmony Link）的海底电缆，工程预算达7亿欧元，预计2023年开始施工，2025年完工。爱沙尼亚政府下属的智库表示三国的电力互联重塑是一项疏远俄罗斯的地缘政治决策，"电网的去同步化具有政治象征上的重要意义，将最终消除苏联占领历史的最后残余，同时进一步深化与欧洲的融合"[1]。在俄乌冲突爆发后，三国加速了电网脱俄的进程，2023年8月，三国电力公司达成协议，将于2024年夏季共同退出BRELL系统。

在互联方向上，波罗的海三国当时面临连接北欧还是连接波兰两个选择，也曾为此展开政策讨论和方案对比，但三国政府最终都倾向于现阶段优先连接波兰，其决策逻辑仍然是政治安全优先。在三国看来，"尽管瑞典、芬兰与波罗的海国家有着密切的防务合作，但它们毕竟不是北约的一部分……如果连接波罗的海国家的关键电力设施遭受袭击，瑞典、芬兰是否有意愿反制这种敌对行为、是否有能力承担冲突升级的风险是令人高度怀疑的"[2]。换言之，三国始终在用危险乃至冲突的政治情势权衡合作伙伴的

---

[1] Hayretdin Bahşi, Anna Bulakh, et al., "The Geopolitics of Power Grids-Political and Security Aspects of Baltic Electricity Synchronization", March 21, 2018, https://icds.ee/en/the-geopolitics-of-power-grids-political-and-security-aspects-of-baltic-synchronization/.

[2] Hayretdin Bahşi, Anna Bulakh, et al., "The Geopolitics of Power Grids-Political and Security Aspects of Baltic Electricity Synchronization", March 21, 2018, https://icds.ee/en/the-geopolitics-of-power-grids-political-and-security-aspects-of-baltic-synchronization/.

可靠性，且很务实地认为北欧国家不愿卷入波罗的海国家与俄罗斯可能的地缘政治冲突之中。另一方面，三国与波兰在抑制俄罗斯影响西扩、加强次区域一体化方面具有高度共识，且波兰为北约成员国。而且，波兰官方从一开始就在欧盟层面支持赞助三国的电网重置，甚至曾表态即使波罗的海国家仍留在BRELL电网，波兰也会出资升级与立陶宛的跨国电网，为三国开辟更多电力贸易选择。

对于波罗的海三国的电网转换，俄罗斯官方一直持反对态度，但也未采取任何反制措施。普京曾表示因三国并入欧洲电力系统，俄罗斯需要花费20亿~25亿欧元帮助加里宁格勒建设自给自足的发电能力，改造俄西部地区的电网。[1]

从这一案例可以看到，跨国电网开发与安全网络建构形成了一种共振、同构的关系，国家的互联决策糅杂了现实的安全挑战与想象的威胁意象，把维护国家安全、规避他国支配放在了首位，以国家安全逻辑引领其电力互联逻辑，政治关系的运作在很大程度上已经模糊了电力互联本身的能源诉求、经济诉求。仅从电力供需维度，很难说波罗的海三国加入的欧陆电网比BRELL电网更加可靠，因为波兰乃至中欧、西欧国家的电力供给本身比较紧张，不如俄罗斯可以为三国提供充足电力，但是三国构建的新秩序就是它们在客观地缘环境内增强安全感的一个近乎必然的

---

[1] 俄罗斯卫星通讯社：《普京：波罗的海国家与乌克兰并入欧盟电力系统将使俄罗斯损失80至100亿欧元》，2015年6月6日，见 https://sputniknews.cn/20150606/1015015519.html。

选择。

（三）交往网络建构：以色列的跨国电网开发

交往网络的本质是国家尝试突破关系僵局或矛盾缠结，寻求与他国打开沟通与互动的局面。例如，以色列的跨国电网开发就带有很强的交往网络建构目的。

以色列自1948年建国以来一直是中东地区的能源孤岛，由于深知自身的地缘政治处境，该国十分重视发展电力。尽管其国内（及其占领区域）时常出现电力紧张的状况，但以色列能够保障自身能源安全，并长期为巴勒斯坦多地提供电力。而以色列的邻国早已构建起多国参与的互联电网，埃及、伊拉克、约旦、黎巴嫩、利比亚、巴勒斯坦、叙利亚、土耳其等国在1980年代组成了"八国电网"（EIJLLPST），成立了区域电力市场的常设委员会，就跨国电力贸易达成基本操作规范，目前以双边小规模电力贸易为主。

以色列自1990年代以来多次提出与邻国开发跨国电网。1994年，以色列和约旦签署和平协议，双方提出约旦亚喀巴（Aqaba）与以色列埃拉特（Elat）两地紧邻，有电网互联的需求，可以探索建设跨国电网。[1] 1995年，在欧盟的协助下，以色列曾规划了

---

[1] "Treaty of Peace between the State of Israel and the Hashemite Kingdom of Jordon", July 25, 1994, https://peacemaker.un.org/sites/peacemaker.un.org/files/IL%20JO_941026_PeaceTreatyIsraelJordan.pdf.

第七章 互联：电和氢催生政治新版图

10余条通向埃及、约旦、叙利亚乃至土耳其的跨国电网，并与相关国家开展了政策沟通。当时的以色列政府曾通过决议，允许通过电力进口满足本国10%的电力需求。"亚喀巴-埃拉特-塔巴"电网曾是最有希望的项目，约旦、以色列、埃及三国基本达成建设共识，并开展相关的预可行性研究工作。2003~2008年，以色列与土耳其进行密切磋商，希望通过海底电缆的形式进口土耳其电力。为了增强邻国的信心，以色列多次招揽美国、英国、日本等国的电力企业、金融机构，参与联网项目的规划与融资。根据公开资料统计，1991~2015年期间，以色列官方起码10次向邻国（主要是埃及、约旦、土耳其）正式提出建设跨国电网项目的倡议。[1] 而时至今日，由于政治、经济方面的种种原因，以色列仍然没有建成一条与邻国直接相连的电网。[2] 埃及、约旦等国政府虽多次表达积极意向，但总是受到各自国内、阿拉伯世界的强烈反对，合作往往无果而终。

2020年以来，以色列与阿联酋、苏丹、摩洛哥等国实现关系正常化，在政治氛围有所好转的情况下，电力互联再度被提上议事日程。2021年1月，以色列能源部长尤瓦尔·斯坦尼茨与阿联酋、巴林、美国的能源部长召开四方会议，会议的一个重点议题就是探索以色列加入阿拉伯地区电网的可行性。同年3月，斯坦

---

[1] Itay Fischhendler, Lior Herman, Jaya Anderman, "The Geopolitics of Cross-border Electricity Grids: The Israeli-Arab Case", *Energy Policy*, Vol. 98, 2016.
[2] 多年以来，该地区仅出现了一个具有象征意义的项目：巴勒斯坦城市杰里科长期依赖以色列电力公司为其提供电力，2007年，以色列当局同意杰里科将电网与约旦电网相连，允许该城从约旦进口电力。这一举动实质上使以色列和约旦实现了互联。

尼茨在全球能源行业领袖虚拟峰会上表示,以色列愿意探讨与埃及、阿联酋、约旦、沙特阿拉伯等国建设跨国电网,"这将为我们提供比过去所知道的更好的能源安全"[1]。两个合作方向已经初有眉目。一个是以色列-约旦"光伏换水计划",2021年11月,以色列、约旦、阿联酋三国政府签署合作协议:约旦将建设600兆瓦光伏发电厂,然后通过跨国电网将电力出口到以色列;以色列除了支付电费外,每年还将另外提供2亿立方米的淡化水作为回报;阿联酋将参与光伏电厂、电网的开发。这一计划有望深化以色列与阿联酋签署的《亚伯拉罕协议》,打破区域长期存在的冷和平模式,阿联酋的加入也有利于减弱约旦对以的敌意和防范。另一个是以色列与埃及的跨国电网。以色列政府正在制定合作计划,希望投资埃及光伏项目,再通过新建电网进口电力,并已通过各种双多边机制(如东地中海天然气论坛等)与埃及展开磋商。在以色列官方看来,双方合作的互补性很强,"邻国有大量可以发电的闲置土地,而我们拥有完备的技术"[2]。

以色列锲而不舍地开发跨国电网无疑有着明确的政治意图。长期以来,以色列致力于能源独立、自产自销的发展战略,并未面临进口电力的紧迫性、必要性;该国执政者也深知严峻的地缘政治环境,清楚电力互联有限的经济效益和项目成为搁浅资产的风险。对以色列而言,开展关系运作、维系互动过程比实现特定

---

[1] "Israeli Minister Says Interconnection with Gulf Grid Would Boost Mideast Energy Security", *Arab News*, March 3, 2021, https://www.arabnews.com/node/1819301/business-economy.

[2] George Mikhail, "Israel Eyes Solar Opportunities in Egypt", November 30, 2021, https://www.al-monitor.com/originals/2021/11/israel-eyes-solar-opportunities-egypt.

目标更重要，其意图是制造一个基于基本生存需求的议题联系（issue linkage），形成各方愿意接触、保持沟通的交往网络，"赋予政治过程以结构和意义之信息与情报的流动"[1]。虽然进展缓慢、有限，以色列也未表现出"有求于人"或"胁迫他人"的急躁态度，只是根据形势变化，维持政治沟通的日常化、开放性，向外发出以经促政、互利共赢的友好信号。

目前，韩国倡导的东北亚超级电网、中国提出的"缅中印孟"电力通道、厄瓜多尔主张的安第斯电力网络、沙特伊朗电力互联等倡议都纠葛着地缘政治层面的新旧问题，但各国仍然愿意迎难而上、弱化挑战，实质都是在构建对话先行的交往网络，尝试突破既有的关系框架或困局，推动区域行为体互动和相互认知的积极转变。

（四）案例总结

上述三个案例揭示了跨国电网的地缘政治建构功能，简言之，一国立足既有的关系环境，以跨国电网作为秩序运作的工具，可以塑造出地缘政治层面的权力网络、安全网络和交往网络。

地缘政治秩序的建构普遍具有以下特征：首先，无论建构何种秩序，国家行为体普遍重视培育关系的稳定性，很多时候愿意承担非必要的经济成本或更多国际责任，愿意牺牲短期利益去实

---

[1] ［英］戴维·米勒、［英］韦农·波格丹诺编，邓正来主编：《布莱克维尔政治学百科全书》，中国问题研究所等组织翻译，中国政法大学出版社1992年版，第547页。

现更加长远的收益。而且，由于跨国电网在实现形式和规模上具有多样性，并不必然追求高度捆绑或一步到位的紧密关系，这为建构稳定且灵活的关系网络提供了便利、减轻了负担。其次，基于物质因素的关系运作带有较强的主观建构色彩，依托电网的秩序塑造既有工具性的利益交换，也包含了认同、友善、安全感、归属感等价值交换。换言之，跨国电网不能被简化为"去人格化的后勤力量"，而应被视为"情感性基础设施"（affective infrastructure），其开发、运行过程总是凝结国家行为体对关系的认知与情感，为人们提供关系亲疏远近的想象空间，亦创造多重的"带有感情的物质接触"[1]。当然，人类的悲欢很多时候并不相通，不同国家对待同一设施塑造出的秩序可能存在完全不同的认知。

跨国电网开发对地缘政治的影响必然是多元的，既可能促进区域和平稳定，帮助一些国家突破传统断层线、化解顽固矛盾和开展务实合作，也可能成为个别国家扩张权势、拉帮结派的工具，加剧国家间的博弈与冲突。[2]当然，并非所有跨国电网项目都具有引人注目的地缘政治意义，可以推测的是，跨国电网在一些处于特殊境况的地区有望发挥更强影响，包括大国激烈竞争的"破碎带"、占据关键咽喉点的"通路国"、秩序前景不明且持续动荡的"混沌区"及外部干预交织的"聚合区"。跨国电网所建构

---

[1] Hannah Knox, "Affective Infrastructure and the Political Imagination", *Political Culture*, Vol. 29. No. 2, 2017.
[2] 张锐、相均泳：《跨国电网开发与地缘政治建构，《国际关系研究》2023年第5期。

第七章　互联：电和氢催生政治新版图

的国际秩序也始终存在可逆和变动的可能性，因为关系空间具有流动性，其"通过不断的异质性关系洗牌，不断被创造、取消和重塑"[1]。

当前，中国在国际社会倡导加强能源电力的互联互通，不少中国企业参与到全球各地跨国电网的投资开发中，我们需要重视跨国电网的地缘政治属性：一方面不回避其在国际权势塑造上的功能，应持续关注区域大国在电力互联中的地缘政治追求及其对我国海外投资造成的复杂影响；另一方面需要因势利导，通过跨国电网开发，建构有利于各国平等互惠、集体安全、友善交往的关系网络，真正追求不同于化石能源时代的能源政治、地缘政治新局。

三、初露峥嵘的氢能网络[2]

（一）开启氢能产业新赛道

氢能是一种来源丰富、应用广泛、能够有力推动全球能源转型的二次能源。其制取存在多个来源，国际社会使用不同颜色来区分来自不同生产途径的氢，主要包括灰色、蓝色、绿色、紫色和绿松石5个色度（见表7.2）。目前大部分氢来自未减碳化石能

---

[1] Martin Jones, "Phase Space: Geography, Relational Thinking, and Beyond", *Progress in Human Geography*, Vol. 33, No. 4, 2009.

[2] 本章节的战略探讨主要参考邱丽静：《全球氢能产业发展新动向及趋势分析》，2022年7月21日，见https://m.in-en.com/article/html/energy-2317472.shtml。

源制造的灰氢，绿氢的生产成本是灰氢的两到三倍，蓝氢介于两者之间，全球对氢能开发的基本共识是"灰氢不可取、蓝氢可利用、绿氢是主力"。很多预测都认为在未来10年的时间，随着电解槽成本的下降和运行效率的提升，绿氢的生产成本有望降至与蓝氢相当甚至更低的水平。紫氢、绿松石氢因规模限制，仍属于小众技术范畴。

表7.2 氢能制取的来源与类型

类型	来源	生产方式	生产成本	减排效果	选择偏好
灰氢	天然气或煤炭	蒸汽甲烷转化或气化	较低	较大二氧化碳排放	现阶段最多，但不符合转型要求
蓝氢	天然气或煤炭	蒸汽甲烷转化或气化，并进行碳捕集与封存	一般	少量二氧化碳排放	过渡期的选择
绿氢	清洁能源	电解	较高	零碳排放	成本高，符合碳中和要求
紫氢	核电	电解	较高	零碳排放	不属于主流类型
绿松石氢	天然气	热解，产生固体碳残留物	较高	几乎零碳排放	

资料来源：寇静娜，《能源转型中的东南亚国家角色与内在冲突——一项以氢能为核心的分析》，《南洋问题研究》2022年第2期

从国际上看，近年来，约80个国家提出了氢能发展规划。国际氢能委员会的数据显示，截至2022年底，全球氢能的直接投资额近2500亿美元。

美国寻求加速低成本绿氢技术的突破。美国已经形成了"制氢—运氢—储氢—用氢"的全技术链能力，该国能源部于2021年7月宣布了"氢能攻关计划"，目标是在未来10年使清洁能源制氢

的成本降低80%至1美元/千克，并将绿氢的产量增加5倍。11月，美国签署《基础设施投资和就业法案》，计划2022～2026年拨款80亿美元用于区域氢能中心建设，另拨款15亿美元用于电解槽和氢能全产业链研发和示范。

欧盟将发展氢能作为碳中和时期能源安全和能源转型的重要举措。根据2022年5月公布的"REPowerEU"计划，欧盟计划到2030年实现本土绿氢产能达1000万吨/年，同时每年进口1000万吨绿氢。2022年7月欧盟还宣布了大型融资计划，计划为13个成员国的29家公司提供52亿欧元资金，支持欧洲氢能基础设施建设。德国是欧盟乃至全球最热衷发展氢能的国家，根据其2020年发布的《国家氢能战略》，该国在清洁氢制备、氢能交通、工业原料、基础设施建设等领域将采取38项行动，并计划出资80亿欧元，在欧洲氢能联合项目框架下资助62个大型氢能项目。德国2023年7月发布了新版氢能战略，将2030年国内电解氢能力设定为至少10吉瓦。法国于2020年承诺到2030年将投入70亿欧元发展零碳氢能。

日本致力于国际氢能供应链开发。根据其2017年的规划，日本将在2030年前后建立商业规模的供应链，每年进口约300万吨氢能。2022年，日本与澳大利亚、文莱、挪威、沙特就氢能采购问题已达成合作协议，和印度尼西亚确定在氢、氨和碳捕集与封存等脱碳技术方面开展合作。2023年6月，日本政府批准，未来15年内向氢能产业投资15万亿日元（约1070亿美元），到2030年，实现氢能发电的商业化，日本企业在国内外的水电解氢产能达15吉瓦。

韩国于2021年10月公布"氢能领先国家愿景",力图到2030年构建产能达100万吨的清洁氢能生产体系,并将清洁氢能比重升至50%;同年12月发布《氢经济发展基本规划》,提出到2050年韩国氢能将占最终能源消耗的33%,超过石油成为最主要能源。流通方面,韩国政府计划提前实现氢动力船舶和液态氢运输船商用化,为氢能进口打下基础。

中国于2022年3月出台的《氢能产业发展中长期规划(2021—2035年)》,明确了三大战略定位,即氢能是未来国家能源体系的重要组成部分,是用能终端实现绿色低碳转型的重要载体,氢能产业是战略性新兴产业和未来产业重点发展方向。《规划》提出:要深挖跨界应用潜力,因地制宜引导多元应用,推动交通、工业等用能终端的能源消费转型和高耗能、高排放行业绿色发展,减少温室气体排放;在发展目标方面,计划到2025年初步建立较为完整的供应链和产业体系,清洁能源制氢量达10万吨~20万吨/年,氢燃料电池汽车保有量约5万辆,到2035年形成氢能产业体系,构建涵盖交通、储能、工业等领域的多元氢能应用生态。2022年我国氢气产量达4004万吨,已成为全球最大的氢气生产国。到2022年底,我国已建成加氢站310座,居世界第一;氢燃料电池汽车保有量约1.5万辆,居世界第三。[1]

此外,全球多国致力于成为氢能出口国。例如:澳大利亚发

---

[1] 史欣怡:《中国氢能产业发展走上"快车道"》,《人民日报海外版》2023年4月24日。

图7.3　山西首批氢能综合能源示范站

布国家氢能战略，开发光伏制氢，计划在2030年实现绿氢出口商业化，达到50万吨的出口规模；智利政府已经启动"绿氢外交"，希望加强招商引资和技术引进，力争2030年前生产出世界上最便宜的绿氢，2040年跻身全球氢能主要出口国；刚果（金）提出利用正在规划的大英加水电站三期工程，未来发展水电制氢，将自身打造成非洲新的能源出口中心；文莱已经启动氢气生产，并于2020年实现了对日本的出口，实现全球首次远洋氢气运输；在东南亚区域，印度尼西亚、马来西亚、泰国、菲律宾业已启动氢能开发的战略规划。

中东油气国家不甘人后，将氢能开发视为适应碳中和时代的重要方向。沙特阿拉伯表示该国计划到2030年每年生产和出口400万吨的氢燃料，并于2022年3月在Neom新城启动建设全球最大的绿氢工厂，投资规模预计高达50亿美元，该工厂将由4吉瓦的太阳能和风能供电，2025年投产后每日可生产650吨绿氢和120吨绿氨。阿联酋正在制定氢能发展路线图，按目前官方的表态，阿联酋计划到2050年实现每年生产1400万吨～2200万吨氢气。截至2022年底，阿联酋境内至少启动了7个氢能项目的规划或建设，该国最大的可再生能源公司马斯达尔（Masdar）与法国能源企业ENGIE展开合作，一期工程将在阿布扎比建设200兆瓦装机的绿氢设施。阿曼于2022年10月发布国家绿氢战略，该国目前尚无已投产的氢能项目，计划到2030年将绿氢产量提高到100万吨～125万吨/年，2050年提高到750万吨～850万吨/年。三国之间存在发展方向上的差异：沙特、阿联酋希望同时发展绿氢、蓝氢产业，阿曼只计划发展绿氢产业。

当然，氢能的规模化开发仍面临一些技术或环境阻碍。例如，由于液态氢比LNG更冷、更轻，液态氢的运输船要增加更多的隔热层和复杂的低温循环系统，这导致氢贸易海运的成本约为每单位能源LNG成本的4倍，另外氢的再气化设施也比LNG的设施更昂贵、更耗能。再如，中东国家的氢能开发不存在能源供给的问题，但存在使用淡水的问题，海水淡化厂往往需要数十亿美元的投资，这无疑大幅增加了开发氢能的成本，如何实现可再生能源、氢能与海水淡化之间的联动发展是该区域亟待突破的技术议题。

氢能未来产业规模和综合效益值得期待。根据国际氢能委员会预计，到2050年，氢能将承担全球18%的能源终端需求，每年将创造超过2.5万亿美元的市场价值、3000万个工作岗位，氢燃料电池汽车将占据全球车辆的20%～25%，届时将成为终端能源体系消费主体。

（二）国际政治影响

尽管氢能产业处于起步阶段，但主要经济体已经积极布局国际合作网络，使全球能源政治出现新的互动版图。

1. 氢能外交崛起

为了建立氢能贸易联系，提升在全球氢能产业中的地位，一些国家实施了专门的氢能外交。例如，德国已经与纳米比亚、南非、摩洛哥、挪威、阿联酋等国建立氢能合作关系，并计划在2021～2024年期间拨款3.5亿欧元，专门支持欧盟以外国家的氢能开发和科研项目。德国国际合作署（GIZ）于2021年11月在尼日利亚设立首个"氢外交办公室"，2022年2月在沙特设立了第二个，未来还计划在安哥拉、乌克兰等国设立。设立这一机构的目的是填补德国现有能源外交中的"氢能空白"，加强面向目标国的政策沟通和技术支持，促进化石燃料出口商加速转型、开展氢能出口业务，并为德国氢能供应链企业开拓海外市场创造机遇。[1]

日本从2018年起每年主办"氢能源部长级会议"，旨在打造

---

[1] Arnes Biogradlija, "Germany's Hydrogen Diplomacy Important for Russia", February 2, 2022, https://energynews.biz/germanys-hydrogen-diplomacy-important-for-russia/.

氢能供给与应用、上游与下游融合发展的国际协调机制。受邀参与的国家既包括具有氢能出口潜力的国家，也包括具有巨大消费、进口潜力的国家，希望协调全球主要经济体因地施策，以点带面，最终形成制氢能源、制氢渠道、生产及消费国地缘分布、运输通道多元化的供应链网络体系。[1]在第一、二次会议上，日本推动各方通过了《东京宣言》《全球行动纲领》，确定从氢能研究、开发、实证、普及四大方向开展合作，并整合相关国际组织、行业协会力量，共享非竞争领域技术信息，加速氢能跨国贸易的制度创新和对接。

为了争取域外国家的技术支持，抢占未来的出口市场，中东油气国开展了密集的对外联络，建立各种形式的伙伴关系。阿曼已经与德国、荷兰、美国、比利时等国达成产业方面的合作关系。沙特重点加强与日本、韩国的接触，希望成为两国氢能的主要进口来源地，沙特阿美还于2020年10月通过海运将40吨蓝氢[2]成功运送到日本，首次向全球展示了蓝氢的跨国供应链。阿联酋与德国、日本、马来西亚等国开展了氢能合作的政策对话。卡塔尔与英国、德国签署了涉及氢能开发的政府间协议。

2. 形成新的相互依赖

令人感到兴奋的是，国际氢能贸易正在国家间创建新的相互依赖，全球能源版图上出现许多前所未有的互惠互利联系。

---

[1] 丁曼：《日本氢能战略的特征、动因与国际协调》，《现代日本经济》2021年第4期。
[2] 氨是高效的储氢介质，具有易液化储运、安全性高、无碳排放等优势。

欧盟及其多个成员国以及日本、韩国等国已提出明确的进口目标或战略，多国已经采取行动，致力于成为氢能出口国，供需关系已然形成。可以预期，一些国家会依托氢能网络来减少油气网络所承担的战略使命或能源安全压力，一些历史上没有能源贸易联系的国家可以因为氢能而建立联系，加之氢能可以通过管道和航运实现远距离运输，氢能的贸易联系可以突破传统的地缘范围，实现一些"未曾想过"的点对点连接，这也有利于释放一些偏远地区的清洁能源资源潜力。例如，挪威皇家科学院与日本研究机构、企业合作开发示范项目，计划于2025年前在芬马克地区建设一个年发电量2吉瓦的风电厂，并配套建设制氢工厂，然后将产品经北极航道直接出口日本。挪日两国产业界都希望通过该项目探索大规模氢能贸易的可行性与经济性。

随着氢能产业规模的扩大，管道运氢有望成为未来氢气运输的最优选择，因为管道运输的效率、成本都具优势，适用于大规模、长距离、点对点且氢气量供需稳定的场景。目前全球范围内氢气输送管道总里程为5000千米左右，主要分布在美国和欧洲。根据欧盟最新规划，为了实现2030年氢气进口目标，欧盟将加速规划与"可靠的伙伴国家"缔结氢气伙伴关系，在条件允许的情况下尽快在北海地区（挪威和英国）、地中海南部和乌克兰建设三个主要的氢气进口管道。德国与挪威已于2022年3月启动连接两国的绿氢管道的可行性研究。显然，欧盟的网络布局是俄乌冲突背景下对能源秩序的重构，从能源类型与进口路线上摆脱对俄罗斯的单向依赖。

液氢海运是跨洲跨区氢能运输的必要渠道，在国际政治上可能产生诸多复杂效应。新的氢能海上运输通道既可能与现有的油气通道一致，使油气地缘政治的一些关注重点得以延续，也可能开辟一些新的航运通道，减轻现有的关键海上咽喉或油气陆路过境国的压力。例如，如果澳大利亚成为东北亚国家绿氢进口的重要来源，那位于印度尼西亚的巽他海峡、龙目海峡、望加锡海峡很可能变得"更加热闹"，同时也能纾解各国对马六甲海峡的过度依赖。

另外，在氢能贸易兴起的初期，国家间的合作关系很可能复制LNG最初的合作秩序，更多以双边贸易联系为主，这也预示全球面临一个高度分散、缺乏统合的氢能市场。

3. 促进世界和平稳定

首先，氢能开发规模的扩大有利于全球能源供给实力的增强、能源转型的加速，对整体稳定发挥积极作用。其次，氢能贸易或合作有利于减少能源格局中的权力政治色彩。"与原油或天然气贸易的主要区别在于氢能贸易相对平衡，从技术上讲，几乎在世界上任何地方都可以生产氢能，大量国家可以成为产销国（prosumers），而且氢能可以被储存的事实使出口国很难把氢能贸易武器化，进口国也不会受困于一小群供应国组成的垄断集团。"[1]再次，氢能开发还有利于油气国家开拓新的收入来源，应

---

[1] Thijs Van de Graafa, Indra Overland, Daniel Scholten, et al., "The New Oil? The Geopolitics and International Governance of Hydrogen", *Energy Research & Social Science*, Vol. 70, 2020.

对全球能源转型产生的内外冲击，增强它们的发展韧性和政治稳定性。目前，中东、北非、撒哈拉以南非洲的多个油气国都对天然气生产蓝氢、光伏制氢表现出浓厚的兴趣。这些国家拥有丰富的化石能源和光照条件，具有较低制氢成本；而且氢工业与油气工业具有相似性，油气资源国可借此构筑氢能的全产业链；还可以借由现有的化石能源贸易联系，开拓与欧洲、亚太能源消费大国新的氢能联系。

4. 引发开发争议

欧洲一些国家倾向于主要开发"绿氢"，也主张全球应该实现所谓"一步到位"、完全零排放的氢能开发，德国政府的氢能战略认为"从长远来看，仅可再生能源生产的氢是可持续的"。欧美一些比较激进的环保组织反对蓝氢、灰氢的开发，在它们看来，不论是否使用碳捕集与封存装置，天然气制氢都是一个耗能巨大且全生命周期仍存在碳排放的过程，还会带动全球对化石能源产业的持续注资，延续高碳产业的生命，而灰氢更是应该立即被淘汰的对象。对于目前多数着力氢能开发的国家而言，在绿氢成本仍然较高的情况下，蓝氢是过渡阶段的必要发展对象。当前关于"蓝绿"的分歧尚不突出，但随着未来一些发达国家绿氢开发规模提升以及全球气候治理压力增大，蓝氢的开发应用将面临越来越大的国际分歧。

有一些"不太绿"的项目遭遇非议。2021年，日本、澳大利亚的几家能源企业在澳国维多利亚州开发了一个煤制液化氢的项目，并于2022年1月用全球第一艘液化氢运输船将首批货物从澳大利亚运送到日本，此举成为全球商业用氢运输的重大进展。但这一合作招致包括澳大利亚学者在内的国际舆论批评，一是因为该项目仅承诺未来将安装碳捕集和储存装置，所以目前产生的温室气体直接进入大气；二是在很多人看来，"从高排放的煤中提取氢，实际上只是一种新的化石燃料工业……无论是否加装碳捕集和储存相关，都会导致更多的温室气体排放。这不是一个气候解决方案"[1]。

在最不发达国家开发氢能产业也被质疑为"绿色殖民主义"。例如，德国等国希望利用刚果（金）巨大的水电潜力，建立面向欧洲市场的巨型氢能工厂，但一些批评者认为面对一个存在大量无电人口、能源贫困比比皆是的国家，氢能投资一如西方长期以来对非洲的资源剥削，而且不能帮助解决该国的现实问题。

5. 促进产业和技术竞争

2020年代注定成为氢能产业的大崛起、大竞争时代，世界主要经济体将在氢能产业创新体系建设、氢能核心技术和成本控制、关键材料瓶颈等方面开展技术竞争，寻求占据产业链的先发优势和主导地位。氢能贸易的规则、标准也会成为各国软实力竞争的重点。IEA的研究显示，基于各国目前最好的资源，中国和美国利用清洁能源生产氢气的成本（3~4美元/千克）可能远低于日本和西欧（5~7美元/千克），从而导致氨和钢铁等衍生商

---

[1]《澳大利亚煤制蓝氢即将运往日本 专家批评"锁定新的化石燃料工业"》，2022年1月25日，见https://news.bjx.com.cn/html/20220125/1201367.shtml。

品生产成本的差异,未来即使技术更加成熟、电解槽成本整体下降,各地区之间的成本差异可能会有所缩小,但竞争力差距仍将存在。[1]一些西方国家担心氢能重演全球光伏产业的历史,即中国凭借自身的技术实力和巨大的国内市场规模,迅速推动技术的普及化、产业化,成为全球产业的"领头羊"。

---

[1] IEA, *Energy Technology Perspectives*, January, 2023, https://www.iea.org/topics/energy-technology-perspectives.

第八章

未来：中国成为"造市者"兼"造势者"

新中国成立以来，能源外交作为国家总体外交的一部分，为保障国家安全和发展、促进国际经济合作、提升中国国际地位方面做出了不可替代的重要贡献。面对全球碳中和趋势、国际能源格局加速转型，中国能源外交呈现诸多与时俱进的新气象、大国特色的新作为。本章节将在回顾历史、总结现实的基础上，立足全书主要观点，探讨碳中和时代中国能源外交和对外能源合作的战略走向。

一、中国能源外交的时代演进

中国能源外交与全球能源供需的宏观背景紧密关联，具有全球普遍的特征与逻辑，同时也根植于自身的能源需求和发展战略。根据政策内容的不同，可以将中国1949～2012年的能源外交划分为以下四个阶段：

（一）阵营外交阶段：新中国成立到1970年代初

新中国前20年的能源外交基本倚赖和面向社会主义阵营。这一阶段可以划分为两个时期。

一是1949年到1960年代初的"一边倒"时期。当时的中国被认定为既无资源也无开发能力的"贫油国"，身处美国经济封锁的困境，只能依托中苏同盟关系，向以苏联为首的社会主义国家进口原油。1949~1963年，中国石油总进口量达3123万吨，超过了同期自身产量，其中进口自苏联的石油占到总进口量的74%，其他进口渠道包括罗马尼亚等国。[1] 这些进口石油有力保障了新中国的独立自主，支撑了国民经济恢复和抗美援朝战争。同时，中国从苏联、罗马尼亚、东德等国获得油气、电力方面的技术援助。但是，随着1950年代末期中苏关系的恶化，中国从苏联进口的原油量从1959年的305万吨锐减至1965年的3.8万吨，双方石油贸易在1969年珍宝岛事件后完全归零。

二是1960年代初到1970年代初的小规模贸易时期。中国凭借大庆、胜利等油田的投产，逐步实现原油自给，能源安全得到保证。1964~1973年的10年间，中国石油总进口量仅为680万吨，

---

[1] 1949~1963年，中国原油总产量为3024万吨，参见Vaclav Smii, *China's Energy: Achievements, Problems, Prospects*, New York: Praeger, 1976；李昕：《中国石油外交模式探析——基于改革开放前三十年的思考》，《大庆师范学院学报》2013年第4期。

第八章 未来：中国成为"造市者"兼"造势者"

同期国内原油产量累计达2.39亿吨。[1] 这一时期中国的进口来源主要是罗马尼亚和阿尔巴尼亚，石油贸易的政治意义远远大于经济意义，体现了三国加强经贸联系、摆脱国际孤立境地的共同战略需求。

（二）"走出去"阶段：1970年代初到1993年

1970年代至1980年代，中国原油产量连创新高，并于1978年突破亿吨大关，具备向外出口的富余量；与此同时，中国与一大批西方国家、第三世界国家建立外交关系，国际环境大为改善。这一时期中国的能源外交走出阵营外交的"小圈子"，与各国加速推动能源领域的合作。

合作重点包括两个方面：一是促进石油出口。1973～1993年，中国共向国际市场出口石油3.77亿吨[2]，出口对象主要为东北亚、东南亚邻国。其中日本是中国最主要的石油出口国，吸收了中国一半以上的石油出口量。在中东石油危机、中日关系"蜜月期"的大背景下，两国遵循了"合理高价"原则，使中国赚取了超出当时国际市场平均价格的外汇收入。[3] 二是积极向各国引进

---

[1] 李昕：《中国石油外交模式探析——基于改革开放前三十年的思考》，《大庆师范学院学报》2013年第4期。

[2] 李辉：《中国石油进出口状况及其体制的演变和未来趋势》，《世界石油工业》2006年第1期。

[3] 参见李恩民：《从经济战到石油外交——20世纪70年代日本对中国大陆的石油贸易》，《上海师范大学学报》2005年第6期；李昕：《1949年以来中国石油进出口地位演变》，《西南石油大学学报（社会科学版）》2014年第1期。

先进能源技术、设备及管理经验。例如：1979年邓小平访美，与卡特总统签署《中美科学技术合作协定》，中美迅速开启了水电、化石能源、能效等领域的技术合作；向法国学习核电技术，并从1986年起与法国合作建设中国第一座大型商用核电站——大亚湾核电站；1980年代与巴西先后签订海上石油开发、电力领域的科技合作协定。能源领域的技术合作成为当时中国与各国深化实质关系、实现双方合作"早期收获"的重要抓手。这一时期中国的能源外交也存在时代的局限性，即对外能源战略"依附于国家对外政策的'大盘子'，局限于国家与国家之间的双边国际性"[1]。

（三）开拓石油进口来源阶段：1993～2002年

1993年，中国再次成为石油净进口国，保证石油供给、维护能源安全的紧迫感陡增。面向中东、非洲开拓石油进口来源是党和国家第三代领导集体能源外交的主要内容。自1990年代中期开始，中国的中东外交日益活跃，包括：与中东多个产油国建立持续稳定的石油贸易关系；加强中国与中东产油国的高层互访，尤其增进与沙特阿拉伯、伊朗的关系[2]；在联合国等多边平台为石油生产国争取正当权益；参与联合国在伊拉克的"石油换食品"计划；扩大对某些国家的经济援助和军事贸易；设立中东特使，为

---

[1] 许勤华：《中国全球能源战略：从能源实力到能源权力》，《现代国企研究》2017年第9期。
[2] 重要高层访问包括：1999年11月，江泽民出访沙特，就沙国扩大对华输出石油达成协议；2000年12月，伊朗总统哈塔米访华，两国决定建立面向21世纪长期稳定、内容广泛的中伊友好合作关系；2002年4月，江泽民出访伊朗。

第八章　未来：中国成为"造市者"兼"造势者"

地区局势稳定发挥更大作用等。同时期，中国依托中非传统友好关系及援助、优惠贷款等政策手段，迅速实现并扩大从苏丹、刚果（金）、安哥拉、尼日利亚、加蓬、赤道几内亚等国的石油进口。从1995年起，中国以苏丹穆格莱德盆地油田开发项目为切入点，开始对非洲石油项目进行直接投资，减少对中东石油的过度依赖。除了两个重点区域，中国还从俄罗斯、哈萨克斯坦、澳大利亚、文莱、挪威、英国等国开拓进口来源。一系列举措取得了显著效果，1995~2002年，中国的石油进口量从1710万吨迅速增至8974.4万吨，其中来自沙特的原油进口量在中国总进口量中的占比从2%上升到16.4%，来自伊朗的原油进口量的占比从5.4%上升到15.3%，来自非洲地区的原油进口量的占比从10.8%上升到22.76%。[1]中国在21世纪伊始初步建成了多元供给、以中东和非洲为重点的石油进口布局，保障了高速增长的石油消费需求。

这一阶段中国与各国的能源技术交流持续深化，如中国与欧共体于1994年启动可再生能源方面的科技合作。1998年3月，美国政府宣布《中美和平利用核能协议》生效，结束了对华核技术的长期禁运，是当时中美关系提升的重要标志。

（四）推动全面合作阶段：2003~2012年

党和国家第四代领导集体引领中国能源外交进入全面合作阶

---

[1] 参见葛振华、刘增洁：《2002年中国石油进出口状况》，《中国能源》2003年第3期；Hongyi Harry Lai, "China's Oil Diplomacy: Is It a Global Security Threat?", *Third World Quarterly*, Vol. 28, No. 3, 2007.

段，表现为合作对象和合作议题增多、能源通道的多元化及外交形式兼顾双边与多边。

第一，原油进口来源多元化，重点开拓非洲、欧亚地区和南美的进口渠道。在中东继续倚赖沙特、伊朗，10年间中国从两国进口的原油占进口总量的比例始终在30%左右；安哥拉异军突起，其原油在中国进口总量中的份额从2002年的8.2%上升到2012年的14.8%，仅次于沙特；俄罗斯和哈萨克斯坦对华石油出口实现梯级跃升；委内瑞拉和巴西成为中国在南美的主要进口来源。[1]2004年，中国与安哥拉开创"贷款换石油"的模式，之后与俄罗斯、巴西、厄瓜多尔、哈萨克斯坦、刚果（布）等国均采取了这一合作模式。在当时的背景下，使中国及时获得长期稳定、价格合理的石油供应源，使产油国获得基础设施领域的有力融资支持，同时拉动我国工程承包、装备、劳务"走出去"。

第二，把开辟能源进口通道、维护国际能源通道安全作为当务之急。胡锦涛在2003年11月的中央经济工作会议上首次提出"马六甲困局"，提到"进口原油五分之四左右是通过马六甲海峡运输的，而一些大国一直染指并试图控制马六甲海峡的航运通道"。[2]国家领导人对能源安全的高度关切为多个陆上油气管道的建设打开了"政策窗口"，多个项目在2003年前后开始得到实质

---

[1] 参见葛振华、刘增洁：《2002年中国石油进出口状况》，《中国能源》2003年第3期；张抗：《2000年以来中国原油进口来源构成分析》，《当代石油石化》2009年第6期；

[2] 胡主席对该议题的关注十分持续，2009年11月出访马来西亚时，专门前往参观马六甲。参见石洪涛：《中国的"马六甲困局"》，2004年6月15日，见http://zqb.cyol.com/content/2004-06/15/content_888233.htm。

第八章　未来：中国成为"造市者"兼"造势者"

推进。每个项目都构成了中国与能源出口国、管道途经国之间的重大外交议题，如中俄原油管道项目历经波折和艰难谈判，在很长一段时间里"成了对中俄全面战略协作伙伴关系和两国互信的考验"[1]。到2012年左右，西北、东北、西南三大陆上战略通道的格局初步成型。同时期，中国开始重视以马六甲海峡为重点的海上通道议题，国家领导人多次表态中国致力于通过对话合作维护海峡安全，相关部门加强与东南亚国家在海运海事方面的合作。

第三，双边与多边外交齐头并进，重视发展常态化、规范化的合作机制。中国与一些大国创设了层次较高的会谈机制，如：2005年6月，中美启动部长级的能源政策对话机制；2008年5月，与俄罗斯设立副总理级的能源谈判机制。在多边外交领域，一方面增进与老牌能源类国际组织（如IEA、国际能源宪章组织）的接触与了解，参加APEC、东盟"10+3"等框架内的能源合作，另一方面建立"以我为主"的多边平台，发起了中国–阿拉伯能源合作大会、中国–东盟能源研讨会、中国与欧佩克对话机制等。

第四，与欧盟、美国开启清洁能源外交。进入21世纪，我国在清洁能源领域实现了跨越式发展，用不到10年的时间走完西方国家二三十年的发展历程，并于2002年批准了《京都议定书》，在全球气候治理方面尝试发挥更大作用。基于上述背景，中国与欧盟在2005年建立"气候变化战略伙伴"，把清洁能源作为优先合作领域，开展了一系列技术交流、项目推广活动，并于2010年

---

[1] 张国宝：《筚路蓝缕——世纪工程决策建设记述》，人民出版社2018年版，第127页。

成立中欧清洁能源中心；中国与美国于2009年建立"可再生能源伙伴关系"，成立了政策规划、风能、太阳能、并网、标准认证5个工作组，配套建设了中美清洁能源联合研究中心等工作平台。

（五）引领能源革命的新阶段：2013年至今

党的十八大以来，习近平总书记站在人类历史发展以及党和国家全局的高度，准确把握国内外能源发展大势与规律，推动我国能源外交进入"引领能源革命的新时代"，呈现以下显著特征：

第一，以"四个革命、一个合作"战略为指引。2014年6月13日，习近平总书记在中央财经领导小组会议上提出必须推动能源消费、供给、技术和体制革命，全方位加强国际合作，实现开放条件下能源安全。[1]"能源安全新战略科学论述，是习近平新时代中国特色社会主义思想的重要组成部分，是保障国家能源安全、促进人与自然和谐共生的治本之策。"[2]

该战略对中国能源外交的影响体现在三方面：一是扩容外交目标。过去，能源外交聚焦海外油气资源的供应安全；在新时代，能源外交既着眼于保障能源安全、构建多元能源供应体系，也致力于抢占能源革命先机、推动清洁低碳发展、打造能源命运

---

[1] 参见《习近平：积极推动我国能源生产和消费革命》，2014年6月13日，见http://www.xinhuanet.com//politics/2014-06/13/c_1111139161.htm。
[2] 《国家能源局扎实开展"不忘初心、牢记使命"主题教育 全力推进"四个革命、一个合作"走深走实》，2019年6月13日，见http://www.nea.gov.cn/2019-06/13/c_138140260.htm。

第八章 未来：中国成为"造市者"兼"造势者"

共同体等艰巨任务，力图改变传统国际合作集中在"供给""技术"环节上的既定模式，在能源生产和消费革命所涉及的各个方面加强国际合作，有效利用国际资源。二是提高战略站位。过去，能源外交的谋划主要停留在双边关系和小范围的多边关系（如油气国集中的中东、欧亚地区）；在新时代，能源外交立足全球视野、全局高度，贡献具有中国智慧的世界方案。近年来，习近平总书记先后提出"能源命运共同体""全球能源互联网""绿色低碳的全球能源治理格局""一带一路能源大通道"等一系列重大理念与倡议，有力提升了能源外交的思想境界和行动层次。三是强化国际国内两个大局的统筹。"四个革命、一个合作"战略充分体现了把两个大局兼顾起来、统一起来的思路，引导能源外交充分利用两个市场、两种资源，妥善处理国内发展与对外开放之间、本国利益与国际责任之间的关系。

第二，以对华油气出口国为优先方向。2016年1月，习近平主席访问沙特、埃及和伊朗，首次提出"能源合作共同体"概念。2017年4月，国家发改委发布的《能源生产和消费革命战略（2016—2030）》明确指出："构筑连接我国与世界的能源合作网，打造能源合作的利益共同体和命运共同体。"[1]对华油气出口国是构建能源命运共同体的优先方向。主要的外交实践包括以下几个方面：

---

[1] 国家发改委：《能源生产和消费革命战略（2016—2030）》，2016年12月，见http://www.ndrc.gov.cn/fzgggz/fzgh/ghwb/gjjgh/201705/W020170517397451808076.pdf。

一是开展伙伴关系外交，用政治关系的提质升级去保障能源合作的持续稳定，推动重大项目落实。2013年以来，中国与多个油气出口国建立或深化双边伙伴关系，为构建能源命运共同体夯实共识基础、提供机制保障。例如，中国和俄罗斯在全面战略协作伙伴关系的框架内，依托元首外交、总理定期会晤机制和副总理级的能源合作委员会，保持了高层次、常态化的战略对接。基于上述政治保障，中俄能源命运共同体已然成形，俄罗斯长期保持中国最主要的原油来源国地位。两国能源合作不断走深、走宽、走实，中俄原油管道、东线天然气管道、亚马尔LNG、田湾核电站1～4号机组等重大合作项目稳定运行，产生巨大效益；北极2号LNG、田湾核电站7、8号机组以及徐大堡核电站3、4号机组等项目扎实有序推进。

一般外交难以解决的能源合作事务经常通过元首外交取得突破。例如，中俄东线天然气管道项目谈判历时10年，2011年由于价格分歧谈判近乎破裂。在双方立场难以转圜的情况下，习近平主席于2013年3月访俄让事态出现转机，双方最高领导人很快达成了高度的共识与决心，并亲自推动项目落地。2015年5月，普京总统在回顾中俄天然气管道项目谈判时强调："我要特别感谢中国领导人、我的朋友习近平先生。他本人直接过问了许多问题，这些问题是我们谈判中的难题。我认为，如果没有他对几个关键性问题的参与，我们未必能作出最终决定。"[1]

---

[1] 关健斌：《俄罗斯天然气进入"中国季"》，《中国青年报》2014年5月26日。

二是超越单纯能源贸易关系，推进上下游一体化合作。中国利用自身在工程建设、技术、装备、资金等方面的优势，面向中东、拉美等区域产油国推广"油气＋"合作模式，深化石油和天然气勘探、开采、炼化、储运等全产业链合作。2022年12月，习近平主席在中国海合会峰会上表示："构建能源立体合作新格局。中国将继续从海合会国家持续大量进口原油，扩大进口液化天然气，加强油气上游开发、工程服务、储运炼化合作。充分利用上海石油天然气交易中心平台，开展油气贸易人民币结算。加强氢能、储能、风电光伏、智能电网等清洁低碳能源技术合作和新能源设备本地化生产合作。"[1]

三是始终维护全球油气领域的集体安全，这是中国能源外交一以贯之的优良传统。首先，中国尽管承受较大的能源安全压力，但从来无意搞势力范围，不使用对抗或挑战的方式来实现自身利益。"中国的购买能力及其与西方不同的政治态度促使其国有企业能够开发那些西方公司不能或不愿投资的地区的油气资源，增加了世界油气资源的探明储量，维护了全球能源安全。"[2]其次，中国积极促进油气资源国的和平稳定，维护国际海洋能源通道的安全，典型事例包括中国在伊朗核谈判中发挥建设性作用，协助解决苏丹、南苏丹的冲突等。再次，对于因油气资源开发涉及的

---

[1]《习近平在中国-海湾阿拉伯国家合作委员会峰会上的主旨讲话》，2022年12月10日，http://www.xinhuanet.com/politics/leaders/2018-07/10/c_1123105156.htm。

[2] Guy C.K. Leung, "China's Energy Security: Perception and Reality", *Energy Policy*, No. 39, 2011, p.1336.

领土、领海争端，中国一贯从国家间关系大局出发，保持克制、冷静态度，呼吁对话沟通与管控分歧，也会根据具体情况提出"搁置争议、共同开发"的倡议。[1]

第三，清洁能源外交力度不断加强。通过梳理2013年至2019年期间外交部发布的外交声明或公报，可以发现，中国至少与47个国家、5个区域性国际组织在双边外交文件中明确表示加强清洁能源合作。关于合作内容，中国对于不同类型的国家会有不同侧重。中国与多个发达国家建立了常态化合作机制，开展政策对接、投资洽谈和联合研究，在技术领域向它们对标看齐。2015年，中国与英国建立清洁能源伙伴关系，每两年制定一次实施工作计划，近期重点推进民用核能、海上风电方面的投资和研究项目。中国与发展中国家的合作集中在投资、援助方面，既帮助它们解决能源贫困问题，也试图缩小能源转型进程中国家间的"技术鸿沟"。例如，中国明确表示"支持可再生能源，主要是太阳能在非洲的发展"，鼓励中国企业开展项目投资，实施绿色金融能源示范项目及支持非洲能源领域的能力建设等。[2]

推动全球清洁能源开发成为全球发展倡议的重要组成部分。2022年6月24日，习近平主席在全球发展高层对话会上表示中

---

[1] 有三份外交文件能够很好印证中国的这些态度与立场，分别是《中华人民共和国政府和菲律宾共和国政府关于油气开发合作的谅解备忘录》（2018年11月27日）、《中国东海油气开发活动正当合法》（2015年7月24日）、《"981"钻井平台作业：越南的挑衅和中国的立场》（2014年6月8日），以上文件可在外交部网站查阅。
[2] 《中非合作论坛——北京行动计划（2019—2021年）》，2018年9月5日，见https://www.fmprc.gov.cn/web/zyxw/t1592067.shtml。

第八章 未来：中国成为"造市者"兼"造势者"

国将同各方"推进清洁能源伙伴关系"。2022年10月，外交部发布《全球清洁能源合作伙伴关系》概念文件，指出中国将在以下方面开展工作：与IRENA共同主办国际能源变革论坛、探索建立国际能源变革联盟、促进双多边清洁能源标准对接、挖掘发展中国家清洁能源市场潜力、抓好清洁能源专业人才要素流通等。

促进水电开发是中国清洁能源外交的重点。例如，中国与老挝提出构建"中老电力合作战略伙伴关系"，双方依托"一带一路"倡议、产能投资合作机制等，推动重大水电项目的实施。2017年，国家能源局委托中国电规总院、南方电网等机构，帮助老挝政府制定《国家电力发展规划（2010—2020）》，优化该国水电开发方案。再如，中国通过《澜沧江-湄公河合作五年行动计划（2018—2022）》提出了5项水电合作议题，包括水电可持续评价、水电站调度与灾害管理、绿色水电开发、水库大坝安全与"水-粮食-能源"纽带关系。国家领导人在外交场合宣介中国的水电开发实力，2018年1月，时任国务院总理李克强在澜沧江-湄公河第二次领导人会议上指出："中方拥有性价比高的水利电力装备和工程建设力量，在大型水利枢纽、平原打井、山区中小型水库等建设方面经验丰富，适合湄公河国家需求。"[1]

积极推动全球和平利用核能，到2021年底，中国已与30多

---

[1]《李克强在澜沧江-湄公河合作第二次领导人会议上的讲话（全文）》，2018年1月11日，见 http://www.xinhuanet.com/world/2018-01/11/c_1122240871.htm。

个国家签订了政府间和平利用核能合作协定，并与这些国家开展了人员互访、设备和技术引进、经贸往来等广泛的交流与合作。中国领导人多次把推动核电产能合作作为外交会谈内容，核电"走出去"取得了诸多重大成果，例如：2015年8月，中国自主研发的三代核电机组"华龙一号"在巴基斯坦卡拉奇安装建设，并于2022年4月全面建成投产；2016年9月，中广核、法国电力集团与英国政府签署英国新建核电项目的一揽子协议，其中布拉德维尔B项目将采用"华龙一号"技术方案，这是中国自主核电技术首次进入发达国家市场。

第四，"一带一路"产能合作全面铺开。"一带一路"倡议对能源外交的影响主要在于提供丰富的政策手段，调整海外经济的发展模式，推动中国与各国开展规模化、可持续的能源产能合作。

一是加强政策沟通。截至2022年7月，我国已成功举办两届"一带一路"能源部长会议，发起成立"一带一路"能源合作伙伴关系，成员国数量已达到30多个。与50多个国家和地区建立政府间能源合作机制，与30多个能源类国际组织和多边机制建立合作关系。与100多个国家和地区开展绿色能源项目合作，切实让绿色成为共建"一带一路"的底色。[1]

---

[1]《国新办举行"加快建设能源强国全力保障能源安全"新闻发布会》，2022年7月27日，见http://www.scio.gov.cn/xwfbh/xwbfbh/wqfbh/47673/48664/wz48666/Document/1727984/1727984.htm。

第八章　未来：中国成为"造市者"兼"造势者"

二是按照"政府指导、企业主体、市场导向、商业原则"的要求，加强能源基础设施投资合作。最具成效、最引人瞩目的合作莫过于中巴经济走廊，我国探索践行了海外能源务实合作的"规划-协议-项目"和"产业＋金融"的模式。截至2020年2月，廊内已有12个能源项目商业运行或开工建设，总装机容量724万千瓦，总投资约124亿美元，其中，已商业运行项目9个，总装机容量532万千瓦，投资共计81.75亿美元。[1]中巴能源合作为巴基斯坦提供清洁、稳定、低价的电力供应，为巴解决电力短缺、降低电价成本、服务经济社会发展和促进当地就业做出了特殊和不可替代的贡献。

三是加强能源互联互通。合作重点包括"共同维护输油、输气管道等运输通道安全，推进跨境电力与输电通道建设，积极开展区域电网升级改造合作"[2]。在全球能源互联网理念的指引下，我国在东南亚提出"推动澜湄国家电力互联互通和电力贸易，打造区域统一电力市场"[3]，与欧盟"探讨包括互联互通的能源网络在内的可行方案，以满足全球电力对清洁和绿色替代能源的需求"[4]。

---

[1]　《中巴能源合作》，2020年9月15日，见https://obor.nea.gov.cn/pictureDetails.html? id=2567。
[2]　国家发展改革委、外交部、商务部：《推动共建丝绸之路经济带和21世纪海上丝绸之路的愿景与行动》，2015年3月28日，见http://www.gov.cn/xinwen/2015-03/28/content_2839723.htm。
[3]　《澜沧江-湄公河合作五年行动计划（2018—2022）》，2018年1月11日，见https://www.fmprc.gov.cn/web/ziliao_674904/1179_674909/t1524881.shtml。
[4]　《中欧领导人气候变化和清洁能源联合声明》，2018年7月16日，见http://www.gov.cn/xinwen/2018-07/16/content_5306805.htm。

四是不断提升外交支撑功能。外交部、商务部不断完善维护海外投资利益的功能，在便利化服务、风险告知和防范、紧急状态下的外交救援等方面形成成熟的工作机制。面对多家中国企业进入一国市场的情况，外交系统主动发挥协调作用，提升中国企业海外投资的组织性、协同性。[1]例如，在喀麦隆，中国大使馆对有意愿参与当地水电项目的中资企业持续跟踪，根据企业特点给合适的公司开具支持函，同时也会在企业间开展协调，避免出现中国企业为争夺项目而相互压价的情况。

第五，全球能源治理再上台阶。中国逐渐从全球能源治理的局外人变为局内人，从旁观者、追随者变为参与者、影响者，具体表现包括：一是在全球治理平台上提出能源领域的中国主张、中国方案。例如，在2016年担任G20主席国期间，主导产生了4份能源领域的成果文件[2]，倡导成立G20绿色金融研究小组。二是创设以我为主的多边合作平台，包括中国-欧盟能源合作平台、"一带一路能源伙伴关系"、中国-中东欧国家"16+1"能源合作对话等。这些机制不仅促进政府层面的合作，更为中国能源企业、行业协会、科研机构提供了多轨外交渠道。三是大幅提升与能源类国际组织的关系。中国于2014年1月加入IRENA，2015年2月成为《国际能源宪章宣言》的签约观察国，2015年11月成为IEA

---

[1] 张锐:《中国对非电力投资："一带一路"倡议下的机遇与挑战》,《国际经济合作》2019年第2期。
[2] 4份文件分别是《2016年G20能源部长会议北京公报》《加强亚太地区能源可及性：关键挑战与G20自愿合作行动计划》《G20可再生能源自愿行动计划》和《G20能效引领计划》。

第八章　未来：中国成为"造市者"兼"造势者"

联盟国。

二、大国能源安全的守正创新

安全是底线，《2030年前碳达峰行动方案》明确指出："以保障国家能源安全和经济发展为底线，推动能源低碳转型平稳过渡，稳妥有序、循序渐进推进碳达峰行动，确保安全降碳。"[1]同时，碳中和正在重新定义全球能源安全，有韧性和可持续的清洁能源供应链、稳定运行的电力网络等都在成为新的焦点，在追求能源安全的过程中"守正"与"创新"相辅相成、不可偏废。

（一）"能源的饭碗必须端在自己手里"

2021年10月21日，习近平总书记到山东东营的胜利油田莱113区块考察，他登上10米多高的钻井平台，详细了解一线石油工人的工作和自动化设备的运行。走下钻井平台，习近平总书记来到工人中间，他高声勉励大家："石油能源建设对我们国家意义重大，中国作为制造业大国，要发展实体经济，能源的饭碗必须端在自己手里。希望你们再创佳绩、再立新功！"[2]

---

[1]　国务院：《2030年前碳达峰行动方案》，2021年10月24日，见http://www.gov.cn/zhengce/content/2021-10/26/content_5644984.htm。
[2]　新华社：《"能源的饭碗必须端在自己手里"》，《新华每日电讯》2022年7月25日。

扩大能源生产。"能源的饭碗必须端在自己手里"——这句言简意赅、生动形象的话语意味着我国能源安全的保障应首先立足本土的资源与技术，无论外部风云如何变幻，我们都要不断夯实国内能源资源的生产基础。"十四五"规划提出"增强能源持续稳定供应和风险管控能力，实现煤炭供应安全兜底、油气核心需求依靠自保、电力供应稳定可靠"[1]。从国际政治视角去理解，立足本土的强调彰显了追求能源供应自主可控、"人不求人一般高"的志向，中国虽然在油气领域存在较高程度的对外依赖，但我们不会允许这种依赖变成一种受制于人或战略受限的"软肋"，我们将不断提高能源自主供给能力，补足油气供应、储备上的短板，主动应对各种常态或突发的跨国能源供应风险，维护国家整体安全。

追求安全降碳。2022年3月6日，习近平总书记在"两会"期间参加内蒙古代表团的审议，在听取来自能源产业的人大代表发言后，他深刻阐述了对实现"双碳"目标的思考："绿色转型是一个过程，不是一蹴而就的事情。要先立后破，而不能够未立先破。富煤贫油少气是我国的国情，以煤为主的能源结构短期内难以根本改变。实现'双碳'目标，必须立足国情，坚持稳中求进、逐步实现，不能脱离实际、急于求成，搞运动式'降碳'、踩'急刹车'。不能把手里吃饭的家伙先扔了，结果新的吃饭家伙还没拿到手，这不行。既要有一个绿色清洁的环境，也要保证我们

---

[1]《中华人民共和国国民经济和社会发展第十四个五年规划和2035年远景目标纲要》，2021年3月13日，见http://www.gov.cn/xinwen/2021-03/13/content_5592681.htm。

的生产生活正常进行。"[1]习近平总书记的谆谆叮嘱强调了新旧能源体系转换期所面临的保供压力与多重挑战,慢不得也急不得,传统能源退出必须建立在新能源安全可靠的替代基础上,并将能源价格保持在相对低廉的水平。"对于经济社会发展和减排目标,必须自己根据国情和发展阶段自主决定,绝不能屈从外在压力打乱自己的节奏,也容不得外来横加干涉被人牵着鼻子走。"[2]

保障多元安全。随着清洁能源开发、电力消费占比不断提高,更好端牢能源饭碗,还意味着须重视本土的技术革命、产业可控和网络安全。技术方面,加快能源科技自主创新步伐,加强国家能源战略科技力量,努力解决储能技术、氢能开发利用、碳捕集封存与利用、大型天然气及LNG装备与技术等面临的"卡脖子"问题。清洁能源装备产业方面,构建自主可控、安全可靠的国内生产体系,在关键时刻可以做到自我循环,确保在极端情况下经济正常运转,持续培育战略性新兴增长极。网络方面,重视新能源和电网设施的数字安全需求,加快出台能源互联网安全战略,提高快速响应故障和能源供应快速恢复的能力。

(二)维护能源动态安全

中国能源供给体系历经这么多年的发展,处于一种"敏感但

---

[1] 杜尚泽:《微镜头·习近平总书记两会"下团组":"不能把手里吃饭的家伙先扔了"》,《人民日报》2022年3月6日。
[2] 阳平坚:《全球碳中和博弈:中国的地位、挑战与选择》,《世界环境》2022年第2期。

不脆弱"的状态。"中国对能源安全的敏感度很高，但中国有能力、有渠道应对能源供应短缺甚至'供应中断'的极端情况。"[1]我们在保障能源安全的过程中需要综合考虑成本与代价，追求灵活机动、具有高性价比的动态安全，避免过度扩展核心利益域、权益延伸线，"不能用绝对安全替代动态安全，更不能用战时能源安全思维处理和平时期的能源安全风险"[2]。

我国维护能源动态安全可以从以下三个方面着力：

一是减少油气进口焦虑。应着眼历史大势，当前，全球油气生产者、运输者和消费者身处在一个紧密的跨国关系网络，尽管全球能源体系不时出现剧烈波动的小周期，但油气等能源资源的商品属性和金融属性将持续凸显，战略属性将相对下降[3]，中国完全有能力、有条件实现开放条件下的能源安全。应客观、动态地评估海外油气资源、能源通道的可靠性，对某些外在挑战、风险要置于中国发展韧性、具体时空背景、中长期主要趋势下加以细致考察，避免自行制造无法排遣的重压与事倍功半的操劳。2022年9月，由俄罗斯向欧洲输送天然气的北溪管道被炸后，笔者看到国内一些评论，认为此事件说明油气管道这一进口载体在当今世界面临"极大风险"，"中国的跨国油气管道连接多国，极不可控"。抱持这种论调的观察者们有着居安思危的主动，但不能"听见风就是雨"，不结合具体情况、不把握矛盾主要方面就给中

---

[1] 陆如泉：《中国能源安全：远比想象中坚强》，《中国石油石化》2018年第12期。
[2] 赵宏图：《碳中和与中国能源安全》，《当代世界》2022年第6期。
[3] 冯玉军：《国际能源大变局下的中国能源安全》，《国际经济评论》2023年第1期。

第八章 未来：中国成为"造市者"兼"造势者"

国能源安全下"病危通知"。按照他们的逻辑，中国的油气进口路径就没有"安全"的，当年主张多建陆上油气管道的核心诉求就是海上油气运输在当今世界面临被封锁、被打击的"极大风险"，"中国的海上油气通道途经多国，极不可控"。应以开放的心态、共建的行动推动与全球利益攸关方塑造油气进出口的集体安全，不是以一己之力，而是以集体之力共担风险、共塑安全。对于军事力量在维护国家能源安全上的作用，要反复推敲、精准定位，推动减少全球能源政治中的"刀光剑影"，使化石能源议题加速"去军事化"。

二是坚定能源转型决心。从100多年前到现在，只会担心未来木头够不够用的国家很多也还在靠烧木头做饭，只有敢于思考未来，主动塑造未来，才会有一个国家、一个民族想要的，乃至比预期更好的未来。我国在追求"双碳"过程中必然遭遇各种挑战和阵痛，但一些地方、企业、机构不能"一有麻烦"，便以"安全"为名拖延转型或开倒车，应切实确保转型大方向不动摇，推动清洁能源成为我国能源增量主体，在技术成熟、成本可控的条件下将清洁能源打造为新的"压舱石"。对于小国或不发达国家而言，能源转型慢一点没有关系，待世界整体技术成熟、各方面配套齐全、开发成本低廉的时候，再去把握"技术蛙跳"的机遇，实现事半功倍的效果；但对中国这样的大国而言，我们等不起，在劲敌环伺的全球能源革命和产业竞争中我们面临"逆水行舟，不进则退"的压力，必须要有敢为人先的劲头、攻坚克难的信心、承担风险的勇气。

俄乌冲突发生后，欧洲国家的确面临能源供应紧张的局面，网络上出现了一些将欧洲能源困境归咎于"清洁能源供给不稳定""能源转型远水难解近渴""清洁能源替代传统能源的过程风险多、不可控"等论调，某些观点带有明显的滞缓转型或为高碳能源"辩护"的倾向。其实，身处困境的欧洲国家并不认为依赖清洁能源是当今问题之所在，他们应对危机的支柱反倒是加速能源转型，通过减少对化石能源的依赖来减少未来的安全风险。[1]

从国际关系视角看，化石能源政治中那些根深蒂固的矛盾、窘况难以通过政治手段真正化解，一个国家在政治上越重视油气供应，全世界就越觉得能够拿捏住它的软肋。要从根本上解决我国在化石能源进口上的被动与不安，加速能源转型是最直接、最抄底、最事半功倍的办法，中国能源人要有在碳中和时代追求能源独立愿景的理想与热情，努力朝着"能源的饭碗必须端在自己手里"的目标前进、再前进。

三是统筹新能源产业发展与安全。2023年3月6日，习近平总书记看望了参加全国政协十四届一次会议的民建、工商联界委员，并参加联组会。来自宁德时代的曾毓群委员向总书记汇报了企业研发新能源汽车动力电池，努力占领全球新能源产业制高点的情况。听说宁德时代在全球动力电池的份额已达37%，连续6年全球第一，习近平总书记用"亦喜亦忧"表达他的心情："喜的

---

[1] 涂建军、李洁：《欧洲能源危机十大迷思：对中国能源转型的政策启示》，2022年12月26日，见http://www.21jingji.com/article/20221226/herald/88abc4ed515af69930691f6ad42b9fe6.html。

第八章　未来：中国成为"造市者"兼"造势者"

是我们这一行业走到了世界前头；忧的是就怕来个大呼隆，先是一哄而起，最后一哄而散。"可喜成绩的背后，总书记有着更深邃的思考："参与国际竞争，还要搞好统筹规划。市场有多大？风险在哪里？要防止一路所向披靡、孤军深入，最后却被人兜了底。要看到国际竞争异常激烈，国际斗争风云变幻。在人家对我们零和博弈情况下，还要给自己留条后路啊！"[1]我国新能源行业在海外市场的占有率不断攀高，但高度依赖国外市场也面临很大的脆弱性、被动性，地缘政治、经济制裁、贸易规制、技术壁垒、碳关税等因素增加了市场不确定性，中国企业在境外容易出现无序竞争、产能过剩等问题，还须提防被他国从战略上"兜了底"的风险。常怀远虑，居安思危，习近平总书记的重要讲话为新能源行业推动高质量发展、踏稳国际市场提供了重要方法论。

三、新身份：全球能源新供给力量

此前的全球能源政治中，中国最主要的身份就是油气资源的消费大国，促进进口来源多元化、保障贸易安全稳定是中国能源外交的压倒性任务。

进入碳中和时代，中国承担着能源供给国与消费国的双重身份。具有划时代意义的是，由于在清洁能源供应链、核电产业

---

[1]《新兴产业如火如荼，下一步怎么走？》，2023年3月10日，见http://lianghui.people.com.cn/2023/n1/2023/0310/c452482-32641178.html。

链、电力工程技术等方面实力强大，中国已经成为供给全球的能源生产力量和新形态的能源出口大国。当西方国家的清洁能源装备大量来自中国企业，当亚非拉美大量电力工程由中国人设计、建设和运行，当各国街道出现越来越多中国品牌的电动车，当中国能源技术有力提升全球能源安全水平，我们应该与时俱进地看待自己、看待世界。而世界在看待中国时，已经不再将中国单纯视为一个"满世界找资源"的行为体，而是日益重视中国在全球能源体系中所具备的多元供应能力和革旧图新品格。

新时代中国的国际能源合作出现两个变革性逻辑：一是中国能源转型与全球能源转型之间形成了前所未有、休戚与共的同频性，二是中国的能源产业实力与全球能源体系的生产实力形成了高度捆绑、利害攸关的共生性。基于这两点，中国应成为全球能源领域的"造市者"与"造势者"，将全球能源政治转化为一种"做大蛋糕"、共建共享的生产性活动（见图8.1）。

"造市者"事关眼前利益与长远发展。任何大国都会具有成为全球层面"造市者"的需求，通过形塑市场面貌、规则与演进轨迹，从根本上把握能源转型的经济政治红利。在未来很长时间，我国能源外交起码面临三个艰巨的"造市"任务。

一是塑造适应碳中和阶段的全球油气市场。随着油气行业投资、产量、价格的周期特征叠加能源转型冲击，未来油气供应和价格的剧烈波动可能常态化，这需要中国发挥大国影响力，促进国际社会加强政策协调，共同遏制油气领域的投资炒作行为，推动贸易、投资和产能协作，共同维护油气市场稳定；同时做好内

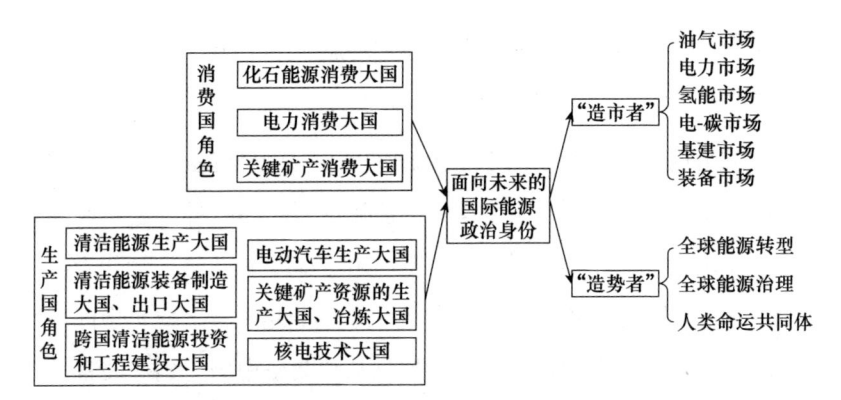

第八章 未来：中国成为"造市者"兼"造势者"

图8.1 "造市者"与"造势者"的身份逻辑

资料来源：笔者自制

功，相信市场、竞争和国际分工的价值，通过完善国内油气现货期货市场建设、完善能源金融体系，争取国际市场的价格话语权。

二是培育跨国电力、氢能、电–碳等新型能源资源市场。[1] 统筹兼顾硬件层面的基础设施开发与软件层面的制度构建，探索将这些市场的构建与全球各区域的经济一体化相结合，优先以"一带一路"重点区域为突破口输出中国方案。中国追求的定位除了是市场之中的直接交易方，还可以是投资方、运营方、服务方，如中国完全可以在阿拉伯电力一体化、非洲统一电力市场、欧洲跨国电网的建构中成为重要的合作方。欧美国家对这些市场

---

[1] 电–碳市场指"将电能和碳排放权相结合形成电–碳产品，产品价格由电能价格和电能生产产生的碳排放价格共同构成，并将原有电力市场和碳市场的管理机构、参与主体、交易产品、市场机制等要素进行深度融合，形成国家、区域/次区域、全球多层级交易市场"。参见全球能源互联网发展合作组织：《破解危机》，中国电力出版社2020年版，第240—244页。

的建构实践已经走在我们前面，我们要在学习、借鉴中更加努力地创新。

　　三是创造高效合理、公平有序的清洁能源装备、基建市场。在碳中和时代，中国与很多国家的能源联系将是一种"制造业联系"，以电、光、锂（即电动汽车、光伏产品、锂电池）为代表的"新三样"已经成为中国制造业产品出口的新增长点。立足中国在清洁能源供应链上的产业优势，树立从"装备中国"到"装备世界"的雄心壮志，以"工程＋装备＋运营"的全产业链方式拓展国际市场。推进企业共建全球营销网络，完善营销服务体系。支持中国企业在海外投资设立清洁能源装备的生产基地，推动内外循环的生产扩张与市场融合。扩大新能源制度型开放，加快实现从商品和要素流动型开放向规则、规制、管理、标准等制度型开放转变，推动在制度层面的国际交流和对话，在WTO、G20等多边机制内主动发起贸易规则建构，解决贸易争端、贸易制裁等问题，平衡各国因低碳转型速度不同所导致的竞争环境差异。[1]这里还存在一个心态上的改变，即我们要更多以"卖家"的身份与外部世界互动，成为有足够吸引力、公信力的"产品服务供给者"，在外交活动中更有力度向外推介我方先进的能源装备、技术和服务。

　　"造势者"是新时代能源强国的核心标志，具有更强烈的

---

〔1〕 董晓宇：《新能源产业如何应对国际风险和挑战》，2023年2月28日，见https://www.cpnn.com.cn/news/nygm/202302/t20230228_1587194.html。

第八章 未来：中国成为"造市者"兼"造势者"

"兼济天下"色彩。"造势者"的战略抱负至少涵盖以下三个层面：

一是创造全球能源转型突飞猛进的蓬勃走势。中国的视野不能简单地立足在"能源结构占比的调整"，而应致力于成为全球能源革命的策源地，在具有变革意义、文明跃升意义的能源技术（如核聚变）和制造业实力上持续发力、攻坚克难。同时，把能源转型的合作、投资与外交放到中国对外战略的优先位置，使更多国家在新旧能源、新旧发展路径的切换中进退自如。

二是创造全球能源治理均衡普惠的共享态势，抑制西方国家的绿色霸权主义，依据历史责任和分配正义的逻辑推动重组全球的能源利益分配，引导全球能源转型真正建立在普惠发展而非剥削的基础之上。同时，通过能源转型和能源治理取得的实效，助力全球气候治理取得实实在在的进展，使全球碳中和目标能在本世纪中叶实现，确保气候系统、地球系统和人类系统的总体风险处于安全可控水平。

三是创造共建人类命运共同体的时代大势，这是最具根本意义的目标。生产力是推动社会进步最活跃、最革命的要素，能源领域的生产力革新能够带动国际秩序的良性升级。中国应通过加强大国协调、建设"绿色一带一路"、捍卫国际原则、提供公共产品等各种手段，构建各种形态的利益共同体、责任共同体，使符合低碳发展需求的能源基础设施和互联网络成为全球可持续发展的物化交点，使国际社会基于新型能源联系建立和谐的价值共享与共生关系，使所有人离"人类命运共同体"的愿景越来越近。

"造市者"与"造势者"的身份塑造相辅相成，很多时候其实合二为一，市场的构建为趋势的引领提供现实的施展空间，趋势的引领为市场的构建占据道义制高点和先发优势。

四、新格局：国际能源合作的求索与想象

在撰写本书的过程中，笔者总会想起第一章第一节提到的历史——1940年代初期，罗斯福政府在美国本土石油供给并无困难的情况下，意识到这一资源未来的战略价值，以最快速度、最大诚意与中东个别国家建立"石油＋军事"的盟友关系，为美国之后的能源安全乃至全球领导地位奠定了坚实基础。"智者见于未萌，愚者暗于成事"，大国的能源外交一定是"脚踏实地"与"仰望星空"的结合，既能上下求索，着力解决眼前需求，更能展开想象，眺望未来的需求、全世界的需求，为国家发展积蓄不竭动能。

对我国决策者、研究者而言，需要不断探讨——当前的能源外交能否支撑能源体系的革命？当前的战略能否支撑10年、20年后乃至更长远时间的国家利益与国际地位？当前的战略放到2030年的全球能源格局中会不会太保守？如何避免"进一步，退两步"的情况？哪些对外合作可以在产业成熟之前或之初提早布局？此外，对于致力于建设人类命运共同体的国家而言，我们还要去探索——中国能源外交能否在事关世界和平与发展的重要议

第八章 未来：中国成为"造市者"兼"造势者"

题上做出显著贡献，给出切实可行的"中国方案"？对此，笔者借用二十大报告中的一句话来回应，即中国"应敢于说前人没有说过的新话，敢于干前人没有干过的事情"。

下文将基于"造市者"与"造势者"的新身份，从以下六个方面探讨对外能源合作的升级路径。

（一）多元供给、多点施力

碳中和时代，各国的国际能源合作都要围绕"寓减于增"做文章，没有国家可以做到不依赖外部物质资源的、绝对的"能源独立"，多数国家也无法仅倚赖单一能源就顺利过渡到碳中和状态，我们需要克服将"能源外交"与"油气外交"画等号的传统思维，在目标对象上实现对新旧能源的统筹排布、多点施力。

将天然气放在更加突出的位置。基于我国的现实需求，应将天然气作为资源获取型外交的优先事务，构建开放条件下的天然气国际合作体系。具体而言，一是强化与资源国的合作，持续扩大与俄罗斯、土库曼斯坦、卡塔尔等天然气大国的贸易规模，同时全球撒网，挖掘新的供气来源，在做大规模的同时优化结构，降低对政治不稳定地区的天然气进口比例和依赖度。[1] 二是优化进口气的跨境通道布局，打造与重点资源国之间的多元化海陆战

---

[1] 中国石油新闻中心：《构建开放条件下的天然气安全保障体系》，2022年1月22日，见 http://news.cnpc.com.cn/system/2022/01/12/030055727.shtml。

343

略通道，而且应探索打造我国作为俄罗斯以及中亚天然气出口东北亚、南亚的过境国地位，结合我国沿海的LNG供应与调配体系，构建泛东亚天然气供应网络。三是立足低碳转型要求，与技术先进国家推动"碳中和LNG"的开发。"碳中和LNG"是指在LNG上游开采、处理、液化、运输、再气化以及最终使用中排放的二氧化碳以生态碳汇、可再生能源发电、碳捕集等方式抵消，从而实现LNG价值链的零碳排放。

在石油领域施展需求性权力。随着全球石油需求到顶，大国能源需求将成为卖方眼中的稀缺资源，而中国势必成为全球产油国的重要争取对象，我们应该用好"最大买家"的身份，从"买谁的油、不买谁的油、多买谁的油、少买谁的油"的决策中争取更多国家利益，也从现在开始，逐步运用需求性权力，与重点产油国建立更具抗压性、前瞻性的伙伴关系，使各方在全球供需持续波动的背景下形成稳定的投资和收益预期。需求性权力的施展还意味着中国应对进口资源提出"优质性"要求，并非只寻求数量上的满足，还须匹配供应稳定、质量可靠、价格合理、开发过程符合环境社会规范等标准。加快打造以人民币计价的油气交易体系，一方面最大程度实现石油人民币签单和人民币计价结算目标，另一方面继续加强原油期货市场建设，推动上海原油期货成为亚洲原油定价基准，提升人民币石油定价权。

不断提速、升级、扩容清洁能源合作。面向全球各国、各区域实施清洁能源规模化开发的合作战略，帮助能力有限的国家制定因地制宜、操作性强的"一揽子"规划，加快大型清洁能源

第八章　未来：中国成为"造市者"兼"造势者"

发电基地建设，促进中国企业以"投建营一体化"等模式参与大型电力基础设施建设，以大项目、大互联助力全球能源供应的大飞跃。加强与重点国家的政策沟通，共同营造更稳定、更公平的绿色能源投资环境，缩减清洁能源投资项目的审批流程。外交工作需要不断挖掘清洁能源开发的外溢效应，例如：激发清洁能源合作在稳定大国关系上的积极影响；通过推广或援助清洁能源装备，减少动乱地区不堪重负的环境压力或社会压力，助力可持续的和平建设；借能源转型合作提升中国的软实力，使我国一系列国际合作理念、绿色发展理念得到有效传播。

推动构建全球能源互联网。全球能源互联网基于中国特高压成功实践，是能源生产清洁化、配置广域化、消费电气化的现代能源体系，是清洁能源大规模开发、输送和使用的重要平台。"罗马不是一天建成的"，我国应立足全球能源互联网愿景，按照"先易后难、因地制宜、积极稳妥、重点突破"的原则，积极参与东盟、中亚、中东、非洲、欧洲等区域的电网规划和建设，把握时机尽早介入项目开发周期，在投资建设方面强化第三方市场合作，实现中国产能、技术、资金等优势和西方先进企业的技术和市场优势的融合。[1]重视区域电力市场的规则创建，以我国与邻国的电力互联项目为平台先行先试，提早解决不同区域下产权分散、地域分散和统一运行的问题与矛盾。面向未来，中国应致力于成为亚太区域的电力互联枢纽，也应成为超越地缘层面，将技

---

[1] 梁才、高国伟等：《"一带一路"跨国电网互联发展趋势、挑战及推进策略研究》，《全球能源互联网》2018年第S1期。

术能力和标准影响力投射到世界各地的电力大国，在逐渐成形的全球能源互联网中发挥穿针引线、排忧解难、推动项目落地的强大作用。

加速谋划氢能合作路线图。我国目前的氢能战略处于起步阶段，需要尽快厘清一些基本的战略方向，包括：中国在未来全球氢能贸易网络中需要扮演怎样的角色（进口国还是出口国，还是两者兼具）？如果氢能对外贸易是必然发展方向，那从现在开始，我们在能源外交中需要开展怎样的点线布局？中国氢能的发展方向与多数西方国家只发展绿氢以及部分产油国着力于"蓝氢＋CCUS"的发展方向如何协同或对接？面对一些国家、国际组织制定相关国际标准和绿氢认证规范，中国未来准备"融入其中"还是"另起炉灶"？而且，氢能合作的一个好处是完全可以打破"进口国""出口国"的既定身份，国家之间只要具有共同的产业升级需求、技术协作实力，就可以开拓合作空间。例如，中、日、韩三国可以围绕"氢能社会"相关规制、规格携手制定"东亚标准"，面向邻近区域的出口潜力国（如俄罗斯远东地区、印度尼西亚、澳大利亚等）开展第三方市场合作，在优势互补基础上共建燃料电池车等氢能应用生态链等。[1]

将关键矿产资源纳入能源外交框架。中国作为清洁能源装备的制造大国，具有规模庞大且激增的关键矿产需求。中国在一个优质资源已被西方国家瓜分殆尽的世界里寻找资源和伙伴，但

---

［1］ 参考丁曼：《日本氢能战略的特征、动因与国际协调》，《现代日本经济》2021年第4期。

第八章　未来：中国成为"造市者"兼"造势者"

我们有自身的独特优势，对于那些受制于西方国家新自由主义经济方案的发展中国家而言，中国的投资及合作关系为它们提供了一个平等互惠的有利选择。我国应面向全球，推动关键矿产的多元进口，与具有明确开发意愿的国家（或地区）深化合作，发起或参与相关地质勘探调查，谋划矿业领域合作蓝图，构筑互利共赢、打通下游装备制造的产业链；牵头建构关键矿产"进口国＋出口国"的多边合作机制，抵制西方国家拉拢资源国、组建封闭性乃至针对中国的阵营的倾向；发挥外交功能，对于投资规模较大的对象国，尽量争取以政府名义与对方签订专门的投资保护协议，在双多边自贸协定中突出投资保护条款，以保护我国企业合法权益。

（二）大国协作的积极推动

当前，中国与美欧之间对于彼此的优势、合作的潜力都有清晰认知，但由于政治关系的波动，三方对"能源合作能不能持续做"缺乏信心。但从历史经验、互动逻辑上看，"政治因素可以促进或阻碍商业关系，而当供需关系足够强大时，能源可以克服严重的政治障碍——这一情况适用于碳氢化合物，也适用于光伏板、电池和其他低碳产品"[1]。我们应充分发挥国际能源合作的超脱性、灵活性，即便是在政治关系不睦的情况下，也要努力推动

---

[1] Nikos Tsafos, "A New Chapter in U.S.–China LNG Relations", December 6, 2021, https://www.csis.org/analysis/new-chapter-us-china-lng-relations.

产业先行，支持产业人士、专业人士的沟通互动，扩大能源资源或相关产品的贸易规模，促进国家间的双向投资和在全球各地的第三方市场合作。

1. 坚定以三方合作为主的大方向

尽管面临复杂局面，但中美欧的紧密合作具有高度的必要性，应坚持合作为主的大方向不动摇。第一，国际社会的碳中和行动（尤其能源转型）容易出现滞缓乃至倒退局面。在发达国家阵营，部分宣告碳中和的国家（如挪威、英国、加拿大）仍在竭力开发化石能源，一些国家（如法国、日本）夸大对发展中国家气候适应措施的投资，在捐赠数据上弄虚作假；个别发展中国家的碳减排承诺过于保守，无视技术创新下加速转型的可能。中美欧均有国际责任推动各国切实履行承诺，提高各国的责任感与贡献度。第二，全球碳排放即将发生格局变化。当前，中美欧三方的碳排放约占全球排放总量的一半，但随着发展中国家普遍进入能源密集型的发展阶段，其碳排放量可能出现阶段性激增态势，在中国实现碳达峰后，新兴市场经济体的排放比例必将超过中美欧的占比。在这种趋势下，国际社会须尽早搭建更具包容性和有效性的合作框架。第三，能源合作对三方具有天然的、强烈的互补性，可以使彼此在经济政治、气候治理上的目标实现起来事半功倍。

2. 以产业合作促进利益融合

在油气领域，中国与美国具有较大的互补性和贸易潜力，如

第八章 未来：中国成为"造市者"兼"造势者"

多家中国企业近年来与美国LNG出口商签订为期10～20年的大额长约，美国的页岩气有望在中国天然气多元供给格局中占据突出地位。这背后潜藏着一个相对乐观的预期，即中国相信美国在资源供应上的可靠性，在国家层面也显示了愿意促进贸易平衡发展的善意，如果未来在油气贸易上的规模扩大，这种贸易联系能够发挥"政治压舱石"作用，促进中美关系的整体稳定。

在清洁能源供应链领域，应鼓励、支持与协助中国装备企业"走出去"，推动与有意愿的国家和外国企业开展产能合作、壮大供应链各环节的全球产能。我们的产业追求就是，将有中国参与的清洁能源跨国供应链打造成为支撑全球绿色转型、具有较高竞争力的全球生产网络，形成对全球资源要素的引力场，拉紧夯实国际产业链的相互依存关系。尽管面临诸多困难，但中国与美欧之间仍出现一些"互强式循环"的积极迹象。2022年，国内多家电池厂商（包括远景动力、亿纬锂能、国轩高科等）宣布了在德国、匈牙利、西班牙等国投资设厂的计划；2023年1月，宁德时代的首家海外工厂于德国安施塔特正式进入量产阶段，将为多家欧洲车企的电动车型供货；2023年2月，宁德时代和福特汽车共同宣布将在美国密歇根州投资35亿美元建设动力电池工厂，宁德时代向福特授权电池CTP（无模组电池包）的技术许可，对工厂生产提供技术和服务支持，福特则负责电芯与整车的集成，这一合作在美国政府极力对华产业"脱钩"的背景下显得难能可贵，也在开辟"以中国技术换美国市场、助美供应链发展"的共赢模式。

在基建合作方面，面对"一带一路"倡议的成功推广，美欧不断提出面向世界的基础设施合作计划，并将"新能源技术和清洁电力输送线路"作为重点。我国应保持开放态度，寻求西方的合作计划与"一带一路"对接、共建的可能性，以更大力度推动第三方合作。例如，在非洲国家广泛使用招标机制开发清洁能源的当下，"中国企业在太阳能技术和工程承包方面具有明显优势，欧洲企业和从事国际发展合作的机构在金融创新、技术普及、监管政策上有成熟经验，中欧这些能力要素都是非洲扩大清洁能源所必需的"[1]。

3. 以精准交往开拓博弈空间

诚然，中美欧三方互动经常呈现"一对二"的局面，但其实美欧并非"铁板一块"，欧盟内部在气候治理、能源转型方面也存在深刻分歧，这意味着中国在与美欧的互动过程中应该增强交往逻辑的精准性，避免把美欧刻板地当作一个整体进行绑定，越是在政治氛围不利的状态下，越要加强"一对一"的交往。

当前的一个重点是利用美欧存在的分歧或矛盾推进与西方国家的务实合作，同时注重适时弥合大国之间的分裂。美欧携手迈向"净零"世界的道路并不平坦，欧洲不会被动接受美国独占全球气候与清洁能源领导权，双方在清洁能源供应链、碳关税基建模式、新型能源系统涉及的科技标准和网络安全等议题存在复杂

---

[1] Alfonso Medinilla, Katja Sergejeff, Ennatu Domingo, "The Geopolitics of African Renewable Energy", January, 2022, https://ecdpm.org/publications/geopolitics-african-renewable-energy/.

第八章　未来：中国成为"造市者"兼"造势者"

的分歧与竞争。[1]另外，美欧的对华态度存在明显区别，"欧盟及其重要成员德国、法国等基于中国减排实绩、可再生能源发展等客观情况，并不完全认同美国关于'中国是全球气候治理机制及国际秩序阻碍性或破坏性力量'的观点"[2]。2021年4月到2022年3月间，中法德三国先后召开了三次领导人视频峰会，法德两国都传达了愿与中国一道推动全球绿色转型的积极态度。基于上述情况，中国可主动谋划与欧洲的合作议程，减弱美国对华构筑"小院高墙"的实际效果。

（三）公正转型的原则维护

2021年10月发布的《中共中央国务院关于完整准确全面贯彻新发展理念做好碳达峰碳中和工作的意见》在谈到工作原则时指出："统筹做好应对气候变化对外斗争与合作，不断增强国际影响力和话语权，坚决维护我国发展权益。"[3]对于国内外观察者而言，"斗争"二字尤其醒目，体现了中国对实现"双碳"目标过程中的国际风险挑战有着清醒认知。习近平总书记强调"推动绿色低碳发展是国际潮流所向、大势所趋"，但是"一些西方国家对我国大打'环境牌'，多方面对我国施压，围绕生态环境问题的大国博弈

---

[1] 李昕蕾：《中美清洁能源竞合新态势与中国应对》，《国际展望》2021年第5期。
[2] 王瑞彬：《中美气候竞合关系趋势及前景》，《国际石油经济》2022年第1期。
[3] 《中共中央 国务院关于完整准确全面贯彻新发展理念做好碳达峰碳中和工作的意见》，2021年10月24日，见http://www.gov.cn/zhengce/2021-10/24/content_5644613.htm。

十分激烈"。[1]本书揭示了能源转型中的各种矛盾与不公，作为最大的发展中国家，中国必须坚定维护共同但有区别的责任原则、公平原则和各自能力原则，"团结一切可以团结的力量，调动一切积极因素，在斗争中争取团结，在斗争中谋求合作，在斗争中争取共赢"[2]。

1. 应对"气候俱乐部"挑战

西方国家有意跳出 UNFCCC 引领的气候治理机制，组建更具强制性和所谓行动力的"气候俱乐部"，其核心是在自身减排压力已经较小的情况下塑造西方世界的"规范性权力"，并对广大发展中国家施加压力，将应对气候变化中的"双轨制"实质化为它们期许已久的"单轨制"。

关于"气候俱乐部"的探讨或倡议在西方世界已持续多年。最有影响力的观点是诺贝尔经济学奖获得者威廉·D. 诺德豪斯（William D. Nordhaus）在2015年提出的模式，即"气候俱乐部"是一个独立于联合国气候机制的多边架构，其主要特征包括：第一，所有成员的碳定价机制要有可比性；第二，未能采取气候行动的非成员国可能受到制裁；第三，俱乐部成员国之间将享受免关税待遇。[3]这套逻辑得到了很多西方国家的认可，不仅在于它

---

[1] 习近平：《努力建设人与自然和谐共生的现代化》，2022年5月31日，见http://www.qstheory.cn/dukan/qs/2022-05/31/c_1128695434.htm。

[2] 习近平：《发扬斗争精神，增强斗争本领》，载《习近平谈治国理政》（第三卷），外文出版社2020年版，第227页。

[3] ［美］詹姆斯·诺里斯：《国际气候俱乐部：构想与现实》，2022年6月29日，见https://chinadialogue.net/zh/3/83325/。

第八章　未来：中国成为"造市者"兼"造势者"

能组建出一套有利于低碳领先国家的国际经贸体系，还在于其具有对外干涉功能，打击所谓"搭便车"现象，将它们认定的国际义务强加给它们眼中的"落后者"。

近年来，欧洲一些国家倡导尽快组建这类俱乐部。2022年6月，在德国的积极推动下，G7领导人峰会通过的一份联合声明表示："赞同开放合作的国际气候俱乐部的目标，并将与合作伙伴一起努力在2022年底前予以建立。"由于G7内部在气候治理上存在立场分歧和进展差异，因此组建诺德豪斯规划的那套机制有待时日，但是"气候俱乐部"这一概念的正式提出标志着发达国家在气候治理上寻求更大程度的战略协同与对外施压。可以预见，西方大国不仅会在G7这一平台上探索"气候俱乐部"，它们也会试图建立更多具有约束力或具有对外审查干涉功能的制度。例如，一些国家或机制希望实施全球煤电审查、全球甲烷排放审查等，乃至建立"羞辱名单"，以及欧盟推动的碳边境税已在缔造一个实质性的"俱乐部"。而且，这类机制容易得到深陷气候危机的发展中国家、减排压力较小或几乎没有的发展中国家的支持。

中国很可能是"气候俱乐部"治理的关注对象、审查对象乃至打压对象。这确实需要我们提前谋划，做到在原则问题上寸步不让，在策略问题上灵活机动。中国也需要思考是否组建一种不同趋向的"俱乐部"，在强化国际气候承诺与行动的同时维护各国正当权益。其实，金砖国家合作机制、"基础四国"气候变化部长级会议机制都是现成的"俱乐部"。

2. 为发展中国家争取权益

应对气候变化很重要，保障广大发展中国家的能源安全、民生福祉也很重要。现在的情况是：在西方掌握国际话语权的状况下，全球气候治理、能源治理对能源贫困的关注严重不足，转型的愿景和方案满天飞，但脚踏实地解决无电问题、成本阻碍以及技术鸿沟的少之又少，不少发展中国家缺乏必要能力加速转型，最后还被安上"消极应对"的罪名。在全球还存在7亿多无电人口，且南方国家存在广泛的能源贫困问题的背景下，我们需要以更大的同理心，体谅发展中国家在这场绿色转型中面临的"先天不足"与"后天阻碍"，积极在各种国际舞台为它们发声，坚持公平正义理念，抵制发达国家对发展中国家发起的"运动式减碳"，维护不少发展中国家作为全球初级载能产品生产地的正当权益，帮助它们制定切实可行、稳妥积极的能源转型计划。

要督促发达国家履行气候资金上的国际责任。与其他发展中国家一道，敦促发达国家提出清晰的路线图，尽早履行向发展中国家每年提供1000亿美元的出资义务，并尽快在《联合国气候变化框架公约》下启动设定新的集体量化资金目标的进程，而且公共资金的比例应有明确目标，并附带更少条件和更合理的联合融资要求。对于发达国家群体气候资金的贡献，全球缺乏权威的统计，仅OECD依据成员国自报的数据进行简单的汇总，中国与新兴市场大国可以在UNFCCC框架内建立资金审查机制，明确气候资金定义及相关核算方法，挤一挤发达国家在气候资金上蒙混过关、滥竽充数的"水分"，并让那些只唱高调、出手吝啬的发达国家曝曝光。

3. 做好国际舆论工作

西方社会的一些人总在刻意渲染气候变化领域的"中国威胁论""中国责任论",一些不明真相的人士也对中国的减碳行动带有既定偏见或不切实际的期望。面对国际上的复杂声音,从中国政府部门到相关研究机构、民间组织乃至企业,都应该更主动地对外交流,既要接受不同声音的存在,也要试图去弥合分歧、消除误解、促进共识。

多谈谈中国的决心与理论。习近平总书记有三句话高度归纳了中国对"双碳"目标的认识,很适合不断转告给外国朋友。第一句关于中国的自觉与自愿,"应对气候变化是中国可持续发展的内在要求,也是负责任大国应尽的国际义务,这不是别人要我们做,而是我们自己要做"[1]。第二句关于中国的权衡与抉择,"实现(碳达峰、碳中和)这个目标,中国需要付出极其艰巨的努力。我们认为,只要是对全人类有益的事情,中国就应该义不容辞地做,并且做好"[2]。第三句关于中国的理念与办法,"中国历来重信守诺,将以新发展理念为引领,在推动高质量发展中促进经济社会发展全面绿色转型,脚踏实地落实上述目标"[3]。这三句话的分

---

[1] 习近平:《努力建设人与自然和谐共生的现代化》,2022年5月31日,见http://www.qstheory.cn/dukan/qs/2022-05/31/c_1128695434.htm。

[2] 习近平:《让多边主义的火炬照亮人类前行之路》,载《习近平谈治国理政》(第四卷),外文出版社2022年版,第465页。

[3] 《习近平在气候雄心峰会上的讲话(全文)》,2020年12月12日,见http://www.xinhuanet.com/politics/leaders/2020-12/12/c_1126853600.htm。

量不仅仅是郑重的对外表态，更凝聚起中国社会直面挑战、承担责任、扛起压力的共识，指明了中国的碳中和绝不是单纯的"做减法"，而是要寓减碳于国家发展和人民福祉之中，解决好人与自然和谐共生的问题。

多谈谈中国的进展与困难。国际舆论在评论中国气候治理时，往往关注中央政府层面的表态和带有量化目标的政策，只看碳排放量、煤电装机等少数几个指标，我们应该促进国外观察者们用更广阔的视野、更公正的角度看待今日之中国。在进展方面，自从习近平总书记提出"双碳"目标以来，中央各部委、各省级行政单位在第一时间都行动起来，不断提出减碳的细化目标与行动方案，不断出台中长期规划，在地方层面大量的具体政策已经落地，甚至出现了操之过急的"运动式减碳"。因此，实时详尽地对外报道"中国行动""各地行动"是一项需要着力的工作。在困难方面，最核心的内容是中国的"三大结构"——以重化工为主的产业结构、以煤为主的能源结构和以公路货运为主的运输结构，三大结构如何在不到10年的时间里实现清洁变革是一道绝对的难题，这其中牵涉的经济社会成本远远超乎想象。中国不会以困难为推卸责任的借口，但多与国际社会谈谈困难，有利于国际舆论切实了解中国的实际情况，争取国际舆论的同理心。无论谈进展还是谈困难，中国也须加速建设碳排放相关的数据统计体系与信息披露机制，扭转数据上任由他人"估算"、议题话语权旁落的情况。

多谈谈中国的公平与正义。与其他国家一样，实施"双碳"战略在中国是一场全民参与的社会工程。对于如何实现"双碳"目标，社会上存在着不同的声音和意见，尤其是身负转型压力的行为体（如化石能源行业、高碳工业行业）、收入可能受损的行为体（如煤炭工人、面临能耗管控的工业企业）、生活成本可能增长的行为体（如农村"煤改气"的村民），这些群体还有更多具体的、迫切的诉求，没有谁应该是气候治理的"边缘人"或"牺牲品"。中国各级政府正在积极行动，让多元行为体参与决策，保障广大公众的知情权、参与权、表达权、监督权，同时健全碳排放相关的治理体系和配套法规，保证减碳的程序正义与分配正义。西方国家总在自己国内提倡"公正转型"，强调需要充足时间和流程进行尽量万全、照顾各方利益的决策，那在国际政治中不妨和它们多交流交流这方面的情况、做法，也会让某些国家反省下是否能够秉持同样标准来评价本国与他国的转型。

（四）能源普惠的雪中送炭

中国能源外交需要面向广大发展中国家，急对方之所急，持续增强它们在消除能源贫困、改善民生需求、实现绿色发展上的能力。

1. 推动基础设施建设

要解决发展中国家的能源电力问题，在追求绿色低碳的时代，必须同时推进开发大型集中式发电项目、小型离网或微网项目。对于不少发展中国家而言，电力需求不仅仅旨在满足日常的生活用电，更期待通过电力创造现代化、工业化的强劲动能，建立现代工业体系。在现有的经济技术条件下，这样的变化必须依靠大型发电厂、大型输配电网络。近年来，一些发达国家的政府和机构基于观念上的偏见和商业利益，一味向能源贫困的国家推广离网或微网电力供应方案，宣扬"大型项目不适合发展中国家""经济和环境代价高""只服务精英阶层利益"等错误论调，刻意忽视"不同国家在减缓气候变化上的道义责任差异和不同社会空间下行为体的实际能源愿景"[1]，无视离网电力无法支撑工矿业巨大用电需求的现实。对此，中国应帮助能源贫困国家制定具有较强针对性和可操作性的能源发展规划，在资源条件优越的地方开发大型水电、风电、太阳能、天然气发电基地，从根本上帮助发展中国家实现能源供给保障与能源体系脱碳的双重目标。

2. 实施更加精细的能源对外援助

其一，注重增强受援国自主发展的能力。在提供装备和资金援助的同时，着力提供以规划设计、技术支持、能力建设、政策完善等软项目，实现了援助标的从"交钥匙"工程到多主体参与、"菜单式"合作的优化，改善受援国接受硬件援助和投资的社会生态。中国对外援助需要对欠发达国家的"软环境"给予更多关注和支持，这直接关系到硬件援助的可持续性。例如，在撒哈

---

[1] Festus Boamah, "Desirable or Debatable? Putting Africa's Decentralised Solar Energy Futures in Context", *Energy Research & Social Science*, No. 62, 2020, p. 7.

拉以南非洲，由于缺乏后续资金和运维人员，各国援助的离网电力设施在投运后的故障发生率偏高、使用寿命较短，电力供应事业的持续性不足。尤其在偏远乡村地带，电力援助项目出现故障后，很难找到相关技术人员和须更换的配件，项目荒废的情况屡见不鲜；一些民众缺乏改善处境的远见，宁肯偷盗设施硬件进行贩卖从而获利，也不愿投入资金、精力维护电力设备。[1]

其二，孵化更多"小而美"的清洁能源国际合作项目，推动清洁能源发展惠及经济民生。成功的"小而美"项目需要对援助目的地需求和承载条件做深入调研，配以持续稳定的援助投入和团队。在我国对外援助实践中，能源电力领域的专业意见在项目立项的过程中常常被削弱，以适应各类管理条例，缺乏足够的灵活性。大规模推广"小而美"项目的当务之急是援助主管部门与能源专业部门加强统筹合作，增强项目前期的策划设计，细化资金流向，制定能够反映中国技术优势的方案，打通决策堵点，提升援外效率。

其三，发挥政策性银行和开发性金融机构的撬动功能，通过创新融资方式和机制，利用低息贷款、融合融资、气候资金等形式，以低成本的公共资金撬动更多私人资本参与受援国的清洁能源开发。

其四，打造"对接国际话语、具有前瞻性的项目环境和社

---

[1] 张锐、张云峰：《撒哈拉以南非洲电力供应：进展、问题与展望》，《中国非洲学刊》2021年第3期。

会影响评估体系",评估指标既要体现能源对外援助的经济效益,也要"反映对受援地区居民生活、气候变化、环境和健康的影响"。[1]

3. 重视产业联动

在发展中国家区域,大型电力开发经常遭遇一个困局:存在迫切的用能需求,但需求的有限规模无法支撑项目的落地及可持续运营。例如,非洲各地有很多大型水电的开发计划,但长期无法得到推进,其原因是非洲整体工业化水平较低,高载能产业较少,大型水电项目在现阶段缺乏电力消纳市场。再如,全球不少能源贫困地区通过援助获得了离网发电项目,虽然产生的电力解决了基本生活用电,但居民传统的农耕谋生方式并未改变,收入水平微薄,很多项目由于收缴不到电费而无法运维检修,最终只能报废。所以,无论集中式还是分布式发电,行动的一个前提是寻找到或激发出生产性的用能需求,培育电力消费群体的支付意愿和支付能力。[2]换言之,发展中国家的能源开发及转型需要与现代产业联动发展、相互支撑。

在国际能源合作中,应鼓励中国企业打通产业间壁垒,促进电力规划与产业规划相结合,推动电力开发与采矿业、冶金业、

---

[1] 商务部国际贸易经济合作研究院国际发展合作研究所:《中国能源对外援助赋能非洲的多重路径:观点纪要》,2022年5月,第14页。
[2] 笔者在几内亚调研时注意到激发用能需求的积极效应。据当地官员介绍,首都科纳克里附近的农民以前仅把援助所得的光伏设施用于照明、观看电视,但现在一些农民由于需要使用农业加工机械或利用电商平台直销产品,开始主动购买家用光伏系统或愿意缴纳电费获取稳定充足的电力。由此可见,现代农业、电信业的发展都在加速当地的清洁能源推广。

制造业、农业等生产性行业的协同发展与良性循环，扩大"能源-矿业-工业"领域的全产业链合作，既要激发社会对生产性用能的旺盛需求，也要提高各类初级产品的附加值，提升社会各部门的支付能力，确保电力项目的投资收益。例如，在几内亚，特变电工公司于2019年5月投资11.54亿元建设300兆瓦的阿玛利亚水电站，同时积极布局该国的铝业，准备在电力充分供给的情况下投资建设年产400万吨的氧化铝厂、年产100万吨的电解铝厂，使电力开发、矿产开发相互促进、相互保障。在分布式项目方面，可以向外推广中国成熟的"光伏扶贫"的经验，结合各地农业、牧业、林业的实际，开展多种形式的"光伏+"应用（如"光伏+农业大棚"、"光伏+电商"、"光伏+牧舍"、光伏治沙等），促进贫困人口稳收增收，促进民众自觉维护电力设施、寻求可持续用电的意识与能力。

（五）多边机制的有的放矢

国际多边机制是我国能源外交的关键抓手，也是构建能源命运共同体的重要平台。在总体思路上，笔者认为有两点需要注意：第一，不用追求或尝试塑造一个能够大包大揽、整合全球利益的国际能源机制，因为各国在碳中和时代的能源诉求更加多元、分散、更具变动性，我们需要追求的是绿色低碳、开放共享的全球能源治理格局，但这一格局并不见得一定依托于某一特定组织或单一机制。第二，摆脱长期以来的"追随者"心态，在众多新领域、新议题上主动发声、提出方案，不用瞻前顾后地担心原创的倡议能否面面俱到，因为国际社会都在"摸着石头过河"，解决很多问题都无法套用现成模板或经验，我们在成本和风险可控的前提下不妨走在前面，把"引领全球治理"的抱负落在实处。

1. 加强与能源类国际组织的互动

中国已经成为多个能源类国际组织的成员国或重要伙伴国，应充分行使中国在各国际组织的权利，用好合作网络、技术支持、信息共享等资源手段；支持中国公民出任各国际组织的领导职务、重要岗位，鼓励各国际组织在华设立或增设代表处、研究机构；引导各国际组织关注发展中国家的能源利益诉求，设置与我国能源安全、能源转型高度相关的多边活动。

有两个组织可以重点关注、参与。一是IEA，可以将其作为与发达国家开展治理合作的主要平台。IEA是OECD国家引导全球能源治理、稳定国际市场秩序的主要机制，其大量研究成果也构成了发达国家处理能源事务的主要依据。笔者注意到，尽管近年来中国与美欧关系持续波动，"中国威胁论"的热度在西方世界有增无减，但IEA官员的言论和机构的报告中涉及中国的论调整体友好、中立，强调中国作为全球能源转型领导者的正面价值。中国可以在IEA合作框架内深入了解美欧能源转型进展与利益诉求，开拓与它们进行双多边能源合作的机遇；强化重大议题的联合研究、联合治理，并可以将其作为对外发声、增强中国能源转型和海外投资透明度的平台。[1]二是IRENA，可以将其作为中国引领全球清洁能源发展的重要舞台。通过主动创设、广泛参与各项活动，推广中国理念、中国标准、中国技术和中国方案。在具体行动上，可以针对现有治理"重电源开发，轻电力输送"的倾向，在IRENA主动设置"清洁能源走廊"的合作项目，推动全球电网建设与互联互通，助推在欠发达地区的电网开发；积极参与国际行业标准、技术法规的制定工作，不断扩大国际标准化工作的朋友圈；借助平台补足中国在地热、海洋能、生物能等领域的能力和治理短板，跟进全球最新发展趋势。

2. 利用综合性多边机制

各类综合性多边机制（如G20、APEC、金砖国家合作机制）持续关注能源治理，也达成了很多国际共识，但鉴于能源事务的敏感性，这类机制存在"以文件落实文件、以共识落实共识"的务虚倾向，较难产生具体成效。[2]但是，这类机制有着开放的多边属性和较高的政治沟通层级，可将其作为培育我国治理领导力的试验场。一个关键任务是引导这类机制预防和缓解我国与西方大国在能源领域的经济冲突，通过高层级沟通，避免因误判或过度竞争造成彼此的严重伤害，这点随着中国与西方在产业议题上的竞争加剧显得尤为重要。即使不能谈出"齐心协力"的大好局

---

[1] 可参照的案例是2016年7月，IEA与中国社会科学院数量经济与技术经济研究所联合发布《促进撒哈拉以南非洲电力发展：中国的参与》，以科学翔实的数据和案例阐述了中国电力企业对非洲发展和经济繁荣做出的贡献，有力回击了一些国家、组织对中国在非投资的抹黑。

[2] 张锐、寇静娜：《综合性国际组织参与能源治理的模式探析》，《中外能源》2019年第8期。

面，能够谈出"和平共处"的稳定态势，那也不枉费我们在综合性多边机制上投入成本和精力。

在G20能源治理上，大的原则方向已有共识，很多工作已经开启，当前需要的是在具体议题上"一茬接着一茬干"，也需要中国这样的大国为治理进程提供支持或开辟新的路径。[1]一些可行的方向包括：为"低效化石能源补贴的同行审议"制定全员参与的时间表和路线图；增强成员国能源数据的开放透明，提升联合组织数据倡议（JODI）的工作机制和数据质量；形成G20多轨的能源治理体系，目前能源治理几乎完全放在了"能源部长会议－能源转型工作组"这个轨道，应该让G20内部更多常设机制（如气候可持续小组、金融小组等）参与进来，打破目前各行其是、互不通气的局面。

我国还应充分挖掘在金砖国家合作机制、上海合作组织、东盟"10＋3"这三个机制的能源治理潜力，中国与上述三个机制的多数成员国在地缘上相近，在能源利益上有着相似或互补的追求，而且很多成员国也是能源转型压力较大的国家，因此利用机制开展跨国治理不仅具有较强的内驱动力，还能够为应对西方国家的不当施压或干涉建立"正当性缓冲"。

3. 重视国际标准制定

标准是产业优势的最高级形态，谁拥有了制定标准的话语

---

[1] 张锐、寇静娜：《G20参与全球能源治理的现实困境与深化路径》，载彭龙主编：《二十国集团（G20）发展报告（2018—2019）》，经济日报出版社2019年版。

第八章 未来：中国成为"造市者"兼"造势者"

权，谁就可以在产业竞争中长期占据不败之地，清洁能源和新能源国际标准的争夺战是大国不可轻忽大意的内容。上述领域的国际通行标准一般由国际标准化组织（ISO）、国际电工委员会（IEC）建立，同时一些区域性组织、非政府组织也活跃于标准制定过程。要抢占标准制定的主导权，首先依靠的是我们产业的自立自强，在扩大国际用户市场基础上推广中国标准。从国际治理的视角上看，行动核心不外乎"出钱出人"。发达国家长期是ISO、IEC的主要经费提供者，在秘书处和各专业委员会担任领导职务的人数多，还通过非政府组织、游说网络、专家团队影响标准的制定过程。[1] 近年来，我国清洁能源标准化话语权虽稳步提升，但整体水平仍然不高，在行动重点上，应加强国际标准化治理，推动我国能源电力领域的行业组织、龙头企业扩大参与ISO、IEC等组织；此外，还要为我国企业创制国际标准提供资金扶持、外文翻译、国际游说等配套支持，将标准互通作为"一带一路"建设的新重点，提升"中国标准"转化为"国际标准"的效率。

4. 创设新型能源治理机制

近年来，我国积极创设各种多边能源治理机制。笔者对创设机制提出以下思考：

第一，机制的目标设定。从目前实践看，我国发起的机制往往聚焦于比较宏观、基于全球可持续发展价值的目标，但我们需

---

[1] 崔守军：《全球清洁能源转型与中国技术标准话语权建构》，《人民论坛》2022年第9期。

要针对不同的参与对象，设置更加明确具体、更具问题导向的现实利益牵引。

第二，规范倡导力的塑造。由于西方已占据能源治理主导权，而我国对多边能源机制中的约束性规范或国际义务承担一直比较敏感，担心对国家能源安全和长远利益形成限制，所以我国参与、发起的机制都具有明显的宽松或舒适色彩，较为尊重行为体的自主意愿。但需要看到，碳中和时代许多国际能源合作（如海外能源基础设施投资、跨国电网的稳定运行和复杂交易、清洁能源供应链上的合规性或贸易自由化的维护等）都需要明文规则的保障，一些长效合作需要具有约束性的规则予以框定。虽然在国际能源治理中倡导和实施规范是比较艰难的事情，但为了长期利益，中国应在必要的议题领域加强规则建构，能源外交需要实现从政策共商主导向"政策共商与规则共建"的升级，提升国际能源合作的稳定性。同时，我国也应向欧洲国家学习利用需求性权力追求规范建制上的主动权。例如，目前欧盟在关键矿产资源、清洁能源装备上高度倚赖进口，但其决策者在治理上的心态是自信的，"买卖未成，规则先立"，欧盟近两年出台的各种战略都强调用市场规模去促使资源及装备出口国采用欧洲的标准和规范。

第三，重点内容上的持续施力。我国针对各种机制提出了很多新观点、新倡议、新方案，但在一个较长时间段内应将宣传重点、合作重点都聚焦到少数几个关键性内容上，使我们所倡导的核心理念能够真正深入人心。印度近几年的国际太阳能联盟

第八章 未来：中国成为"造市者"兼"造势者"

（ISA）外交可以作为一个参考。实际上国际社会并不缺乏太阳能相关的治理活动，ISA提出的多数内容并无新意，多数活动影响也有限，但是印度政府秉持"不怕慢、只怕站"的精神，集中有限的外交资源不懈地推广该机构，在各种首脑外交、多边外交场合将其推到前台，最起码事半功倍地帮助印度树立了"太阳能大国"的国际形象。

（六）能源大外交的架构搭建

中央政府多个部门组成了中国能源外交特有的立体化机制动力。国家发改委、外交部、商务部、生态环境部、科技部、国家能源局、国家国际发展合作署等部委根据自身职能，各司其职，从不同角度完善对外方针政策，与外方建立各种功能性的磋商协调渠道，对国际重大项目实施给予必不可少的支持。

首先，在碳中和时代，我国能源外交需要更多政府部门参与其中，通过加强整体规划与统一部署，将我国能源国际合作从"一对一"的散点合作升级为"多线交织并进"的协同互动，促进能源外交进一步融入我国的首脑外交、主场外交、峰会外交等外交活动。

其次，中国能源企业是能源外交中不可忽视的行为体。从外交角度看，企业往往承载双向的功能：一方面始终高度关注、努力促进国家间的双边关系，从而扩大自身的投资机会和保障项目顺利进行；另一方面也通过争取、承担某些项目（尤其是大型战略合作项目以及援助性质的项目）服务国家对外工作大局，促进中国海外投资在国际关系领域产生更多政治回报。未来，应更加注重将新能源领域大量民营企业吸纳到外交和国际治理的进程中，促使企业树立新时代能源合作大局观，重视内外统筹、政企统筹，形成多形态交流、多渠道合作、全方位攻关的合力，丰富"一带一路"建设以及企业"走出去"的经验与模式。

最后，面对能源事务的万绪千端，有必要设立我国专门从事能源外交的机构和岗位，持续增强外交人员对能源事务的工作能力。美国和日本的相关经验值得参考。例如，美国国务院于2011年成立了"能源资源局"，其功能定位是"在能源、气候和美国国家安全之间的关键交叉点上开展工作，确保美国在全球能源议题上的领导地位"。截至2022年，该局下设了5个办公室，分别面向世界不同区域开展多边合作、执行对外援助等任务（见表8.2），美国众多的国际能源合作都由这一机构进行统筹落实。这5个办公室的工作还分别对接国务院负责不同事务的助理国务卿，使能源外交的工作能够得到更有力度的推动。[1]

表8.2　美国国务院能源资源局的工作架构

下设办公室	工作职责
欧洲、西半球和非洲能源外交办公室	推进与各区域的双多边能源外交，为美国能源企业开拓市场和宣传，在非洲实施"电力非洲""繁荣非洲"等倡议，推动其他区域的能源转型

---

[1] 参见：U.S. Department of State，*About Us–Bureau of Energy Resources*，2022，https://www.mfa.gov.cn/ce/cgla/chn/zgxw/t1839761.htm。

第八章　未来：中国成为"造市者"兼"造势者"

续表

下设办公室	工作职责
中东亚洲 能源外交办公室	推进与各区域的双多边能源外交，为美国能源企业开拓市场，在亚太区域实施EDGE（通过能源增进发展和增长）倡议，在中东参与东地中海天然气论坛和海外合作委员会等机制活动，促进中东北非的能源互联
能源转型办公室	在气候金融、电力市场、新兴技术等方面为决策提供信息支持；促进美国与他国的能源技术合作；负责美国在IRENA、REN21、政府间矿业论坛等机制的活动；负责推进"能源资源治理倡议"的相关活动
能源项目办公室	管理美国能源领域的对外援助活动，目前正在向全球50多个国家提供直接援助；帮助受援国提升能源治理、矿产治理水平
政策分析和公共外交办公室	负责分析国际能源市场对美国能源安全、外交政策等方面的影响；负责美国在IEA、国际能源论坛、采掘业透明度倡议机制的活动；代表美国参与G7、G20的能源治理活动；负责实施能源领域的国际制裁；开展能源领域的公共外交；为政府官员提供能源外交培训

资料来源：U.S. Department of State, "About Us－Bureau of Energy Resources", 2022, https://www.mfa.gov.cn/ce/cgla/chn/zgxw/t1839761.htm

美国国务院还设有专门的国际能源事务特使，其职责为"负责监督美国能源外交政策的执行，促进美国在世界各地的能源利益"，以及"推动美国政府打击将能源资源用于政治影响力的行为"。这一目标何其讽刺，美国是全世界最热衷运用能源资源施加霸权意志的国家，然后还能如此公然地搞"双重标准"，把能源资源当成美国的"专属大棒"。无论是东地中海天然气开发项目，还是俄乌冲突爆发后美欧能源战略的协调，其间都可以看到美国能源特使阿莫斯·霍希斯坦（Amos Hochstein）活跃的外交身影。

日本的能源外交创新主要体现在专职人员的安排。2020年，该国在53个国家的60个驻外使领馆任命了"自然资源特别助理"，专职从事能源矿产资源的对外合作，强化驻外机构一线工作的能力。日本外交部每年还召开一次面向所有驻外人员的"自然资源战略会议"，使外交官了解全球能源、矿产方面的市场形势和国家战略需求。

我国能源外交要走向"大外交"格局，需要借鉴上述国家的成熟经验，设置承担专门职能的机构与人员，构筑中国海外利益拓展、保护和风险预警防范体系。

结　语

碳中和时代已经到来，全球能源体系的清洁化成为不可阻挡的发展热潮。最后，本书将用四个关键词总结全球能源政治的当下与未来。

一是变动。全球能源政治正在历经重新洗牌，未来三四十年人们将见证一个新旧政治相互激荡汇流、国际力量加速分化组合、光明前景与严峻挑战并存的变革期，哪怕是再眷念油气时代的决策者都已意识到，争取碳中和时代的制高点是一项时不我待的战略任务，各类国际政治行为体带着更多的诉求和议题登场，国际社会也注定充满喧嚣、协作与制衡。我们既不能沉湎于"前途一片光明"的志得意满，也不必陷入"世界难有安宁"的消极悲观。在绿色剧变中探寻光明前景、充裕供给、低碳发展是各国的最大公约数，也为新世界的到来注入合作共赢的磅礴伟力。

二是庞杂。全球能源政治不再只是围绕能源资源的控制与流通，还要追求"寓减于增"的收放自如。政治行动很多时候需要跳脱常规的能源领域，深入涉及矿产开发、装备制造、基础设施建设等众多生产性领域，充分兼顾社会的环保诉求、发展诉求乃至情感价值。未来三四十年，我们评判全球能源政治进步与否将比照更多维度的指标，包括能否帮助南方世界都用上电、过上现代文明的生活，能否推动一场成功的能源革命、驯服气候变化这头呼啸而来的"灰犀牛",能否让国际社会真正告别石油政治曾带来的纷纷扰扰,能否顺势纠正国际政治经济秩序中长期存在的不公不义,等等。

三是联通。在新的时代,一些曾经的伙伴可能分道扬镳、渐行渐远,但能源开发利用的多元化蕴含了创建关联的巨大潜力,在世界范围有望出现更多超越地域限制、突破时空藩篱、更加均衡普惠的合作网络。电力网络将是碳中和时代最为普遍的能源网,我国诗人吉狄马加曾创作一首和电网有关的诗,诗中写道:"我把我的诗写在天空和大地之间,那是因为,只能在这辽阔的天宇,我才能书写这样的诗句。"[1]当电力的通道在国家之间更多穿梭交织,当各国日益融入区域乃至全球电力共同体,未来的全球政治能否成为"写在天空和大地"的壮丽诗篇,缔造人类社会永续和谐的神话,让我们怀揣希望,拭目以待。

四是寻常化。这是笔者对全球能源政治的期望,即当全球在能源获取上实现普遍的安全、充足、绿色、可负担和有韧性后,能源成为不再被赋予那么多战略分量和权力价值的"寻常之物",各国无须费尽心力去搞什么"阳谋、阴谋",全球能源政治最终嬗变为一种必要但并不敏感、活跃但波澜不惊的跨国合作。说来有意思,作为一个全球能源政治领域的研究者,我所期盼的愿景就是这个领域变得不再重要、不再让人劳神费心,在未来某一天,无论大国还是小国,面对国际能源议题都能不卑不亢、不慌

---

[1] 诗歌全名为《我把我的诗写在天空和大地之间》,是作者为青藏联网工程而创作。

结　语

不忙。

　　此刻，方向明确，风和日丽，愿人类在不远的未来能够共享安宁祥和、富足安康、清洁美丽的天地！

后　记

每次拿到一本学术著作，我总忍不住先翻看"后记"，如果您也有这样的习惯，此刻让我们超越时空地相视一笑吧。"后记"是一本学术著作最真情流动的部分，尽管看上去很多时候是冗长的致谢，但从中可以看到作者在研究路上的成长、经验与感悟，看到作者在学术网络中的定位与抱负。因此在我看来，"后记"很多时候也是一本书必不可少的"番外"。

这本书是我的第一本学术专著，请允许我利用这宝贵的方寸之地，郑重地感谢研究路上对我有重要意义的四位师友。

第一位是中国人民大学国际关系学院的王星宇副教授。王老师是我的硕士导师，是带领我进入国际关系研究的引路人，从他的言传身教中，我学到最多的是从事研究工作应保持的专业标准与严格要求。他始终支持学生开拓人生的可能性、找到甘之如饴的发展方向，也告诫学生在离开校园后要坚持脚踏实地、认真负责的做事品格，所有受过王老师指导的学生都能感受到那份"慈父严师"般的炙热情怀。王老师的"传道受业解惑"也陪伴我硕士毕业之后的人生，总能在我需要支持的时候主动"扶一把"，在我沾沾自喜、轻率莽撞的时候严厉地"敲打几句"，人生能有这样的导师，总能获得这样无微不至的关怀，身为学生，何其幸运！

后　记

　　第二位是比利时皇家国际关系研究所、根特大学的斯文·比斯科普（Sven Biscop）教授。斯文是我的博士导师，2014年，他接纳了我很不成熟的研究计划，给予了我读博的机会，然后才有我人生的大转向和今天身处的"轨道"。从斯文身上，我学习到"把研究作为职业"很重要的三点：一是研究者要怀揣与现实世界交流互动的热情；二是要勤于思考宏观格局与时代趋势，多思考在战略层面如何"使小劲、办大事"；三是对于未来世界秩序应抱有理想层面的追求。感谢斯文高效有力的指导，使我很顺利地拿到博士学位。读博期间我总遗憾和他的关系"过于严肃"，但好在毕业后我们有了很多朋友般的深入交流，他总热情地关心着我的工作与生活。

　　第三位是我硕士阶段的同学、一直以来的好朋友——太原理工大学经济管理学院的寇静娜副教授。正是因为她当年的鼓励和帮助，我才燃起辞职出国读博的念头，并找到实现目标的可行路径。2017年春，我进入现单位工作，我和她巧合地相会于"国际能源政治""全球气候治理"的研究方向上。从事研究工作必然有沉闷乏味的一面，一路上总会遭遇难以向他人说道的挫折与无奈，我很幸运能有她这样一位朋友，我们能够相互鼓励，一起激发正能量、排解负能量，也在专业方向上相互提点、督促，这是一种难能可贵也历久弥新的友情。

　　第四位是中国社会科学院亚太与全球战略研究院的叶海林研究员。我与叶老师从未谋面，仅有两封邮件上的互动，但他对我的研究生涯产生了举足轻重的影响。2018年春，我向《南亚研究》

期刊寄出了回国后写的第一篇论文——《美国推动中亚南亚能源互联互通的实际作为和真实意图》，很快收到了编辑部主任叶老师的热情回复，他对我的论文选题给予肯定，并提出了详细的修改意见。叶老师只是做了他的本职工作，于我而言却是一个莫大的鼓励。人生很多事"第一步"至关重要，我常跟人说，如果当时这篇文章一上来就被否定，我未必会有现在的成长，叶老师帮助我坚实地迈出了这"第一步"，也让我获得了不断跋涉的信心和勇气。

此外，我要深深感谢我就职的单位——全球能源互联网发展合作组织。加入合作组织是我人生最正确、最幸运的决定，让我真正确立了职业研究的方向，获取了大量放眼全球、紧跟时代的思路。感谢刘泽洪、伍萱、程志强、李宝森、刘博、周原冰、李隽、肖晋宇、管秀鹏、相均泳、岳锋利等领导对我的栽培和锻炼，督促我"在学中干、在干中学"，使我的成长少走很多弯路，迅速提升了各项能力。感谢经济技术研究院及经社处的各位同事，谢谢张瑞华、史谢虹、王健、李荣、陈孜、李梦宇、张玲玉、王睿等同事对我的大力支持。

我的研究进展离不开学界前辈、同仁、朋友的慷慨帮助，感谢于宏源、王冰、王思丹、王健、王瑞彬、王聪聪、冯存万、匡舒啸、邢嫣、庄严、刘乃郗、刘典、刘波、刘曙华、闫瑾、关孔文、安雨康、孙天舒、孙震海、李丹青、李昕蕾、李慧明、邹晓龙、汪书丞、宋新宁、张一夫、张云峰、张云瀚、张春雨、张颖、陈定定、苗中泉、林珊、周桂银、郑春荣、房迪、赵行姝、

后 记

赵军、郝江北、胡金光、钟准、段相泳、洪涛、姚帅、姚西龙、姚琨、袁倩、顾炜、钱霖亮、郭晓兵、唐翀、唐新华、桑小川、黄日涵、黄念、戚永颖、崔守军、董亮、傅勇、詹世明、魏磊杰等老师，我近年来的研究进展（包括这本书在内）都有幸获得了各位老师的宝贵意见和悉心指导，老师们对我的肯定、批评都成为我前进的不懈动力。

感谢复旦大学国际问题研究院副院长冯玉军教授为本书赐序。冯教授提纲挈领、鞭辟入里地归纳了本书主旨，给予我莫大的鼓励。

感谢三联书店的何奎、万春等老师的倾力支持，得益于他们的帮助，我才有机会从三联的忠实读者成为"三联的作者"。

最后，感谢我的父亲张帮洪、母亲刘莎，感谢他们对我的培养、信任与鼓励，让我能够自由地选择热爱的事业、追求奋斗的方向。他们的工作与我的工作并无交集，但永远是最认真阅读、最乐于点赞我的研究成果的读者。感谢我96岁的外公刘珍铭，他和外婆对我儿时成长付出很大精力。外公从事了一辈子的化工职业教育工作，相信他看到这本书会很开心。

本书仅代表我个人的学术观点，任何错误、不足均由本人负责，我也热切期盼对于这本书的一切批评指正。

张　锐

2023年夏